アート シンキング

未知の領域が生まれるビジネス思考術

エイミー・ウィテカー〈著〉 不二淑子〈訳〉
電通 京都ビジネスアクセラレーションセンター〈編〉

ハーパーコリンズ・ジャパン

ビバリーとエレインとジェフとステイシーに。

それから、

「こんなことができたらクールじゃない？」

という問いを探求したことのある、
すべての人に。

ART THINKING
By Amy Whitaker

Japanese translation published by arrangement with Amy Whitaker
c/o McCormick Literary through The English Agency（Japan）Ltd.
All art care of the author.
Published by K.K. HarperCollins Japan, 2020

まえがき

山口　周

アートとビジネスの関連について考えるとき、必ず向き合うことになる「二つの問い」があります。その問いとはすなわち「なぜアート的な思考をビジネスに盛り込む必要があるのか？」という「WHYの問い」と、「どのようにしてアート的な思考をビジネスに盛り込むことができるのか？」という「HOWの問い」です。

本書はこの「WHYの問い」と「HOWの問い」、それぞれの答えを探求したもので、実践的なアプローチから哲学的なアプローチまで「アート的な思考をビジネスに盛り込む」ための具体的なヒントが、それこそ一ページ目から最終ページまで、まるでよくできた鯛焼きのアンコのようにぎっしりと詰まっています。

この序文では前者「WHY」、すなわち「なぜアート的な思考をビジネスに盛り込む必要があるのか？」という問いに関する私なりの回答を記しておきたいと思います。そのほうが本書を深く読む動機づけになるし、結果的に理解も深まると思うからです。

今日のビジネスにおいて、なぜアート的な思考・行動様式が求められるのか。大きく三つの理由があると思います。

一つ目の理由として挙げたいのが「正解の無価値化」です。現在、昭和から平成の初期にかけて大きな価値を持っていた「正解」の価値が大きく減損している一方で、逆に「問題」の価値が大きく高まっています。昭和の中期から後期にかけて、世の中には多くの「問題」が満ち溢れていた一方で、その問題に対して「正解」を出せる組織や人材は少なく、結果的に「正解を出せる人」の価値が大きく高まりました。私たちは「正解を速く正確に出せる人」を「優秀な人材」と考える強い傾向がありますが、それは「問題が過剰で正解が希少な社会」において形成された一種のバイアスなのだということを忘れてはなりません。

具体例で考えてみればわかりやすい。例えば、社会科の授業で習った昭和中期の「三種の神器」というのはすなわち、電気冷蔵庫、電気洗濯機、テレビという三つの家電のことですが、これらが「神器」と言われるまでに渇望されたのは、そこに普遍的な「問題」が存在したからです。その問題とはすなわち「家の中で食べ物を保存できない」「手作業での洗濯がとてもつらい」「家の中に娯楽がない」という問題です。

しかし今日の社会においては、このような普遍的な問題はほとんど解消されてしまっています。なぜだと思いますか？　市場原理は必ず「普遍的な問題」から順に解消していくことを求めるからです。問題をビジネスとして捉えた場合、「問題の深さ」は単価に、「問題の広さ」は顧客数として計量されます。市場規模が「単価と顧客数の積」になる以上、市場は「深くて広い問題」、つまり

「普遍的な問題」に「正解」を提供していくことを求めます。これを順繰りに繰り返していけば、やがて「普遍的な問題」の多くが片づいた状態となる一方で、市場に残っているのは「深いけど狭い問題」か「広いけど浅い問題」のどちらかになります。これだけ製薬会社が莫大な開発投資をしているにもかかわらず、難病の多くが手付かずのままになっていますが、なぜそういうことが起きるかというと難病のうちの多くが希少疾病だからです。希少な疾病を治癒させる画期的な新薬が作れたとしても、市場として美味しくないから開発に対して前向きになれないわけです。

さて、このようにして「普遍的な問題」があらかた解消してしまうと「正解」を提供する能力が今度は過剰供給されることになります。経済学の基本原則に則れば「過剰なもの＝正解」の価値はデフレし、「希少なもの＝問題」の価値がインフレすることになります。これはつまり「優秀さの定義」が、かつての「与えられる問題について速く、正確に正解を出せること」から、今後は「誰も気づいていない新しい問題を発見・提起できること」にシフトするということです。本書ではアート的な思考を「未知のB地点（領域）にたどり着くこと」と定義していますが、つねに「新しい問題」を探すことがそこにもつながります。

では、どのようにすれば「新しい問題」を見つけることができるのでしょうか？　その回答の詳細は本書を読んでほしいということになるのですが、ここで私なりのキーワードで頭出しをしておけば、それこそが「美意識」ということになります。皆が当たり前だと思っていることに対して「何かがおかしい、美しくない」と思える審美的感性、さらには時代感覚や世界観に基づいて「本来はこうあるべきではないのか?」をイメージし、それを他者に伝えられる力が求められる、ということです。

そもそも「問題」とは何でしょうか。それは「あるべき姿と現在の姿」とのギャップのことです。これはつまり「あるべき姿」を構想する力、現状を批判的に眺める態度を持たない人には「問題」を発見することも提起することもできない、ということです。そして「あるべき姿」を構想し、現状を批判的に眺めるということを人生の生業としてやっているのがアーティストと呼ばれる人たちなのです。ここに「アート的な思考がビジネスの世界にも求められる」理由の一つがあります。誰もがクリエイティビティを秘めたアーティストである、そう著者は語り、それらをビジネスにどう落とし込んでいくかという「HOWの問い」に答えていきます。

さて、ここからは「アート的な思考がビジネスの世界にも求められる」二つ目の理由について考えてみましょう。結論から言えば「利便性」に価値が認められなくなったからです。現在の世の中では「役に立つこと」の価値が急速にデフレする一方で、「意味があること」の価値がインフレしています。昭和の中期から後期にかけて、高い価値を認められていた「役に立つ=利便性」の価値が大きく減損する一方で、「意味がある=情緒やロマン」の価値が大きく求められるようになっている、というのが今の状況です。

これはなかなかに認めがたい潮流かもしれません。というのも、先述したとおり人間のマインドはとても保守的で、ひとたび形成された価値認識というのはなかなか変えられないからです。

私たちの多くはいまだに「便利なこと」には価値があると考えているので、「不便なコト・モノ」のほうが価値があると言われてもなかなか認めようとしません。

思考実験で考えてみましょう。例えばここに「便利なモノ」と「不便なモノ」があるとしましょう。ここで「便利なモノ」の価格が五万円だとした場合、みなさんは「不便なモノ」にはいくらの価格をつけるでしょうか。一万円？　あるいは三万円？　細かな金額ではいろんな回答が考えられますが、おそらくほとんどの人は「便利なモノよりも安い価格」をつけるはずです。しかし本当にそれでいいのでしょうか？

現在の世の中をきちんと観察してみれば、多くの市場において「便利なモノほど安く買い叩かれている一方で、不便なモノほど高額で売買されている」ことに気づくはずです。

例えば新築の家を建てる人の間で憧れとなっている薪ストーブや暖炉を考えてみればわかりやすい。現在の日本はほぼ熱帯のような気候になっているので新築の家には必ずエアコンが完備されています。ボタン一つで部屋を快適な温度に暖めたり冷やしたりしてくれる「便利なモノ」がすでに完備されているにもかかわらず、わざわざ不便な薪ストーブや暖炉を導入したがる人が多いのです。そして、その価格は、便利なエアコンが数万円で購入できる一方で、不便な薪ストーブや暖炉は設置費用まで含めれば数十万円から数百万円かかるわけです。ここに「便利なモノほど安く、不便なモノほど高い」状態が成立しています。

あるいは音楽鑑賞機材を考えてみましょう。今日ではスマートフォンをブルートゥース対応のコンポに繋げれば十分に納得のいく音質で音楽を楽しむことができます。こういった機材は極めて便利にできているわけですが、ではその市場において最も高額な機器かというと全くそうではないわけです。オーディオマニアが大枚をはたいて購入したがるのは真空管のアンプにターンテーブルとアンティークのスピーカーを組み合わせたセットで、これらは極めて不便なモノです。ここでも「便利なモノほど安くて利益が少ない」一方で「不便なモノほど高額で利幅も大きい」という現象が成立していますね。

このような現象はカメラ、調理器具、ホテル、自動車など多くの市場において観察されます。つまり現在の世界では「便利さの価値」がデフレしている一方で、情緒やロマンを伴う「不便さの価値」は大きくインフレしている、ということです。このような世界において、大きな価値を生み出していくためには「機能的価値＝役に立つ」から「情緒的価値＝意味がある」に向けて「価値の軸足」を切り替えていく必要があります。

さて、これは大変に困ったことです。というのも、これまで日本企業の多くは「便利さ」という価値を世の中に生み出すことで富を創出してきたからです。今後、どのようにすれば「豊かさ」という価値を世の中に生み出すことができるのでしょうか。最大のポイントになるのは経営管理・意思決定のあり方でしょう。

「便利さ」を高めることで価値を生み出すことはある程度、予定調和的に実行が可能です。社会や顧客が抱えている「不便さ＝問題」を市場調査やヒアリングなどによって精密にスキャンすれば、その「不便さ」にどの程度の普遍性があり、解決することでどの程度のリターンが得られるのかを推計することはそれほど難しいことではありません。

しかし、社会や顧客からあらかた「大きな問題」が片づいてしまうと、このアプローチは突然に機能不全を起こすようになってしまいます。端的に言えば、その問題を解決したとしても大してお金を払ってくれないような卑小な問題を見つけてきてはチマチマと解いて些少な対価を得る、という状況になってしまうわけです。

当然ながらこのような状況では企業業績は悪化してしまうので、価値の創出を「便利さ」から「豊かさ」へとシフトすることが求められるわけですが、ここで「豊かさ」は市場調査によって把握することもできないし、予定調和的にリターンの大きさを推計することもできない、という問題が立ち上がってくることになります。

つまり、これまでの経営管理・意思決定のあり方は「意味を作る」というビジネスには極めて不適合なのです。このような状況にあって、私たちは「意味的な価値」を今後どのようにして生み出していくのか？　この大きな難問に対するヒントが本書では提示されています。

では世の中において「意味的な価値」を最も強く、深く追求している人々は誰かと考えてみれば、それはアーティストだということになります。特に二〇世紀後半以降、アートの本質的な価値は「コンセプト＝意味」になりつつあります。一八世紀以前のアーティストが技巧的な価値あるいは主題的な価値をアートに込めようとしたのに対して、二〇世紀後半以降のアーティストたちは徹底的に「意味的な価値」を追求します。

今日の社会において、ますます「役に立つ＝機能的価値」がデフレし、一方で「意味がある＝情緒的価値」がインフレするのであれば、そのような価値創出の方法をアーティストの思考様式・行動様式から学ぶというのは極めて合理的なことでしょう。

最後に「アート的な思考がビジネスの世界にも求められる」三つ目の理由について考えてみましょう。それは「失敗のコスト」が極めて低くなっているからです。ビジネス的思考様式とアート的思考様式の違いは様々な側面に現れますが、最も明白な側面が「失敗のコスト」に関する考え方です。端的に言えば「ビジネスにおける失敗」は極めてコストが大きく、「アートにおける失敗」は非常にコストが小さいということです。もっともこれは「かつて」という時制を加えて指摘するべきかもしれません。というのも、現在の社会では、ビジネスにおいても「失敗のコスト」がどんどん低下しているからです。例えばアマゾンは上場以来、およそ七〇の新規事業に進出し、そのうち三分の一は失敗して早期に撤退しています。なぜこんなことが可能になったかというと、事業リソースを内部化せず、適時・適宜に外部から調達することが可能になったからです。

ビジネスにおいて失敗が忌避されるのは、その後の清算に非常にコストがかかるからです。工場を設置して人を雇ってしまえば、ビジネスが失敗しても工場と人に関する固定費を清算することは容易ではありません。ところが、現在の世の中は極めて柔軟に人材・テクノロジー・資金・技術を外部から調達するためのインフラが整いつつある。このような社会になってなお、かつてのように「石橋を叩いて渡る」ことで失敗をなんとしても回避しようとすると、失敗のコストよりもむしろ機会コストのほうが大きくなってしまいます。つまりビジネスに関わっている私たちは「失敗」に関する認識を切り替えるべき時期に来ているということです。

ビジネスとは対照的に、アートにおける失敗は、むしろ慎重になりすぎることでリスクを取れず、結果的にユニークさを発揮できなくなってしまうことです。カリフォルニア大学の心理学者ディーン・サイモントンは、数多くの天才に関する研究から「天才が最高傑作を生み出す時期は、そのアーティストや科学者の最もダメな作品が出る時期と重なっている」ということを明らかにしました。これはつまり、そのアーティストや科学者にとっての「最高傑作」というのは後付けの評価でしかなく、彼らの戦略としては「結果的に外れるかも知れないけどリスクを取った作品をたくさん生み出す」ということが重要だということを示唆しています。さらに本書では、「成功したけど間違いだった」「成功したけど損をした」というユニークな「失敗」への見方も紹介されます。

失敗のコストがどんどん低下し、むしろ「慎重になりすぎることの機会コスト」が失敗のコストを上回るような時代になりつつある今、アーティストたちがしばしば見せる「失敗に関する寛容な態度と考え方」から私たちが学べるものは少なくありません。

さて、ここまで「なぜアート的な思考をビジネスに盛り込む必要があるのか?」という問いについて、私なりに三つの回答を示しておきました。

著者は、私たち一人一人が内包するアーティストとしての創造性は、誰にでも備わっている人間の基本的な能力であると説きます。その能力を表現し発揮していくことは本質的に意義のあることで、私人としては豊かな社会づくりに向けた市民としての貢献であり、チームや組織で表現することは、ビジネスの長期的な価値創出の原動力となるとしています。今私たちが生きる資本主義社会の中で、一人一人に備わるこのアーティスト性を組織の中で、そして私生活の中でどう発揮していくべきなのか、その回答を楽しんでいただければと思います。

それではどうぞ！

山口 周　やまぐち・しゅう

一九七〇年東京都生まれ。慶應義塾大学文学部哲学科、同大学院文学研究科を修了し、電通、ボストン コンサルティング グループなどを経て、現在は独立研究者、著作家、パブリックスピーカーとして活動。ライプニッツ代表も務める。著書であるベストセラー『世界のエリートはなぜ「美意識」を鍛えるのか？』（光文社新書）は、ビジネス書大賞二〇一八年準大賞、HRアワード二〇一八年最優秀賞（書籍部門）を受賞。その他の著書に、『ニュータイプの時代 新時代を生き抜く24の思考・行動様式』『知的戦闘力を高める 独学の技法』（以上、ダイヤモンド社）、『武器になる哲学』『外資系コンサルが教える 読書を仕事につなげる技術』（以上、KADOKAWA）、『仕事選びのアートとサイエンス』『劣化するオッサン社会の処方箋』（以上、光文社新書）などがある。神奈川県葉山町在住。

CONTENTS

目次

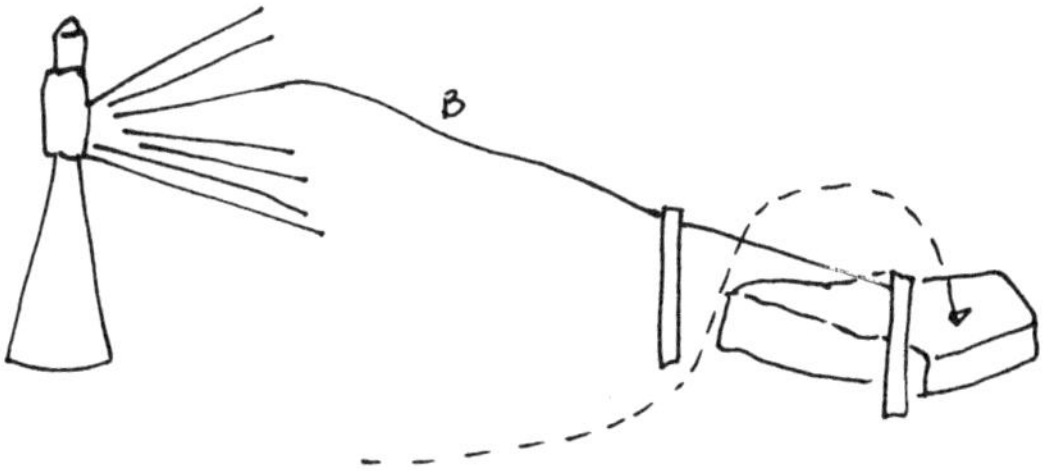

第六章　家を建てる　283

僕がアーティストになったときのことは覚えてない。
でも、ほかのみんながアーティストを
やめたときのことは覚えている。

――ビック・ムニーズ（アーティスト）

序章

命を救うこと vs 命を救う価値のあるものにすること

理想的な気づきを待とうとしないほうがいい。
今できる方法で、試行錯誤しながら、
とにかく始めてみるべきだ。

――ヨーゼフ・ボイス（アーティスト）

仕事とは何か――そのことを、私は子どもの頃からずっと考えてきた。仕事熱心な両親の背中を見てきたからだろう。父は神経科の医師で、〝お気に入りの酵素〟のタンパク質配列をキャッシュカードの暗証番号にするほどの仕事の虫だった。食事を取ると仕事のペースが落ちるからと毎日昼を抜いていた。母は中世史の研究者で、こちらも大学院で彩飾写本を熟読するためにランチ抜きの日々を過ごしていた。

専門分野のまるでちがう夫婦が、なぜそんなにうまくやっていけるのか？　そう尋ねられたとき、父は「私は人の命を救う仕事をしていて、妻は人の命を救う価値のあるものにする仕事をしているからね」と答えたそうだ。つまり、二人の職業には見た目ほど大きなちがいはないということだ。実際、父と母の役割が入れ替わることも多かった。父が消耗性頭痛や神経損傷の患者にクオリティオブライフ《QOL》に関する助言をすることもあったし、母が〝正しい文法で文章を書く〟という人生のサバイバルスキルを人々に教えることもあった。

この「命を救うことvs命を救う価値のあるものにすること」という対比は、両親の場合は科学と文学の一般的な関係を表し、本書ではビジネスとアートの関係を表している。一見、一方は必要不可欠なものに、他方は娯楽のように思える。一方は分析、他方はイマジネーションとも取れる。しかし、実際にはそこに明確な境界線が引かれているわけではない。

二〇〇八年一月一七日、ブリティッシュ・エアウェイズのパイロット、ジョン・カワードは、ボーイング777型機の操縦席にいた。中国の空港を離陸してからすでに一〇時間以上が経っていた。ところが、あと二分でロンドン・ヒースロー空港に到着するというときに——八〇〇〇キロメートルに及ぶ飛行の最後の三キロ地点で——突然、エンジンが故障した。機長はすぐさま高揚力装置《フラップ》を調整した。カワードは空港を囲むフェンスをかろうじて越えたあと、機体を芝生の上に胴体着陸させた。乗客乗員は全員無事で、重傷者もいなかった。

のちに、航空専門家のフィリップ・バターワース＝ヘイズは、パイロットたちは「訓練をしたこともなければ、計器がまったく役に立たない」状況に対処したと事故を解説した。未知の領域に置かれたパイロットたちは、自ら判断して、分析的かつ創造的な方法で行動した。一五〇トンの航空機はテクノロジーの最高傑作だが、安全に着陸するためには、創造性と瞬時の判断という人間的なツールで、物理学に対処する必要があった。英国民間輸送機パイロット協会の言葉を引用すれば、当該機のクルーは、乗客をすみやかに避難させた客室乗務員も含めて「平凡な人々が非凡なことを成し遂げた」のである。

美術学修士号《MFA》は、新たな経営学修士号《MBA》である

スペシャリストを親に持つ子どもにはありがちなことだが、私も、私の兄妹も、ゼネラリストになった。温厚だが皮肉屋の兄は、最高執行責任者《COO》または最高財務責任者《CFO》タイプ。妹は、マーケティングと事業開発の道に進んだ。私はというと、なんでも屋になった。別の人生を歩んでいたら科学者か政策オタクになっていたかもしれないが、現実には「人生の設計図を描くアーティスト」になった。

子どもの頃から絵を描くことは好きだったものの、アートを公共サービスだと考えたことはなかった。「命を救うことvs命を救う価値のあるものにすること」という価値観は理解できても、「国会議員が、〝道路の修繕〟と〝がんの研究〟と〝芸術教育〟の中で、税金の使い道に序列をつけなければならないとしたら、どれが三番目にくるか？」と訊かれたら、答えに悩むことはなかった。病気を治したり壊れたものを修繕したりという差し迫った必要性は理解しやすい。

でも、本当にアートには必要性がないのだろうか？　アートはイマジネーションとクリエイティビティが生み出すものだ。一歩引いて見れば、がんの治療法の研究はイマジネーションと深く結びついている。道路工事を可能にする経済的成功の裏には、クリエイティビティがある。道路

は、私たちが外に出て世界と繋がるための手段となる。アートとサイエンス、余暇と仕事、発明と実行――それらはすべて、一つの同じシステムの中にあり、互いに影響を与え合うパーツなのだ。そんなふうに俯瞰《ふかん》してみれば、命を「救う価値のあるものにする」ことには、それ自体に立派な必要性があるとわかる。

大学卒業後、私は美術館で働きはじめた。館長を目指していた私は、経営大学院《ビジネススクール》に通うことにした。ところが、二〇〇一年にその人生の筋書きは砕け散った。ビジネススクールを卒業した直後の夏に、父が突然亡くなり、就職の内定が取り消され、9・11が起こったのである。私はキャリアだけでなく人生にも関わる決断を迫られた。そして翌年、美術学修士号《MFA》を取得するために、ロンドンのスレード美術学校《アートスクール》の絵画科に通いはじめた。

私がアートスクールを卒業した二〇〇四年、作家のダニエル・ピンクは、ハーバード・ビジネス・レビュー誌で「ＭＦＡは新たなＭＢＡだ」と断言した。投資家のジム・クレイマーは「ウォール・ストリートのアナリストたちは美術学位を取るべきだ」と書いた。ジョルジュ・ブラックやパブロ・ピカソのように創造的に考え、財務諸表の外側を想像できればＡＴ＆Ｔ社の株式が過小評価されていることに気づくこともできたはずだ、と。

現場レベルでは、ＭＦＡとＭＢＡの文化は滑稽なほど異なっている。ビジネススクールにはフレームワークがあふれ、しかもそのフレームワークは、人口抑制にも歯磨き粉のマーケティングにも通用しそうなほど全般的なものばかりだった。一方、アートスクールには型にはまらない出来事があふれていた。校舎の古い大理石の階段の上にバナナが置いてあり、よく見るとバナナの皮に「僕をあなたのおケツの中に入れてください」と書かれていたりした。ストリップクラブで夜通し遊んだ学生が、燕尾服姿のままアトリエで絵を描いていたこともあった。

MFAとMBAの両方を取得したことで、私は一風変わった視点を持つことができた。意外なことに、創造性と商業性は相反するようでいて、実は互いに結びついていることにも気づいた。

本書は、いかにアートとビジネスが両立しうるかについての瞑想《めいそう》であり、マニュアルであり、宣言《マニフエスト》であり、ラブストーリーである。市場経済の現実的な制約の中で、いかに独創性を保ちながら、意味のある人生を築くかについての本である。仕事を完了させ、称賛を勝ちとり、利益を増やさなければならないという、きわめて現実的なプレッシャーを受けながらも、ビジネスの世界において、クリエイティビティのための「スペース」をいかに作り出すかについての本でもある。

本書は実業家の視点で書かれたものではない。アートとビジネスというまったく異なる分野で、一〇年以上働いたり遊んだりしながら、その二つをいかに両立するかについて考えてきた人間の視点で書かれたものだ。

アスリートが筋力と可動域の両方を必要とするのと同じように、突き詰めれば、ビジネスとは、事業の強みとアートと柔軟性を組み合わせたものだといえる。本書では、アートとビジネス——発明と実行——を組み合わせるために役立つツールと、それに伴うさまざまな課題について説明する。

アートとは何か

アートとビジネスの話を同時にするためには、まずアートとは何かという点について、定義しておかなければならない。

伝統的な意味では、アートとは絵画や彫刻の作品のことを指す。最近では、美術館やギャラリーで人々の頭を悩ませるような、きわめてコンセプチュアルな作品もアートの範疇《はんちゅう》に含まれる。アートの定義の混乱は今に始まったことではない。一九二六年、ルーマニア出身の彫刻家コンスタンティン・ブランクーシの作品『空間の鳥』は、アメリカに輸出されたときに税関で「台所用品ならびに病院用品」と分類された。一九七四年、「人間は誰でもアーティストだ」という発言で有名なドイツ人芸術家ヨーゼフ・ボイスは、毛布と杖とウォール・ストリート・ジャーナル紙だけを持ち込み、コヨーテと一緒に彼自身が部屋に閉じこもるというアート作品を制作した。本書で扱うアートは、そうした作品よりはずっと普遍的なものである。動物と一緒に部屋に閉じこもれと言い出したりはしないのでご安心を。

ドイツ人哲学者マルティン・ハイデッガーは、一九五〇年のエッセイ『芸術作品の根源』の中で、アートの範疇を定義しようと試みた。かのハイデッガーにとっても至難の業だったようだ。それは彼がこの問題に何度も取り組み、定期的に著作として発表していることからも推察できる。

ハイデッガーによるアートの定義を引用してみよう。

アート作品とは、それを世界に存在させるために世界そのものを変える新しい何かである。

（ハイデッガーのエッセイを原文で読むときには、何度も中断し、文章を読み返す経験をするものだが、その片鱗がうかがえるだろうか？）

未知のB地点のある世界

単にゲームに勝つだけでなく、ゲームそのものを創造しなければならない――ハイデッガーの定義に従えば、それがアートを作るということになる。

アートを作るとき、あなたは既知のA地点から既知のB地点に移動するのではなく、既知のA地点から未知のB地点に移動する。つまり、あなたはB地点を発明しているといえる。あなたが作る新しい何か――作品にしろ、商品にしろ、企業にしろ、アイデアにしろ、あなたの人生にしろ――は、それ自身が存在するための「スペース」を創造する必要がある。スペースを創造するとは、すなわち、大なり小なり世界を変えるということである。

この定義によれば、アートとは、作品そのものではなく、「探求のプロセス」のことだといえる。そう考えると、伝統的なアートの世界の外側にも、たくさんのアートがある。コンピューターもボーイング747も、暴動鎮圧マニュアルもビジネスモデルも、発明のために費やされた午後も人生も、すべてがアートである。一方、伝統的なアートの世界の内側にも、たくさんの最高級のブランド商品があり、アート市場で取引されている。

飛行機を離陸させる

ビジネスでは、事前に商品の価値を把握し、値段をつけることが重要である。しかし、A地点にいるあなたがB地点を発明しようとする場合、最初にお金と時間と労力を投資した時点では、最終的にどんな成果を創造できるのか、前もって知ることはできない。

これはビジネスの世界でイノベーションを起こそうとするときに直面する、最大のパラドックスだ。経済の大前提（効率性、生産性、事前の価値の把握）は、ビジネスという飛行機が巡航高度に達したあとならば、非常にうまく機能する。一方、その前提に従っていては、出発地点から飛行機を離陸させることはできない。つまり、離陸、上昇、巡航とたどるビジネスの軌跡において、離陸時と巡航時では、そもそも必要条件がまったくちがうのである。離陸時に必要とされるのは、創造的でオープンエンドな取り組みだ。それにもかかわらず、新しいビジネスを創造するときにまで効率性や生産性を求めるビジネス構造そのものが、イノベーションに必須な取り組みを阻んでいる。

昔から、発明はビジネス理論の一角を担ってきた。一九四二年、経済学者ヨーゼフ・シュンペーターは、ビジネスにおける変化と改革の恒常的な必要性を説明するために、「創造的破壊」という用語を作り、「資本主義の命運を握るのは変化だ」と主張した。同じことを繰り返す企業はやがて倒産する。発明は生き残るための必須条件だ。新しいパターンを発明せずに、同じパターンを踏襲するだけでは、同じものしか得られない。考えてもみてほしい――その有益なパターンを最初に考案した人々が、なんだかわからない何かを作ろうと取り組みはじめたとき、テンプレートを使っただろうか？　ほかの誰かが一億ドルの価値のある企業をスタートさせたからといって、その手法を真似たところで、同じ成果が約束されるわけではない。新しい手法の持つ力は、コピーした時点で薄れるものだからだ。

変化と改革は長期にわたる成功に不可欠なものだ。エコノミスト誌は、経済成長を算出するときに、国内総生産《GDP》を基にしたアウトプットと、労働と資本を合わせたインプットの推移を調べている。GDPのうち労働と資本が寄与していない部分は、イノベーションに起因すると考えられる。アメリカとイギリスでは、その説明のつかない部分が、実にGDPの半分以上を占めている。同誌の考察どおり、「世界経済を回しているのは、資本や労働力の寄与ではなく、イノベーションだといえる」。

別の言い方をすれば、企業を成長させるには、二つの方法があるということだ。一つは、ビジネスの巡航時に生産性の効率を極限まで高める方法。もう一つは、ビジネスの離陸時に発明という魔法を使う芸術的な方法だ。

ピンと鉛筆の話

ビジネスの構造とオープンエンドなプロセスのあいだで生じる摩擦を説明するために、二つのエピソードを紹介しよう。前者は効率について、後者は価値についての話だ。

一つ目は、経済学の父ことアダム・スミスが、一七七六年の著作『国富論』で書いた、ピン工場を訪れたときの話だ。一人の職人が一本のピンを作ると、一日に二〇本のピンを作ることができる。ところが、一〇人の職人で一本のピンの製造工程を分担すると、一日に一人あたり四八〇〇本のピン（実に、二四〇倍のピン）を作ることができる。分業はピンの製造速度を上げるのに

役立つ。しかし、もっといいピンを作るときや、ピンを作る方法を一から考え出すときには、分業は役に立たない。これは「ピン」がなんであれ、同じことがいえる。

二つ目は、経済学者レオナルド・リードの一九五八年のエッセイ『我は鉛筆』である。一本の鉛筆が作られる工程が、鉛筆の視点で魅力的に綴《つづ》られたあと、「鉛筆の作り方を一から一〇まですべて知っている人間は一人もいない」と締めくくられている。鉛筆の製造工程に関わるすべての人々——木を伐《き》り出す人、黒鉛を掘り出す人、窯で焼く人、ラッカーを塗る人など——の働きを結びつけているのは、経済学者ミルトン・フリードマンの言葉を借りれば、「価格システムの魔法」である。

価格システムが機能するのは、価格が価値を反映すると信じられているからだ。しかし、これまでにない新しいものを作ろうとするときには、その価値を事前に知ることはできない。ピンと鉛筆の話は、生産効率性と市場取引のメカニズムについての説明にはなるが、イノベーションを起こそうとする——未知のB地点を発明しようとする——ときの、初期の混沌状態や試行錯誤の不確実性については語っていない。

伝統的に、アートには、効率性という考え方に逆らってきたという長い歴史がある。写真の発明以来、絵を描くことは、あえて非効率を目指す行為と考えられてきた。

さらに情報化時代は、そもそも効率とは何かという定義すら変えた。人気ファッションブランド、ザラは自社工場をフル稼働させない方針を取っている。シーズン半ばのトレンドに対応できるように、工場の五〇〜八〇％をあえて休ませておき、各店舗から売れ筋商品のフィードバックを得てから、その商品に絞って集中的に生産するのだ。複雑な生産システムを状況に応じて調整する能力は、迅速な生産と同じくらい価値がある。

アートとデザインとクリエイティビティ

デザインシンキング（デザイン思考）は、「モノやサービスを作るときにクリエイティブな考え方と手法で問題を解決するフレームワーク」である。アートシンキングは、デザインシンキングと共通する部分もある。特にコンセプチュアルデザインや思索的《スペキュラティブ》デザインが脚光を浴びる分野では、ちがいがわかりにくい。

とはいえ、デザインシンキングとアートシンキングには、根本的に異なる点がある。デザインシンキングは、「外部からの依頼に対処するための問い」から始まるのに対して、アートシンキングは「個人の内部から発せられた問い」から始まるという点だ。一方は「これを実行するために最善の方法は何か？」という問いから始まり、他方は「これはそもそも可能なのか？」という問いから始まるといってもいい。デザインシンキングは、ユーザーへの共感やプロトタイプの製作を重視しながら、より良い飛行機を作るためのフレームワークである。アートシンキングは、何度失敗しても、飛行は可能だと信じるライト兄弟とともにある。

あなたが発明する未知のB地点の世界がどれだけ偉大なものでも、どれだけささやかなものでも、アートであることに変わりはない。『フロー体験　喜びの現象学』と『クリエイティヴィティ　フロー体験と創造性の心理学』の著者であるミハイ・チクセントミハイは、クリエイティヴィティを〝大文字のCreativity〟と〝小文字のcreativity〟に分けて、そのちがいを「ミケランジェロの偉大な作品と、普通の人々が作った見事なハロウィン衣装のようなものだ」と述べている。しかし、〝大文字のCreativity〟と〝小文字のcreativity〟が別のものであると考えていては、「アーティストは生まれながらの天才である」というステレオタイプな考え方から永遠に抜け出せない。失敗の理由を才能のせいにする口実を人々に与えるだけだ。チクセントミハイが説明した〝小文字のcreativity〟――我々の誰もが持っているもの――という概念は、すべての創造的作品が生まれる大地を説明しているにすぎない。

もしあなたがまったく新しい何かを作っていたとしても、創造的プロセスに着手した時点では、それが〝大文字のCreativity〟になるかどうかはわからない。あのスターバックスでさえ、一九七一年にワシントン州シアトルで開業した当初は、〝小文字のcreativity〟の小さなコーヒーショップにすぎなかった。最初から〝大文字のCreativity〟を目指すことは、探求のプロセスを飛ばして、いきなり成果を求めることになりかねない。

逆説的だが、アートシンキングの利点は、「どれほど努力しても結果はコントロールできないし、失敗するかもしれない」という考え方にある。少々冷淡に聞こえるかもしれないが、この考え方はあなたが何かに挑戦するときの「失敗許可証」となる。この許可証があれば、あなたは本当に重要な問いに取り組む自由を得られるのだ。

本書で紹介する人々——作家、思想家、親、教師、企業家、科学者、映画制作者、アーティスト——は、市場経済に身を置きながら、クリエイティブな人生や組織全体をデザインする道を見つけた人々だ。芸術的天才の神話に比べて、彼らの人生には、数々の失敗がある。別の分野での才能があったり、小さなスタートを切るために長い時間をかけたりしている。彼らのビジネスモデルは、食うに困ったアーティストの機転や、誰もが価値のあるものを提供できるという信念から生まれている。

なお、本書では、「ビジネス」という言葉は、経済的な組織形態全般を指している。そこには家庭内の活動も非営利団体も、小さな会社も多国籍企業も含まれる。「アート」という言葉は、人間の持つ探求力と独創力——その人らしい方法で考えたり作ったりする力——を指す。一般的には「クリエイティビティ」と呼ばれるものについても、あえて「アート」という言葉を使っている。人間性の持つ根源的な能力を表すには、芸術世界の言葉を拝借するのがふさわしいと考えたからだ。そして「作品」や「プロジェクト」という言葉は、報酬の有無にかかわらず、公的であれ私的であれ、幅広い意味での人々のあらゆる労力の成果を指している。

第一章

広角レンズで見る

人間はなんでもできるほうがいい――
おむつを取りかえ、侵略を企て、豚を解体し、
船の舵を取り、ビルを設計し、
十四行詩（ソネット）を書き、収支を合わせ、
壁を造り、骨を接ぎ、死にゆく者を慰め、
指示を受け、指示を出し、協力し、単独で行動し、方程式を解き、
新たな問題を分析し、肥料をまき、コンピューターをプログラミングし、
おいしい食事を作り、効率的に戦い、勇敢に死んでいく。
専門分化は昆虫に任せておけばいい。

――ロバート・A・ハインライン『愛に時間を』一九七三年

本章のテーマ

ズームアウトして全体像を見る

ビジネスの世界では、製品を効率的に生産することが求められ、物質的な価値が優先される。しかし、現実のあなたの人生は、物質とそれを取り巻く環境が一体となって成り立っているものだ。人生全体を一つの風景として見立て、それを構成するパーツがどのように関連し合っているかを考えてみよう。そして、本書で「スタジオタイム」と呼ぶ時間――人生の中にある「余白」のスペース――を作る習慣をつけ、その時間を自分のための創造的活動に当てる。「余白」に行うプロジェクトは、事の大小に関係なく、あなた自身が興味のあるものを選ぶ。クリエイティブにもさまざまな分野があるので、どこに興味があるかを考えよう。すぐに形にする必要はないし、成功するか失敗するかも関係ない。試行錯誤ができる「余白」をワーキングライフの中に持ち、探求することに意義がある。

トーマス・フォガティは、バルーンカテーテルと呼ばれる医療器具を発明した心臓血管外科医だ。実際に会ってみると、北カリフォルニアにワイナリーを所有する人物ならではの愛想の良さが印象的な人物だ。外科医の中には、毎朝一五キロのランニングを欠かさないようなストイックな人も多いが、フォガティはそういうタイプではない。オハイオ訛《なま》りで話す彼の言葉は、まるで話すことの大半がジョークのオチのように聞こえる。

フォガティ医師は率直な人物だ。子どものように物事をあるがままに見ることができ、また物事をより良くしようと努力する。一つの器具に対しても現代医学の制度設計に対しても、同じ態度で観察する。「店にオレンジを買いに行く」とでも言うかのように「彼は直腸がんで死んだ」と言うようなところもある。しかし、そ

れは彼が何も感じていないからではない。フォガティ自身、小学生のときに父親をがんで亡くしている。

フォガティ医師は、若くして大きな成功をつかんだエリートだといえる。二〇代のうちに、非侵襲的心血管手術の新たな世界を開き、現在でも毎年三〇万人の命を救う医療器具を発明した。フォガティの成功は、私が「全人生型《ホールライフ》アプローチ」と名付けた手法から生まれた。彼の洞察力は、仕事と余暇を分けるのではなく、その両方を組み合わせた幅広い視野から生まれたのである。

そんなフォガティも、子どもの頃は、発想力豊かなわんぱく小僧にすぎなかった。授業中に教室の窓から抜け出してはフライフィッシングに出かけていた。フォガティが行方をくらますと、教師は母親の職場に電話をかけた。母親は三人の子どもを養うためにドライクリーニング店で働いていた。フォガティによれば、〝文字どおりの労働搾取店《スウェットショップ》〟だったという。そんな家庭の事情により、フォガティは中学二年生になるとオハイオ州シンシナティのグッドサマリタン病院で働きはじめた。そこで働いた理由はただ一つ、病院には児童労働法が適用されないからだった。当時、彼はまだ一三歳だったのだ。

フォガティは材料室の洗浄係として働いた。時給一八セントで胃洗浄器を洗うという過酷な仕事だった。そこで薬用石鹸とエーテルと重曹からお手製の洗剤を発明し、作業時間を半分に短縮した。材料室での経験のおかげで、フォガティの頭の中には、「治療に適した形」という情報をベン図形式で収録した百科事典ができあがった。例えば「胃の治療で使用されるハサミは、サイズを小さくしてほんの少し角度を変えるだけで、眼科手術用の器具になる」というように。

フォガティは観察するのが大好きだった。医師たちは彼にいろんなことを見学させた。一五歳になるまでに、検死も二回見学した。フォガティは当時を振り返って言う。「意識して学ぶつもりがなくても、自然と学べることは多い。ただじっと見て、〝なんだこれ？〟とつぶやいているときにも、人は学んでいるものだ」

やがてフォガティは黙って見ているだけでは物足りなくなり、実際にやってみたいと考えるようになった。一五歳になると、ジャック・クランリーという外科医の手術技師（手術室内で働く助手）になった。クランリー医師には一〇人の子どもがいたが、フォガティは実質的に一一番目の子どもになった。

クランリー医師の担当する手術に、血栓除去手術があった。動脈の閉塞した部分にメスを入れ、血管を開いてから血栓を回収するという大手術だ。術後に死亡する患者や四肢の切断を余儀なくされる患者もいた。治癒した患者でも、その多くは胸や脚に長い傷痕が残った。「外科医たちは八時間もかけて手術をした。その翌日か二日後には、同じ患者がまた手術室に戻ってきて、両脚を切断された。そういうことを何度も見ていたら、〝これよりマシな方法があるはずだ〟と言いたくもなる」とフォガティは話す。

フォガティは起業家精神の持ち主だった。子どもの頃は、ソープボックスカーや模型飛行機を作った。近所で売れるほどすばらしい出来ばえだったという。フォガティ少年は、一八セントで模型飛行機制作キットを購入し、完成品を七、八ドルでほかの子どもたちに売った。また母親専属の便利屋を務め、頼まれたものはなんでも修理した。

さらに、主にスクーターを取り扱うバイク修理店でアルバイトもした。スクーターのマニュアルクラッチは、ローギアに落としたときによく故障した。「坂を登っている途中で、突然つんのめったかと思うと、いつの間にか路上で尻もちをついていて、スクーターは一〇メートル先にいたなんてことになる」。フォガティと友人は、シフトチェンジをスムーズにするクラッチを発明した。同じ機能を持つ遠心クラッチが世に出るよりもずっと前のことだったが、フォガティがその発明から金銭的利益を得ることはなかった。というのも、フォガティの記憶によれば、修理店のオーナーがその発明の権利は店のものだと主張したからだった（彼はこのときの経験から、のちにバルーンカテーテルを発明したときには、クランリー医師からの「知的財産専門弁護士を雇いなさい」というアドバイスを素直に聞き入

れた)。

血栓による弊害は、スクーターの後部座席から落っこちるよりも、ずっと厄介な問題だった。クランリー医師は「もっといい解決方法を見つけてみなさい」と言って、フォガティを激励した。そこで彼は、尿道カテーテル(小さなガーデンホースのような一本のビニール製のチューブ)と手術用ラテックス手袋の小指の部分を使って、実験を開始した。

フォガティの作りたい器具のイメージは――まず、器具を圧縮した状態で動脈の中に通し、血栓の先まで到達したら、先端を膨らませる。それから先端に血栓を引っかけて、器具ごと引っ張る。そして現在の手術痕よりもずっと小さな切開口から、血栓を掻《か》き出す――というものだった。

「ほかにも二、三種類試したがうまくいかなかった。でも、このアイデアは頭に浮かんだ瞬間に、これならうまくいくはずだと思った」

一九五九年、医学部の四年生になった頃には、屋根裏部屋でバルーンカテーテルの試作品をいじくりまわしていた。ちょうど彼が心臓外科医になろうと決心した時期だった。バルーンカテーテルの形状のイメージはできていた。最大の難問は、一九六〇年前後にはラテックスとビニールを接着させる糊がなかったことだ。やがて、ひょんなことから突破口が開けた。授業をサボって覚えたフライフィッシングの釣り糸《ノット》の結び方を応用して繋ぐことを思いついたのだ。「私はいつも毛ばり《フライ》を結んでいたから、それを思いついたのは自然な流れだった」とフォガティは語る。

つまり、現在でも使用され、実用化以来、二〇〇〇万もの命と四肢を救った医療器具が生まれ

たのは、専門知識のおかげでも巨大な製薬研究所のおかげでもなく、教室の窓から抜け出して釣りに出かけたハックルベリー・フィン的少年時代と、接着というデザイン課題の解決策として釣り餌のフライを思いついた独創的ひらめきのおかげだったというわけだ。

あなたの仕事と余暇はつねに分けられるものではない。ときに必要と贅沢はクロスオーバーする。ある分野での成功が全体から生み出される。それがホールライフアプローチという考え方だ。ホールライフアプローチは、従来、成功の秘訣とされていた習慣に大いに疑問を投げかける。まずはあなたの人生を、生態系《エコシステム》全体と見立てることから始めてみよう。

オブジェクトと環境

作家デヴィッド・フォスター・ウォレスは、二〇〇五年のケニオン・カレッジの卒業式の祝辞で、魚の話をした。

二匹の若い魚が並んで泳いでいると、年寄りの魚とばったり出くわした。年寄りの魚は二匹に会釈して言った。「おはよう、少年たちよ。水の調子はどうだね？」二匹の若い魚はそのまま泳ぎつづけた。が、しばらくして一方がもう一方を見ると言った。「水っていったい何？」

ミシガン大学で教鞭を取る社会心理学者、リチャード・E・ニスベットは、二〇〇三年の著作『木を見る西洋人　森を見る東洋人　思考の違いはいかにして生まれるか』の中で、教え子の日本人大学院生、増田貴彦の研究のきっかけとなった出来事を回想している。身長一八八センチの増田はアメフトをプレーした経験があった。ミシガンにやってきたばかりのとき、人生初のカレッジリーグ観戦をとても楽しみにしていた。ところが、試合には感動したものの、スタジアムの観客のふるまいにショックを受けた。日本では自分のふるまいが周囲に与える影響に気を配るよう教えられてきたが、ミシガンでは目の前の観客がいっせいに立ち上がり、後ろにいる彼が見えにくくなることなどおかまいなしに応援していた。そのとき、増田はこの文化のちがいを実証してみようと思いついた。

増田は、「東洋人と西洋人では世界の認識方法が異なる」という仮説を立てた。東洋人は広角レンズのような視点で、風景全体に注意を向ける。一方、西洋人はトンネルのような狭い視野で、対象物《オブジェクト》に焦点を合わせる。この仮説を検証するため、増田は、水中の様子（複数の魚、海藻、石、泡）を描いた約二〇秒のアニメーションを八種類制作し、ミシガン大学と京都大学の学生グループにそれぞれ見せた。

どのアニメーションでも、少なくとも一匹の「中心的な魚」――ほかの魚よりも大きく、明るく色鮮やかで、素早く泳ぐ魚――がスクリーンを横切るようにした。被験者の学生たちにそのアニメーションを二回ずつ見せたあと、どんなものを見たのか説明してもらった。アメリカ人学生も日本人学生も、どちらも中心の魚に目を留めた。その魚についてコメントした回数はほぼ同じだった。しかし、日本人学生は背景的な要素についてコメントした回数がアメリカ人学生よりも六〇％多く、さらに、背景的な要素とほかのものの関係についてコメントした回数は二倍も多かった。また、コメントをするときに中心的な魚の描写から始めたアメリカ人学生は、日本人学生の三倍いた――「大きな魚がいて、たぶんマスかな、左に泳いでいった」といったように。一方、日本人学生は、「池みたいなところだった」など環境から描写することが多かった。

オブジェクトに基づく世界では、海の中の写真を見たときに、魚やアネモネやサメの名前を挙げる。環境に基づく世界では、海全体を描写する。一つの商品の収益性を追求することは、一匹の中心的な魚を探すようなものであり、持続可能性や心身の健康を追求することは全体の環境を見るようなものである。クリエイティビティには、後者の視点が必要になることが多い。

海を沸騰させる

広角レンズで全体を見るよりも、魚だけに注目するほうが効果的な分析ができるのではないか？　そう疑問に思うかもしれない。全体に注意を払うには、エネルギーも必要だ。実際、経営コンサルタントの業界用語には、「海を沸騰させる」という表現がある。非効率的で散漫なアプローチを批判するときに使われる表現だ。水は生命維持に欠かせないもので、それがなければ魚が死んでしまうことは厳然たる事実だ。にもかかわらず、魚から目をそらすことをリスクと感じるのは、ビジネスの世界には、〈80対20の法則〉を信条とし、つねに答えを求め、結果を重視する文化があるからだ。

〈80対20の法則〉は、一九〇六年にイタリアの経済学者ヴィルフレド・パレートの観察によって生まれた。彼はイタリア国土の八〇%が、人口の二〇%によって所有されていることに気づき、〈パレートの法則〉――利益の八〇%は、努力の二〇%から生み出されている――を導き出した。〈80対20の法則〉は、「海を沸騰させる」という批判の裏返しだともいえるだろう。しかし、仕事の二〇%から成果の八〇%が生まれるという考え方は、仕事にかける時間の二〇%で、成果の八〇%を生まなければならないというプレッシャーにも繋がる。

〈80対20の法則〉は、既知の世界というフレームの中であれば、効率的な実践に役立つ。一方、効率性のフレームの外側――魚ではなく海の中――にある多くのチャンスを見逃す恐れがある。世界を変える重要な発明のタネは、当初は不要に思える背景部分に埋もれているものだからだ。

　子どもの頃に授業をサボった経験から科学の突破口を開いたフォガティのような生き方は、人生全体がどれだけ重要なのかを思い出させてくれる。また、余暇よりも仕事のほうが重要だという道徳的教えを根底から覆す。さらに言えば、アートよりもサイエンスのほうが重要だという考え方にも、最初は無駄としか思えない長期投資よりも短期的利益のほうが重要だという考え方にも、疑問を投げかける。それらはすべて繋がっているのだ。ニスベットが指摘しているように、「school《スクール》」という言葉の語源は、ギリシャ語で余暇を表す「schole《スコレー》」である。古代アテネの商工業者たちは、余暇を使って息子たちの好奇心を育む「スクール」に価値を置いていたということだ。

大人になればなるほど、純粋な好奇心にふけることが少なくなり、まったく新しいことを習得する必要性も少なくなる。何かを一から学ぶことが、どれほど難しくて、みっともない姿をさらす体験だったか。それでいて、いざやってみたら、どれだけ早く学ぶことができたか。そうした経験を思い出すことも少なくなる。どんな分野であれ、アートを作ることには、似たような経験を伴う。

ホールライフアプローチを実践するには、人生全体を一つの風景として見立て、丘や谷や湖や町というパーツの一つ一つが、互いにどのように関連しているかを見極めることが大切だ。ホールライフ思考は、エネルギーと時間を管理し、探求と観察と発見のための「スペース」を、精神的、肉体的、ビジネス的に組み入れることから始まる。究極的には、あなたの行動が、あなたの人生という風景の芸術的構図を決めることになるのだ。

エネルギーと時間を管理する

ジム・レーヤーとトニー・シュワルツは、二〇〇三年の著書『メンタル・タフネス　成功と幸せのための4つのエネルギー管理術』の中で、ホールライフ思考を独自の視点をまじえて述べている。彼らは人生を「時間とエネルギーを絶えず管理するシステム」ととらえ、エネルギーには頭脳、情動、精神、身体の、四つの種類があると仮定した。レーヤーとシュワルツによると、たいていの人は二種類のエネルギーを使っている。しかし、そこにはエコロジカルにエネルギーを制御するという発想がない。例えば、生活の大半を仕事とエクササイズに費やす人は、主に頭脳と身体のエネルギーばかり使っている。子育て中の人は、情動と身体のエネルギーをたくさん使う。デスクワークの会社員は頭脳エネルギーを使いすぎて、身体エネルギーの使用が不足しがちになる、など。

レーヤーとシュワルツの説は、テニスのエリート選手たちを調査する過程で生まれたものだ。世界大会のトーナメントで勝ちあがる選手がいる一方で、技術的に劣るわけではないのに、なぜか結果を残せない選手もいる。トップクラスの選手たちの明暗を分けるものはいったいなんなのか？　その謎を解き明かすため、レーヤーとシュワルツは選手たちに電極を装着し、プレー中の脳波を測定した。最終的に何セット戦うことになるのか事前にわからない状態でプレーするテニスという競技は、スタミナに関する興味深い研究事例となった。その調査からレーヤーとシュワルツが発見したのは、意外だけれども一貫した結果だった。勝利する選手たちは、「休息」をうまく利用していたのだ。この場合の休息とは、動きを止めることではなく、別のエネルギーに切り替えるという意味だ。例えば、ある選手はサーブをする前には必ず、ボールをラケットの上で弾ませる独特の儀式を行う。いったん異なる種類のエネルギー活動に切り替えて、休息を取るためだ。勝利する選手たちは、そのように「試合に対する極度の集中状態」と「儀式的習慣による一時的な休息」をうまく組み合わせたプレースタイルを確立していたのである。レーヤーとシュワルツは、私たちの生活にもこのスタイルを取り入れられるはずだと考えた。完全な休息を取らなくてもいい。一つの活動から別の活動に切り替えて、エネルギーの使用が偏った状態から一時的に離れることが大切なのだ。

レーヤーとシュワルツは、エネルギーバランスの取れた生活設計を手助けするコンサルタントの仕事を始めた。あるクライアントの女性は、仕事では高い評価を得ていたが、心の不安に悩まされていた。そんな彼女に対して、彼らは週に二度のジム通いを、楽しんで身体を動かせるダンスのクラスに変更し、毎週火曜と木曜にそこに通う「儀式」を行うように助言した。すると、彼女のエネルギーエコシステムのバランスが改善し、リラックスできるようになった。身体エネルギーを使うためにしぶしぶジムに出向かなくても、ダンスクラスに通うという儀式が彼女に身体エネルギーと情動エネルギーの両方の使用を促したからだ。

あなたの生活はどうだろう？　もっとも多く使っているエネルギーはなんだろうか？　まずは心の中で――あるいは実際に一枚の紙の上に――円を描いて四等分してみよう。四分円のそれぞれに四つのエネルギー（頭脳、情動、精神、身体）を割り振り、あなたが日常的に行っている活動を四つに分類する。次に、各活動の関係性をチェックしてみよう。うまく組み合わせられそうな活動はあるだろうか？　日々の生活の中で、無理なく切り替えができそうな組み合わせを矢印で繋いでみよう。さらに、経験したことはないけれど、対の関係としてふさわしそうな活動を思いついたら、その活動を従来のものと入れ替えてみるのもいい。そんなふうにして、あなたというエコシステムのバランスを整え、エネルギーができるかぎり活性化するように生活を再設計してみよう。そうすれば、日々のスケジュールの中に、ある種のブラックボックスのような空白が生まれ、そこに結果を求められることなく気ままに探求する「スペース」——時間や場所や儀式——を組み込むことができるだろう。

図《ず》と地《じ》

このように一つのパーツから全体に視点を移すことを、美術用語では、「図《ず》と地《じ》」について考えるという。あなたの人生と創造的プロジェクトの構図を組み立てるには、この考え方が必要になる。

紙の上に一つの花瓶を描くとき、その絵の中には「図と地」ができる。「図」とは、なんであれあなたが描いたものを指す。つまり、対象物であり、この場合は花瓶のことだ。「地」とは、花瓶の周りにあるスペース、つまり背景を指す。

全体の構図は、「図と地」の両方から生み出される。優れた構図では、視点はまず一つの場所に引き寄せられ、それから周囲をめぐる。「焦点」と「全体の調和」の両方がそろうとき、構図はうまく機能する。対照的に、もしその絵の焦点がぼやけていて一律に注意を払わねばならないとき、人間の目は疲れてしまい、全体を把握することができなくなる。

人生において「図と地」を区別することの利点は二つある。一つは、幅広い視野から見た展望と、優先順位を決めて集中すべき現実的な問題とのバランスが取りやすくなること。もう一つは、あなたの人生の構図の中に、余白――意識的に「地」として残しておく部分――を確保できることだ。

優先順位をつけて余白を残すという構図のツールを使えば、効率の重要性は理解しつつも、それによって制限を受けずにすむ。集中すべき場所の選択がうまくなり、後々の可能性のための余白を残しておけるようになる。

レオナルド・ダ・ヴィンチが「図と地」の関係の達人となった理由は、一つには、彼が「地」に対して深い興味を持っていたからである。ルネッサンス期の肖像画では、背景――モデルとなった人物の背後にある「地」の部分――に、窓から見た風景が描かれることが多かった。ダ・ヴィンチの絵画や肖像画の背景に描かれた「地」の部分には、彼の自然に対する詳細な観察が反映されている。

風景に注目することには、ほかにも意味がある。対象物の周りのスペース――日常生活で、私たちの多くが見過ごしがちで、まるでそこに何もないかのように見える余白部分――は、対象物そのものと同じくらい重要だと認識できるからだ。「図」にとって、「地」は不可欠である。ダ・

ヴィンチが『モナ・リザ』を制作していた一五〇三年から一五〇四年頃に、彼はこんな一文を書き残している。「我々が生きる広大な世界の中でも、無の存在が一番すばらしい」

裏を返せば、レオナルド・ダ・ヴィンチほどの観察力がなければ、人生を広角レンズで見渡すことは容易ではないということでもある。それを習得するには、まずは自分の人生の風景が混み合いすぎているという事実を認めるところから始めなければならない。

エリヤの椅子

ベンチャー投資家のウィル・ローゼンズワイグは、リパブリック・オブ・ティー社を共同創業し、カリフォルニア大学バークレー校の社会

起業家コースで教鞭を取った経験を持ち、現在はフードビジネススクールを経営しているという多彩な経歴の持ち主だ。そんな彼があるとき、成功した友人たちの多くがあまりに忙しく、余白のない生活を送っていることに気づいたという。友人たちのスケジュールはつねに埋まっていて、「ちょっと会おうか」という予定外の集まりに割く時間はほとんどなく、新しい知人とお茶を飲む時間すらなかった。ローゼンズワイグ自身は、スケジュール管理の方法として、「過越《すぎこし》の祭の祝宴《セデル》に空席を用意する」というユダヤ教の伝統を取り入れている。過越祭のこの空席は、預言者エリヤに対する敬意と、いつでも彼を歓迎する心づもりの象徴として用意される。ローゼンズワイグは言う。「人生に不意の来客や予期せぬ出会いのための余地を残しておくと、そうやって出会った人が、実に重要な役

割を果たしてくれることが多々あるものなんだ」。仕事と生活のプレッシャーに追われる中で「空席」を用意するのは簡単なことではないだろう。それでも、創造的プロジェクトに思わぬ幸運を招き寄せるためには、ローゼンズワイグの「エリヤの椅子」のように、あえて空白にしておく専用のスペースを設ける必要がある。

クリエイティビティとは何かを為《な》すことだが、何かを為すには足場となる場所が必要だ。クリエイティビティとは、高層ビルの屋上に何かを積み上げることではない。地面のどこかにピクニックシートを広げて、探求のためのスペースを確保して初めてできることだ。ピクニックシートを広げるということは、空間的にも経済的にもそこに投資するということだ。カレンダーの中にスペースを確保するには、そのスペースのためにコストを支払わなければならない。あるいは、そのスペースで過ごす時間からは利益が出ないことを受け入れなければならない。そのスペースは、あなたの個人的な研究開発部だ。何かを生み出さなければならないというプレッシャーを感じることなく、アイデアを探求できる場所なのだ。

アーティストやデザイナーにビジネスを教えているとき、私はつねにこの「スペース」の重要性を感じてきた。アーティストもデザイナーも、最初は「すでに制作した作品」を売り込もうとして戦略を練っている。けれども、そのうち誰もが気づきはじめる——最終的に必要なのは、「すでに制作した作品」に投資することではなく、経済的に許す範囲でリスクを取って、次の「新たに創造する作品」に取り組むスペースを確保することだということに。このような幅広い意味でのスペース——ちょっとしたゆとり、生産的な余裕、つかの間の休息——を、私は「工房《スタジオ》タイム」と呼んでいる。

スタジオタイム

スタジオタイムは、あなたの人生という構図の中で、「地」の部分として残された小さな領域である。実際に行くことのできる物理的な空間かもしれないし、アイデアを探求するための儀式や習慣によって保たれる精神的な空間かもしれない。画家にとっての工房《スタジオ》がそうであるように、人の数だけさまざまな形があるだろう。ともあれ、そのスペースの特徴は、身体的にも時間的にも経済的にも知的にも、オープンであるということだ。

実際にスタジオタイムを利用して汎用性の高い商品を考案した二つの事例を紹介しよう。

一つ目は、3M社の話だ。同社の創業初期に、リチャード・ドルーという社員がいた。ある日、クライアントである自動車修理工場を訪ねると、作業員がカーブした車体をツートンカラーに塗装するのに苦労していた。それを見たドルーは、「一方の色を塗る部分を隠し《マスク》、その後きれいにはがせるテープがあれば、もう一方の色を塗装するときに塗料がまざることもなく、ずいぶん作業がやりやすくなるだろうに」と思った。

ドルーは上司から塗装用テープの開発を検討する許可をもらった。試作品を作って再度修理工場を訪れたが、固すぎて車体のカーブに沿ってうまく貼ることができなかった。結局、3Mはそのテープを商品として販売することに決めたが、ドルーはその後も諦めなかった。どうしても車両塗装に役立つテープを作りたかったのだ。厳密にはそれは仕事ではなかったけれども、こっそりと開発を続けた。

そんなドルーの行動を、彼の上司は見て見ぬふりをして、しばらく自由にさせておいた。かなり先の一九七〇年代の学校現場には、子どもたちが独自の遊びを生み出せるように、あえて目を離しておく「善意の無視」と呼ばれる教育法があったが、そのビジネス版をすでに実践していたのだ。ある日、ドルーは3Mのオフィスで、サンドペーパーの裏紙として使用されている紙を見かけた。そのとき、この紙を使えば柔軟性のあるテープが作れるのではないかとひらめいた。マスキングテープが誕生した瞬間だった。そのアイデアは、やがて3Mのマスキングテープ事業部となり、のちにかの有名なポストイットを生み出すことになる。

ドルーの上司は見て見ぬふりをして、彼に探求するスペース――場所、時間、受け皿――を与えた。その行動のおかげで、ドルーはスタジオタイムとなる「地」を持つことができたのだ。

〈20%ルール〉が生み出したもの

二つ目は、グーグル社の方針として有名な〈20%ルール〉から生まれたサービスの話だ。〈20%ルール〉は、社員が労働時間の一部を、自ら選んだプロジェクトの研究に充てることのできる制度で、スタジオタイムの一種とみなすことができる。3Mやヒューレット・パッカードのような発明奨励主義の会社でも採用されている考え方だ。〈20%ルール〉は、社員に成果ではなくプロセスに集中する余裕を与え、結果的に数多くの画期的なブレイクスルーを生み出してきた。

同社の〈20%ルール〉の有名な成功例の一つが、Gメールと、その運営費を賄うコンテンツ連動型広告配信サービス、グーグルアドセンスだ。開発を担当したのは、エンジニアのポール・ブックハイト。彼は一九九〇年代にケース・ウェスタン・リザーブ大学の学生だった頃から、電子メールのデータを丸ごとインターネット上に置くことはできないだろうかと考えていた。そこで〈20%ルール〉を活用して、そのプロジェクトに取り組んだ。ブックハイトはそれまでの業務で、ポルノコンテンツに対するフィルターを構築した経験があった。グーグルのキーワード検索の特定の語句を認識して、ポルノコンテンツと判断する仕組みだった。

トーマス・フォガティが医療用のハサミを観察して、少し手を加えれば眼科手術に使えると判断したのと同じように、ブックハイトはポルノフィルターに手を加えれば、あらゆる検索語を認識し、その語句にマッチしたターゲティング広告を表示することができると気づいた。そんなふうにして、改良型ポルノフィルターは、検索ワードとカスタマイズされた広告表示を組み合わせたプログラム――グーグルアドセンス――となり、グーグル社のビジネスモデルの主力となった。グーグルアドセンスで広告を表示したおかげで、Ｇメールの基本使用料は無料になった。ブックハイトの〈20%ルール〉を活用したプロジェクトは、ストレージ容量ごとに料金が発生する従来のプランとは根本的に異なる、より生成的《ジェネラティブ》なウェブメールのビジネスモデルを新たに生み出したのである。

　とはいえ、ブックハイトは自分が成功すると事前に知っていたわけではない。彼の目の前には、試行錯誤できる「スペース」があっただけだ。グーグルの企業風土が彼を後押しした面も大きいだろう。ブックハイトは一九九九年当時のグーグル社についてこう語っている。「僕はあの頃、グーグルはいずれアルタビスタ（当時のアメリカの大手検索エンジン会社）みたいな大企業に潰されてしまうだろうと予想してました。それでも、グーグルの社員はみんなすごく頭のいい人たちだったし、ここで働くことで多くのことを学べるはずだとも思ってました」

　スタジオタイムから興味深いプロジェクトが生まれるという保証はどこにもない。あなたの目の前には、ただ「地」の部分があるだけなのだ。

創造性のカテゴリー

私たちはさまざまな分野で創造的活動を行っている。スタジオタイムを始めるにあたって、まずはどんなクリエイティブな分野に焦点を当てるのかを考えてみるといい。次の一〇のカテゴリーの中から、あなたが頻繁に活動している分野や、これから探究してみたい分野、あなたにとって役立ちそうな分野の組み合わせなど、ピンとくるものを選んでみよう。

①ソーシャル：社会的創造性

友情を育み、遊びを発明する

社会的創造性の基本は、どこかに行って、人を集めて、会話することだ。私の友人のサブリ

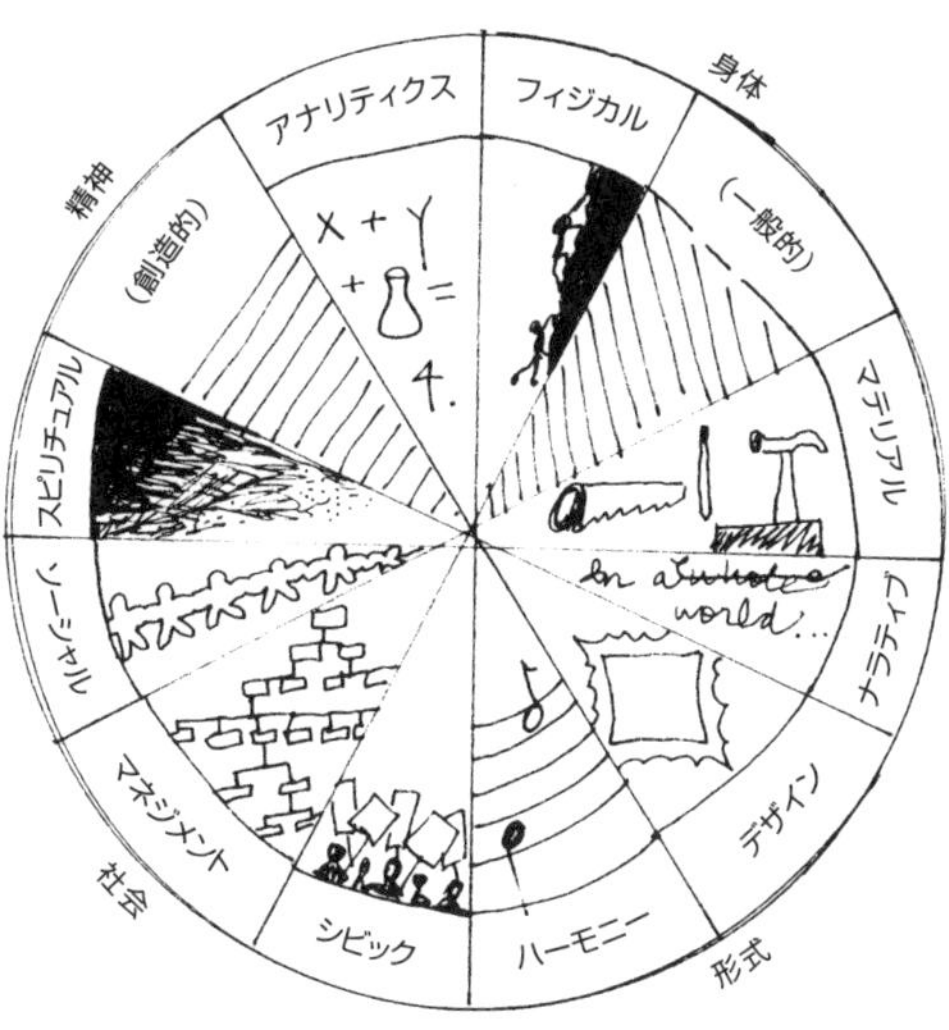

ナは、手工芸の会〈クラフトナイト〉を主催している。また、友人のジェシーは〈父と娘のアマチュア発明クラブ〉を開き、彼の娘やほかの父娘と一緒に楽しんでいる。友人のジェニファーは〈女子飲み会〉の幹事をしている。あなたは料理をして人を招くことが好きだろうか？　スポーツチームを作ってみる？　市民農園を始めるのはどうだろう？

②マネジメント：組織的創造性

人々を管理し、制度を設計し、工程を統括する

経営学者アルフレッド・D・チャンドラーは、一九六二年の著作『組織は戦略に従う』の中で、大企業の標準的構造である「事業部制」について初めて論じた人物だ。どのように仕事を割り振り、管理すれば、その課題を達成できるだろうか？　どうすれば事がうまく運ぶだろうか？　部品を調整する最適な方法はなんだろう？　あなたは食事の支度や雑用をこなすときでも段取りを工夫するだろうか？　プロジェクトを管理する独創的な方法や、プロジェクトチームのメンバーをまとめる方法を考案するのが得意だろうか？

③シビック：市民的創造性

社会改革を創造する

二〇一一年に始まったデモ活動〈ウォール街を占拠せよ〉は、アジェンダではなくプロセスを

重視する、新しい社会運動の形を作った。ミュージシャンのボブ・ゲルドフは、一九八四年にミッジ・ユーロとともに、飢饉《ききん》救済のためのチャリティ・プロジェクト〈バンド・エイド〉を起ち上げ、のちにU2のボノらが起ち上げた貧困撲滅を目指す〈ONEキャンペーン〉にも加わった。二〇〇八年の米国大統領選挙では、バラク・オバマ候補は草の根ボランティアを結集した。どうすれば変化を起こせるのか？　どのような参加方法がいいのか？　あなたの日々の創造的活動には社会運動的要素が含まれているだろうか？

④アナリティクス：分析的創造性

制約の範囲内で問題を解決する

分析的創造性には、精密工学や科学的手法、そのほか実験の考案をしたり、結果を解析したりする手法などが含まれる。その対象が歴史にしろ、英語にしろ、数学にしろ、化学にしろ、学術研究の多くもこの分野に属する。科学的手法に基づく研究は、創造的というよりは論理的に思えるかもしれない。しかし、こうした手法から、予期せぬ状況に陥ったときに前進する独創的な手段が見つかることもある。例えば、原因不明の自己免疫疾患の症状を抑えるためには、抗生物質ではなくステロイドが有効であると発見されたように。科学的な研究手法に基づきながら何かを解明する手段を発見することは、多大な創造的能力が必要とされる。

⑤スピリチュアル：精神的創造性

宗教と自己修養に関わる分野

精神的創造性には、実存的な問いの探求と、作家ミラン・クンデラが「内的世界の無限」と呼んだものに対する好奇心などがある。実践方法は、瞑想、読書、自然との触れ合い、自己啓発、宗教団体での活動など。

社会的創造性や物語的創造性と重なる部分も多いが、精神的創造性の本質は、知識と信念、事実と信仰、希望と絶望、意思と受容、帰属と孤独、固執と忍耐など、相反する二つの概念のバランスを取りながら実践することにある。不可知論者が信仰という概念と葛藤するのも、あるいは信心深い人が科学的事実と葛藤するのも、彼らの内的生活における精神的創造の実践と言える。

⑥フィジカル：身体的創造性

スポーツやダンスなど、あらゆる種類の動きにおける身体の探求

二〇一五年、トミー・コールドウェルとケビン・ジョージソンは、ヨセミテ国立公園エルキャピタンのドーンウォールを、初めてフリークライミングで登頂した。彼らはほぼ垂直に切り立つ岩壁という道なき道を、一歩一歩選びとりながら登った。スポーツや野外探索の多くには、運動的創造性が含まれている。また、多くの人々にとって身体の中でもっとも偉大な創造的スペースは、男女が親密で創造的な共同作業を行う部分だろう。自称〝シリコンバレーの創造性コンサル

タント〃ロジャー・フォン・イークは、一九八三年に出版した自己啓発書『頭にガツンと一撃』の中で、創造性とは脳にとってのセックスのようなものだと書いている。これは逆もまた然りで、セックスとは身体の持つ創造性である。ダンスにも同じことが言える。

⑦デザイン：美的創造性

デザイン、アート、形や構図に関わる分野

美術に関連した分野ではあるが、美的創造性には、インテリアデザインや個人のスタイル、収納や整理整頓なども含まれる。空間的思考力も、また線、形、色といった構図も、美的創造性の一部だ。その目的はアートでなければならないというわけではない。例えば、ニューヨーク長老派教会病院のある術後看護師は、二〇一四年のバレンタインデー前後に、腹腔鏡手術の小さな切開孔に当てる白いガーゼの包帯をすべてハートの形にカットした。手術後に弱り、恐れ、疲れて目覚めた患者たちが、腹部や脚の小さな白いハートを見られるように。この包帯のように喜びのためのデザイン、あるいは列車の時刻表や洗練された時計のように簡潔さのためのデザインも、美的創造性に含まれる。

⑧マテリアル：物質的創造性

物質を効果的に活用する

物質的創造性は、ジャクソン・ポロックのようにキャンバスに塗料を投げつける画家や、ミケランジェロのように大理石から人の形を彫り出す彫刻家の専門分野である。また、修理作業員や配管作業員、電気技師、プロダクトデザイナー、裁縫師などの仕事もここに含まれる。二〇一二年、火星探査車キュリオシティが無事着陸できたのも、物質を効果的に活用する知恵の賜物である。きわめて耐久性の高いタイベックの封筒が作られたのも同じだ。玉ねぎの風味を引き出すために塩をかけて料理するといったことも、これに当てはまる。あなたは未加工の物質の持つ可能性に興味はあるだろうか？　例えば、銅管の性質に、斜めに裁断した生地の伸縮性に、キノコから作られた建築素材の特性に夢中になってしまうことは？

⑨ナラティブ：物語的創造性

現実や虚構、過去や未来についての物語の構築

テレビドラマ、映画、本などは、私たちを物語の世界に引き込む。同時に、私たちは誰もがある種のストーリーテラーである。過去の出来事を理解し、言葉や動き、文章や行動を通して、未来を物語る。作家のハーパー・リーは、一九六二年のインタビューで、南部の人々についてこう語っている。「南部に暮らす人々は、生まれながらの語り部じゃないかしら……私たち南部人は、ひたすら話すことで互いを楽しませるのが好きなの」

⑩ハーモニー：調和的創造性
リズムの分野
調和（ハーモニー）とは、音楽や踊りに影響を与える、言葉を話したり書いたり、メロディを歌ったり奏でたりする形式のことだ。調和は言語の一部であり、あなたを詩や音域の世界に誘う。

未完成にこそ価値がある

以上のカテゴリーの中から興味のある分野を選んだら、次に、スタジオタイムのための時間を捻出してみよう。あなたの今の生活を振り返ってみて、仕事以外に使えそうな時間はどれくらいあるだろうか？　例えば通勤時間など、すでに何かに費やしている時間や、テレビを観ているときのように受動的な活動に費やしている時間に注目してみる。仕事のスケジュールを眺めて、週に一度のミーティングを隔週にできないかと考えてみる。一日五分でもいいし、隔週で二時間でもいい。その時間をスタジオタイムと定めて、あなた自身の〈20％タイムプロジェクト〉を始動させよう（実際の割合は一週間の〇・〇〇一％でも、二〇％でもかまわない）。その時間を使って、前述の創造性のカテゴリーのどれかを深く掘り下げたり、ただ楽しんだりして過ごそう。新しいレシピを習ったり、イベントを企画したり、友人たちと研究プロジェクトを起ち上げたりしてもいい。実際にやってみた感想は？　そこからどんなことを学んだ？　この先も続けてみたいか、それとも別の分野で実験してみたいか、どちらだったろう？

このプロジェクトの目的は、あなたのスケジュールにスタジオタイムを固定することでも、時間を最大限に活用することでもない。一時的な実験にチャレンジしてみることだ。創造的プロセスとは、未踏の領域の開拓にエネルギーを注ぐことである。ゴールが決められていない作業をすることは、最初は居心地悪く感じたり、ばかばかしく思えたりするかもしれない。スタジオタイムを何か特定の目的のために使いたくなるかもしれない。すぐにGメールのような発明ができたり、難題の解決に繋がったりすればすばらしいけれど、実際にそうした成果を上げるには、いったん「成功の夢」を脇に置いておく必要がある。まずはあなたが、ただやりたいと思うことを始めて、実験を行う態度で臨むことがうまくいく秘訣だ。

この本を執筆しているあいだ、私はスタジオタイムのプロジェクトとして、ビデオ撮影講座に通った。月曜の夜はその講座に出かけ、ビデオカメラの使い方を学びながら、初対面の受講者たちと一緒に、ばかばかしくもシンプルな場面をビデオに収めた。撮影した映像を互いに鑑賞し合うとき、未完成の欠点だらけの作品を見せる気恥ずかしさに、私を含めた受講者全員がいたたまれない気持ちになった。それでも、大切なのは夢中になって最後までやりとおすことなのだ。

スタジオタイムのプロジェクトは、型破りで斬新なものである必要はない。そういったプロジェクトはプロのアーティストかシリコンバレーのエンジニアに任せておけばいい。スタジオタイムの意義は、ささやかなＤＩＹの計画であれ、大がかりな研究プランであれ、事の大小は関係なく、あなたが興味を持ったプロジェクトを選び、時間と場所を確保してそれに取り組む習慣をつけることにある。あなたが使った時間は、試験ではなく実験であり、成功しようが失敗しようが関係なく、何かを学んだり行ったりするチャンスなのだ。

天才アーティストという神話

アーティストになることとは、レアアースのように稀少というわけではない。それでも二の足を踏んでしまうのは、白紙のページから始めて、あっという間に傑作を生み出さなければならないと考えているからだ。アートとはもっと懐の深いものだ。考えようによっては、まっさらなキャンバスさえ、アートといえるかもしれない。近年流行《はや》った大人の塗り絵も、立派なアートの一つだ（スコットランド人のイラストレーター、ジョハンナ・バスフォードが二〇〇三年に出版した大人の塗り絵『ひみつの花園』は発売から二年で一〇〇万部を売り上げた。愛読者の中には、友人たちと集まって塗り絵サークルを開催する人々もいる）。そもそもプロのアーティストでさえ、時間のすべてをアートに注いでいるわけではない。書類をファイルしたり、雑務をこなしたり、スケジュールを管理したり、助成金を申請したり、木枠にキャンバスを張ったり、制作の準備をしたりしている。だから、あなたが気軽に創造的な活動を始めたとしても、少しもおかしくはない。

一九四三年、社会心理学者アブラハム・マズローは、人間の動機づけに関する理論、〈欲求の階層〉を発表した。マズローのピラミッドには、底辺に食べ物や安全という「基本的な欲求」、中間に「所属と愛、承認の欲求」、頂点に「自己実現の欲求」が置かれている。創造的な活動も同じようにピラミッド形式で描くことができる。底辺には「模倣と模範」、中間には「適応と統合」、頂点には「虚構の創造」が置かれる。

「模倣」することは理解と観察の手段であり、プロのアーティストとしての訓練に不可欠なものである。一六〇〇年代半ばから一八〇〇年代半ばまで、ヨーロッパの資産家たちはヨーロッパ大陸巡遊旅行をし、重要都市や歴史的建造物を見て、文化的意識を育んだ。彼らの多くは美術館で見たものを模写することで美術を学んだ。「模倣」とは、それがどのように作られたのかをじっくり観察し、簡単には真似できないのはどんな部分なのかを理解する手段である。

それに対して、「模範」とは、形ではなく、精神を真似ることを指す。様式を習得し、それを別の形に適応させることだ。グーグル社の人事部長ラズロ・ボックは、尊敬する人のキャリアを模範とすることを強く奨励している。模範とは、その様式を自分のものにできるほど深く理解し、一つの使い方から別の使い方へと発展させることなのだ。

「統合」とは、異なる分野にある二つの物事を一つにすることである。私は一九八〇年代のリースのピーナッツバターカップのテレビCMが大好きだった。チョコレートを持った男性とピーナッツバターを持った女性が道でぶつかって、図らずもピーナッツバターカップができあがるという設定のCMだ。ラストで、男性が「誰がおれのチョコレートをピーナッツバターに入れたんだ?」と不満顔で食べてみたら、実にうまかったと驚くオチがいい。これはまさに統合の実践である。模範は何かを観察をし、それを別の用途に応用することだが、「統合」は二つ以上の異なるものを組み合わせて、第三のものを――いわばピーナッツバターカップを――作り出すことである。

「適応」とは、即座に反応を求められる状況に対処して、新たな、あるいは今までにない解決方法を考え出すことだ。これまでさまざまな組織の人々と話をしてきたが、彼らは口をそろえて、「なんの制約もない状態よりも、厳しい制約の中で創造的解決法を見つけたときのほうが大きな成功を収めた気分になる」と言う。休息や禅や余白の落ち着いた時間にではなく、苦境に陥ったときに束縛を感じながら解決法を編み出すときに達成感を覚えるようだ。

「虚構の創造」とは、まっさらなキャンバスからの創造である。与えられた環境に対する反応ではなく、あなたが自分自身に対して投げかけた問いに対する反応を指す。自分自身で抱いた疑問や信念を出発点として、無から何かを創造することは、マズローのピラミッドを引用すれば、創造を通じた自己実現である。

まっさらなキャンバスからの創造は、思わぬ場所から始まるものだ。ビートルズは自らのキャリアをオリジナルソングではなく、『マイ・ボニー』のロックアレンジバージョンから始めた。そのカバー曲を聴いた将来のマネジャー、ブライアン・エプスタインが彼らを見いだし、その結果、「ビートルマニア」のように「〜マニア」という新しい造語が生まれることになった。

ポール・ブックハイトがGメールを開発したときのように、何かに不便を感じていることに気づいたら、それに取り組んでみるといい。彼はこう提案している。

まずは気づくことから始めてみよう。長いこと待たされたとき。製品の使い方がよくわからなくて癪《しゃく》に障ったとき。小さないらだちを感じたとき。そんなときに、気づきのタネが見つかるはずだ。僕たちがGメールに込めたアイデアは、ほとんどがそんなふうに、何かにイライラしたとか、そういう体験が基になっている。じゃあ、それを解決するにはどうしたらいいだろうって考えただけなんだ。

スタジオタイムの時間を使って、前述した一〇の創造性のカテゴリーにはない新たなカテゴリーを考えてみるのもいい。あなたがやりやすい方法で、まずは始めてみることが大切だ。

無駄なものは何もない

スタジオタイムの秘訣は、「パーツは単体よりも、組み合わせたほうがずっとすばらしいものになる」と認識することである。たとえすぐに効果が表れなくても、いずれパーツは全体に貢献するようになる。『「ネガティブな感情《こころ》」の魔法：「悩み」や「不安」を希望に変える10の方法』や『本当の勇気は「弱さ」を認めること』の著者、ブレネー・ブラウンは、二〇一四年、ある雑誌の悩み相談コーナーで、読者の女子学生の悩み——自分の情熱に従うのではなく、生活のためにインターンの仕事に就くこと——に対してこう回答を寄せている。

私の座右の銘は、「人生には何一つ無駄なものはない」です。あなたの学業もそのインターンシップも、情熱をもって取り組み、その経験から学べることはすべて学ぼうという姿勢で臨めば、きっとあなたの役に立ちます。私は今、研究職に就いていますが、今の自分があるのは、バーテンダーをしたり、ウェイトレスをしたり、カスタマーサービスで夜勤をしたりして働いた年月や、ソーシャルワーカーや教師としての経験のおかげだと思っています。こうした仕事が、私に人間の行動と共感について教えてくれたからです。

スタジオタイムで過ごす時間も、決して無駄にはならない。なぜなら、それは学びの時間であり、実践の時間だからだ。

学んだことがすぐには役に立たなくても、いつか重要なものに変わらないとも限らない。トーマス・フォガティが教室の窓から抜け出してフライフィッシングをしに行ったときには、校則を破って夢中になっている趣味が、医療的発明の突破口を開くことになるとは夢にも思っていなかっただろう。興味と情熱のままに趣味を楽しむことは、決して無駄にはならない。自分でやると決めたことをやり遂げる経験も同じだ。

発明史を紐解けば、無駄な時間を過ごしたように見えるエピソードがあちこちに転がっている。ライト兄弟は「空飛ぶマシン」を発明したいという情熱を抱いていたが、実際に飛行機の開発に使った道具の多くは、彼らがオハイオ州デイトンで営んでいた自転車店の商売道具だった。もし彼らが自転車店を経営していなければ、あるいは弟のオービルが腸チフスの療養中に飛行のメカニズムに関する本を読み漁っていなければ、彼らは空飛ぶマシンを発明できなかったかもしれない。

一九〇一年に合衆国第二六代大統領となるセオドア・ルーズベルトは、一八八四年二月一四日、妻と母親を同じ日に亡くした。最愛の家族を一度に二人も亡くしたセオドアは、自然に惹かれるようになり、その後の三年間を現在のノースダコタにある牧場で過ごした。現代では、大統領になろうという野心を持つ人物が、三週間よりも長い期間、ワシントンＤＣの環状道路《ベルトウェイ》の外に出ることなど、とても想像できない。だからこそ、セオドアが将来の野望については何も考えずに、単純に自分の人生を楽しんだという事実に、清々しい気持ちにさせられる。大統領に就任した彼が二億三〇〇〇万エーカーもの土地を国立公園として保全したことを考えても、ダコタでの時間は無駄ではなかったはずだ。

あなたの人生にも、いつ似たようなことが起こってもおかしくない。例えば、あなたが善意で誰かのために何かをして、ずっとあとになってから、その相手が予想もしないほど大きな助けになってくれるかもしれない。それは〝取引〟とは別物だ。あなたはそういう見返りを期待して何かをしてあげたわけではないのだから。

すべての物事は同じ生態系《エコシステム》の一部ということだ。物事はあなたの望みや現在取り組んでいるプロジェクトの周縁に現れる。まるで推理小説における、殺人事件の重要な手がかりのように。突然、さりげない描写が重要な意味を持ちはじめ、プロットが怒濤《どとう》の展開を見せ、目の端でとらえてはいたけれどほとんど意識していなかったものが、舞台の中央に躍り出る。視界が開けて、目の前により広大で豊かな風景が広がる。情熱や気晴らし、義務や弱点、失敗や滑り出しのつまずき――そうしたものが、実はとても重要なものだったとわかるかもしれない。

自分がやりたいことは何か？　この問題を解決する最善の方法は何か？　そう悩んで立ち止まるよりも、仕事とはそれ自体が人生に意味をもたらす原動力であるという事実に目を向けてみよう。ローマ教皇フランシスコは、「仕事《ワーク》とは、単に利益を上げるという経済目標のためだけではなく、何よりも人が人として尊厳を保つために為されるものである」と述べている。ワーク――文字どおりの仕事にしろ、目の前の為すべきことにしろ――は尊厳をもたらす。教皇自身、一九五七年に神学校に入学する前に、化学実験助手とナイトクラブの用心棒の仕事をした経験がある。

ワークはつねに威厳を与えてくれるが、どんな問題も努力さえすれば解決するというわけではない。アーティストのトム・サックスは、創作過程について記した『Ten Bullets for the WSJ（ウォール・ストリート・ジャーナルのための一〇の銃弾）』の中で、創造的プロジェクトはつねに純粋な努力に応えてくれるわけではないと書いている。努力は必要だが、ときに予期せぬ形で問題が解決されることもある。「第九の弾丸」を引用してみよう。

> 先延ばしにすること：最初にうまくいかなければ、すぐに諦めて、ほかの作業に移ること。どうしてもまたやりたくなったときに、最初の問題に立ち返ってみる。その頃には、君の潜在意識はすでにその問題を解決しているだろう。ある種、睡眠のような効果だが、さらにお手軽な方法だ。

創造的プロジェクトの問題が、休憩を取ったあとに解決されたことは数え切れないほどある。仕事は道徳的に正しく、休憩は正しくないといった区分けは存在しない。どちらも全体の一部なのだ。仕事と遊びのあいだの境界を取りのぞくことは、フォガティのケースでもわかるとおり、発明から発明へと進むための方法であるだけでなく、今、この瞬間に好奇心を持って生きるための方法でもある。

　このことは、教育、ビジネス、神経科学といった多岐にわたる分野の研究で裏付けられている。一九二九年、ドイツ人神経科学者ハンス・ベルガーは世界で初めて「脳はその人が休んでいるように見えるときでさえ、かなりの領域が活動している」ことを計測した。一九九〇年代になって脳画像化技術が発達すると、ｆＭＲＩ（機能的磁気共鳴画像）で神経回路網を流れる血流を可視化することで、安静中の脳の活動が画像で確認できるようになった。それによると、脳には何もしない安静時にだけ活動が活発になる複数の領域――デフォルト《D》モード《M》ネットワーク《N》――が存在することが明らかになった。ＤＭＮの活動は脳を統合し、落ち着かせ、学んだことをとりまとめる働きを担っている。

何もしていないという不安

　何もしていないようで実は脳は活動しているのだと科学が証明しても、一生懸命何かをしているように見えないと、人はかなりの不安を抱くものだ。何かをしていることは安心をもたらす。

やるべきことのリストを一つずつ片付けていると、自制できていると感じられる。しかしその直感に反して、創造的活動をする人が本当に必要としているのは、休息と中断なのだ。あなたが経験から得た個々のパーツを繋ぎ合わせて、一つの意味のあるまとまりに仕上げるためには、空白が必要不可欠だ。

二〇一二年にパースペクティブ・オン・サイコロジカル・サイエンス誌に掲載された論文『Rest Is Not Idleness（休息は怠惰ではない）』によると、著者たちは、鎮静と内省のデフォルトモードこそ、自我を形成する基礎であることを発見した。外界での仕事を完成させることに過度に集中しすぎると、人間としての境界を維持するのに必要な内省と「覚醒状態の休息」のための時間が取れなくなるというのだ。

ハーバード・ビジネス・スクール教授のレスリー・A・パーロウと研究アシスタントのジェシカ・ポーターは、休息の重要性を職場環境で実証するため、ボストン《B》コンサルティング《C》グループ《G》の社員を対象に複数年にわたる調査を行い、その結果を二〇〇九年に発表した。その実験では、社員である経営コンサルタントたちに、ただ会社を休むのではなく、定期的に決められた日に休日を取ってもらった。一つのグループは、全員が週の半ばに一日の休日を取った。もう一つのグループには、決められた日の夜六時以降は残業も電子メールのチェックもしないと約束させた。当初の不安をよそに、実験に参加した社員たちは、リフレッシュできて仕事の効率が上がったと報告した。さらに、チーム内のコミュニケーションと信頼の度合いも高まった。この結果を受けて、ＢＣＧは二〇一四年時点で世界中の七五以上の同社オフィスの数千のプロジェクトチームに「定休日制」を導入した。

現代の多くの会社は、週七日・二四時間体制に陥りがちである。社員がその間ずっと働かなければならないわけではないが、ときには急に呼び出される可能性もあるため、頻繁にメールをチェックし、つねに待機していなければならない。パーロウの実験結果は、あらかじめ決められた定期的な休息の重要性を示している。二〇一四年、パーロウは休息が個人の業績と幸福に及ぼす効果についての研究の追跡調査を行った。

その結果、多くのグローバル企業、そして日々、会議など業務を中断させるものであふれる会社文化では、人々は仕事を自宅に持ち帰っていることがわかった。九時から六時の就業時間が守られている職場でも、それは同様だった。もしチームが足並みをそろえて同時に休むことができれば、組織的な休日がチーム全体の生産性を大幅に改善させる見込みがある。こうした取り組みがチームの幸福度と社員の定着率を向上させたという事実は、休みを取ることには、脳のエンジンを駆動させるのに必要な何かを育て、それを修復する効果があることを示している。

知らないことの恩恵

マウンテンビューのグーグル本社からさほど離れていない場所にあるエルカミーノ病院に、現在、トーマス・フォガティ医師が経営する医療機器研究所がある。彼はあえて高尚な学術研究センターではなく、地域の病院の敷地内に研究所を作った。それは患者が本当に必要とするものとつねに向き合っていたいというフォガティの思いの表れである。「一に患者、二に患者、三、四がなくて五に患者だ」という言葉どおりに。彼は現在、バルーンカテーテルのような医療器具の開発だけでなく、医師の教育方法のような全体のシステムの問題にも取り組んでいる。フォガティは、チームで複雑な問題を話し合うときには、その件についてまったく知識のない人に議論に加わってもらうことにしているという。そのほうが議論の質が高まるからだ。多彩な分野から人を集めることは、ホールライフアプローチの知的バージョンである。異分野から人を招くことは、議論の場に「エリヤの椅子」を用意しておくようなものだ。

バルーンカテーテルが正式な医療器具となったとき、どれほど成功の見込みが低かったのか。それを最初に使用した外科医たちがどれほど勇敢だったのか。まかりまちがえばその器具は誕生しなかったかもしれないという事実を、私たちはつい忘れてしまいがちだ。カテーテルが商品化され、広く使用されるに至ったのは、器具の発明だけでなく、医学雑誌、器具の製造業者、外科医といったフォガティの専門分野のパイプを通じて世に広めるという創造的活動があってこそだった。

　バルーンカテーテルを最初に使用し、手術を何度か成功させたのはフォガティの恩師、クランリー医師だった。それでも、彼の成果を取り上げる主要医学雑誌は一誌もなく、その器具を製造しようとする医療器具会社は一社もなかった。製造が決まるまで、フォガティは二〇社に断られている。

　本物の独創性を備えたエピソードとはえてしてそういうものだが、フォガティのたどった道もまた、そのまま模倣することはできない。彼の物語は真似をするための類型ではなく、どこから始めればいいのかを教えてくれる道しるべ

だ。出発点は、好奇心と観察のための「地」を耕し、つねに労力と成果のレートが一対一でなければならない状況から離れ、探求のための「スペース」を確保することだ。フォガティは若い頃に医療器具を作ろうと試行錯誤したときのことをこう話している。「実際には、自分の取り組んでいることがうまくいくのかどうかなんて、私にはわからなかった。これは知らないことの恩恵の一つだ。よく知らなければ、やめておこうと思わないですむ。新しいことの多くは、そんなふうにして生み出されているんだと思う」。偉大な発明も、今のフォガティにとっては、遥か昔の思い出話にすぎない。「バルーンカテーテルはずいぶん昔の発明だから、みんなトーマス・フォガティはもう死んだと思っている。私のことをトーマス・フォガティの息子だと思うんだよ」

アートは、目標を達成しようという単独の努力よりも、人生のあらゆる分野の合計値から生まれるものだ。ワーキングライフという山と谷のある広大な風景には、試行錯誤できる余白が必要なのだ。風景の中の「地」のスペースが繋がって何かが生まれる瞬間を、あなたは注意深く待たなければならない。それは明日の午後かもしれないし、何年もあとかもしれない。

日本の牽引者
事例1

情熱と行動で切り開く自らの存在価値

パナソニック株式会社 デザイン本部長
(兼)アプライアンス社 デザインセンター所長
臼《うす》井《い》重《しげ》雄《お》

新たなデザイン拠点を京都に

Panasonic Design Kyotoの立ち上げは、パナソニックが二〇一八年にちょうど創業一〇〇周年を迎えたのと、私が九年間過ごした中国から戻ってきて、家電事業を担うアプライアンス社のデザインセンター所長に就任したタイミングでの取り組みでした。中国経済が急速に成長していた時期に上海に赴任していて、日本のメーカーが韓国や中国メーカーにどんどん追いつかれるさまを目の当たりにしました。ところが帰任して驚いたのは、その間、日本は全然変わっていなかったということです。とても危機感を覚えました。依然として、大量生産して価格競争の中で売るという過去の延長線上のビジネスを一生懸命やっていて、開発スキームはもちろん、社員のマインド

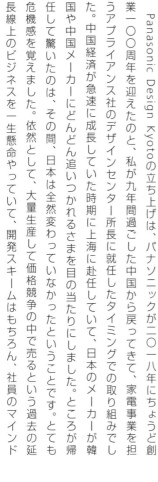

も何も変わっていない。その中でも私が一番危機的に感じたのは、デザイナーの意識やインフラも含めた環境が全く変わっていなかったという点です。仕事のやり方やマインドなど、まずはデザイナー自身が変わらなければと強く感じました。では、具体的に何から取り組むか。環境、プロセス、人、それぞれに変革が必要でした。環境については、当時アプライアンス社の国内デザイン拠点は、商品開発の現場である大阪と滋賀にありました。これからの時代を〝くらし〟という視点で捉えたときに、既存の商品カテゴリーごとの縦割りの開発の壁を壊して連携強化し、流動性を上げ、メンバーを集結したかった。そこで、日本の文化都市の代表である京都にオフィスを集約すれば、デザイナーのマインドセットを強制的にリセットし、新しいクリエイティブを生み出せると考えたのです。それが京都にPanasonic Design Kyotoを立ち上げた理由です。

アプライアンス社デザインセンター所長に就任後、最初のカンパニー社長との定例会議で「まず京都に行かせてください」と願い出ました。驚いたことに、反対されませんでした。おそらく経営層も危機感を抱いていたタイミングで、何かダイナミックな変化を求めていたのでしょう。その頃、デザイン経営やデザイン思考などについても、よく社長と話をしていました。そのときに私は、行動に移すことこそがデザイン経営の根幹であり、失敗を恐れずに新しいことに挑戦できる環境が大切だ、と言った覚えがあります。もちろん、「なぜデザインだけ京都に行くんだ」と商品開発の現場から離れることへの懸念もなくはなかった。だからそういう人がいれば直接会いに行き、一対一で考え方を話し、理解してもらいました。納得していない人がいると聞いたら直接会いに行って話す。当時の社長から、自ら足を運び共感者を作っていくのが大事だと言われていたのです。「臼井がやりたいことには共感する。それを社内で理解させるのが責任者としての君の仕事だ」と。対立関係を作らないで、周囲を巻き込んで、並走者を増やしていきました。京都をデザインだけの場所ではなくみんなの場所にしましょう、パナソニック全体のクリエイティブ・ハブにしましょう、と伝えました。

今では、幹部社員たちもデザインを〝自分ごと〟と考え、デザインセンターまで足を運んできます。以前は〝なんとなくデザイン部門は秘密結社的だ〟という壁があり、関係者以外はそうそう訪れることもなかったのが、京都になってからは、デザインセンターを活用するようになった。そういう意味で、他部門との距離は、同じ敷地内にいた以前よりぐっと近くなった気がします。それに、反対するだろうと思っていた人が意外と後押ししてくれることもありました。結局、全員が一歩踏み出せなかった状況の中で、一歩踏み出せるアイデアを言った、ということだったのかもしれません。

実際の立ち上げにあたっては、全メンバーが集結できるようなスペースが京都ではなかなか見つからず、オフィス探しに苦労しました。また、京都に行くことが具体的になるとメンバーの意識が急に高まり、「せっかく京都に集まるんだったらインテリアも気持ちよくしよう」「できるだけ本物の素材を使い、良いものに日々触れられる空間にしたい」などと盛り上がったのはいいものの、そのために発生する費用確保は大変でした。「植栽を全部本物にしたからって、商品のデザインが本当に良くなるのか」というような厳しい意見もありました。それに対しては、「ここは社内外の人が集まるオープンイノベーションの場であり、デザインのオフィスであり、パナソニックの広告オフィスになります。そのような拠点にフェイクなんてふさわしくないですよね」と丁寧に説明し、理解を得ながら進めていきました。

一番苦しかったのは時間との闘いです。一〇〇周年の年頭に間に合わせるために、工事の期間が異常に短かった。メンバーだけでなく、施工会社が本当に頑張ってくれました。また、創業者松下幸之助が、京都にゆかりがあったというのも大きな支えになりました。多くの方々の協力を得て、なんとか四月に開所でき、今では様々な人が集い、オープンに議論する場として活用されています。本当に作ってよかったと思っています。

人が集まるところで人は作られる

一方で、これからが正念場だと思っています。「ここからどんなヒット商品が生まれたのか」と問われることも多く、目に見える成果を求められています。通常の家電商品

開発のスパンからしても、一年半ですべてを変えることは難しい。けれどもこの一年半で、職能を超えていろいろな人と議論するなど、オープン化へ向けての活動やマインドは明らかに変わってきました。我々はハードの会社なので、評価軸は必ず〝商品〟になりますが、働いている人や集まる人の行動や意識が変わらなければ、次の一〇〇年を描くことはできない。今までと同じ場所で、同じやり方で、同じ人たちだけでやっていたら、変われと言っても変われないのです。デザインセンターができて少しずつ変わってきたと思いますし、新しい商品を生み出す原動力になっていくと信じています。

　これまでデザイナーは、色やカタチのスペシャリストとして商品のデザインを担うという意識が強く、社の重要な戦略会議や中長期の事業計画検討にデザイン部門が参加することは稀でした。けれども、プロセスのオープン化やデザイン啓蒙によって、デザインという職能への理解度が上がってきている。「自分たちと違う思考を持つデザイン部門にも会議に入ってほしい」という要望が広がり、参加する会議数も圧倒的に増えました。陽の当たるところに出ると、「ここに新しい人たちがいる。彼らがいれば新しいこともできそうだ」と思ってもらえるようになった。私はさらに、「もっとデザイン部門を使ってください」と機会があれば言い広めています。我々のほうも、多くのことに関与すると情報量が増え、質の高いインサイトが増えて、クリエイティブ力がますます上がっていきます。

こうしたポジティブな効果を維持しつづけていくために、マネジメントの立場として大切にしているのは、デザイン部門だけに閉じこもらないということです。外部からの依頼は基本的には断らない。だからメンバーは仕事量もスピードも上がって今とても苦労していると思いますが、とにかくいろいろな人に来てもらうようにしています。松下電器は「ものを作る前にひとを作る会社だ」と創業者が言ったとおり、人を作るためには人が集まることが大切です。ここに来たら何か面白いことが起きる、面白い人に出会える、という場所こそが、クリエイティブのハブや拠点になります。京都という場所の吸引力は強く、喜んで来てくれる人も多い。特に海外からの反響は大きいです。海外のマーケティング部門が日本に来たときに、「見てみたい」「ここで会議したい」と言われます。

場を作ったことで、それが思わぬ形でビジネスの新しい接点になった。自分たちのメッセージがグローバルに伝播していく実感や、それに伴う人の繋がりは、ものすごく大きな力になっています。

新しい価値作りに欠かせない失敗体験

今までの新しい価値は、機能進化をベースにデザイン開発を行えばよかった。例えば炊飯器やシェーバーなど家電の次の商品を考えるときは、まず商品ありきでスペックを進化させていた。けれども、モノがグローバル規模で潤沢にある時代、機能から感性価値へ消費者が求めるものが変わりつつある中で、何を誰のために作るのかというお客様起点に立ち戻り、ゼロから考える必要があります。

デザイナーの意識改革を行い、新しいことにチャレンジさせるのは難しい。誰だって失敗したくはないですから。ですが、私は逆に失敗体験が大事だと思っています。失敗体験とは恥ずかしくてなかなか人に言えないものですが、本当は失敗体験をどれだけシェアできるかが肝です。今の若いデザイナーたちは、失敗してもいいよと言っても失敗しない。だからいつも彼らには、「君たちはめちゃくちゃ優秀か、設定したハードルがめちゃくちゃ低いかだ」と言っています。とにかくハードル一回上げてみろ、と。そうしたら、部下の顛末書ばかり書く羽目になりましたが……。エッジが利いていないと新しいことはできないので、たいていは半分目をつぶっています。そもそも、若いメンバーたちに好きなことをやらせようと思ったのは、日本に戻ってきたときに、彼らに元気がないのが気になったからです。もっとクリエイティビティを発揮して、挑戦してほしかった。もちろん会社組織にいる以上、最後は社会実装に結実しなければいけません。けれどもそればかり意識すると、初期の爆発力を失います。一回その流れを切ってやることで、デザイナーのクリエイティビティを自由に発揮させる。社会実装という既定のレールを設けなかったら、逆に彼ら自身がすごく考えるようになった。まさに、内なる情熱から新しいものを生み出すアートシンキングの手法です。

しかし、一つだけルールを作りました。それは、〝人の生活が豊かになり、未来や社会が幸せになる〟ものづくりだけは外すなということです。これは、パナソニックの非常に重要な使命です。それ以外だったら何をやってもいいよと言いました。

この先、最先端の尖ったことは、基幹事業とはあえて切り離したところでやったほうがいいと思っています。いきなり大きく動かしたら失敗するので、サイズは小さく。小さくしたらコンパクトに動けるし、逆に思いがブレないのでパワーが出ます。開く穴は小さいけれども、そこを通る強い風で、その先にある大きな壁を決壊できるのです。最初から大きな穴を開けて何かをしようとすると、予算規模が大きくなり、動きは遅くなり、機動力がなくなる。だから、小さいチームで早くやる。そして、その小さな組織をどれだけ支援できるか、権限を任せられるかにかかっています。

加えて、意識改革を推進するために、グローバルな目線や場所の移動を重視しています。日本にいると、大企業にいることで安心してしまう。テレビを見たらパナソニックのＣＭばかり流れているのですから。しかし、中国やヨーロッパに行ったら現地メーカーに圧倒される。だから、新入社員は入社後すぐにヨーロッパなど海外に行かせます。ＩＦＡという世界最大の家電展示会などを訪れ、パナソニックがグローバルではいかにイケていないかを実感させるのです。世界基準で物事を考え、謙虚になっ

てもらいたい。そしてグローバルで勝つために、グローバルな思考をもって、日本の力をもう一度引っ張り出す。この関係性を理解してほしいと思います。日本を変えたいという思いがある人は、一度外に出ると日本の良くないところがはっきりし、より強く変えなければと思い始める。一方で、日本の良さや強みも見えてきます。日本とグローバルの狭間のような京都という中庸的な街にいるのは、デザイン部門にとっては非常に意味のあることなのです。

生きた情報の街、京都

創業者松下幸之助が〝京都にゆかりが深い〟こと、また彼の〝ものを作る前にひとを作る〟という言葉が、常に自分にとっての羅針盤です。そしてもう一つの言葉、〝伝統工芸は日本のものづくりの原点である〟もしかり。すごく丁寧に、手触り感を大切にしてものを作ることが、この国の美意識やものづくりの原点であり、パナソニックが大事にしていることでもあります。京都には老舗企業も多く、伝統工芸に携わる人たちがたくさんいて、文化や技の継承と革新に常に挑戦している。だから、そのど真ん中でデザインするというのはかけがえのないことです。すぐ隣の見えるところや、触れられる場所に職人技がある。生きた教科書が近くにあり、古くからあるものを大事に守る街は、モノが溢れる世の中で新しいものをつくり出すのに欠かせない環境です。

近い価値観の人が寄り集まってきて、生身で繋がれる京都の街の規模感も重要です。特に今、バーチャルな世界になってしまっているので、余計にそう感じます。街が狭く、人付き合いも深い。例えば、祇園祭の手伝いなどはじめは面倒でも、いつしか面白いな、いいなとなってくる。人とのふれあいにヒントがいっぱいあるのです。インサイトのポイントは、インターネット上にある加工された情報ではなく、圧倒的に一次情報にあると思っています。人と直接会って得られる情報が一番信頼できる。新しいことを起こさなければならないときに、デジタルで山ほどデータを集めるよりも、一人でもいいから尖った人と直接会って腹を割って話したほうが、ヒントを得られることもあるでしょう。特にこれから必要とされている「0－1」を起こすためには、そのほうがいいのです。

一九九〇年、松下電器産業（現パナソニック）入社。テレビ、洗濯機などのプロダクトデザインを担当し、二〇〇二年よりアジア向け白物商品のデザインを担当。〇七年に中国（上海）のデザインセンター所長として組織を立ち上げ、現地発のデザインを生み出す集団へと成長させる。一七年一月、アプライアンス社　デザインセンター所長に就任し、京都への拠点集約化をはじめとする家電デザイン部門の変革を主導。二〇一九年四月に全社部門であるイノベーション推進部門内に設立されたデザイン本部の本部長に就任。

第二章

草むらの中で

どんな人生でも、
内側から眺めてみれば、失敗の連続にすぎない。
——ジョージ・オーウェル（作家）

本章のテーマ

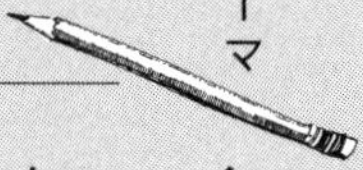

結果ではなく プロセスに注目する

ハーパー・リーの『アラバマ物語』は出版後4000万部を売りあげ、ピュリツァー賞を受賞した名作だが、執筆中の彼女は、その本が成功するだろうと俯瞰して見つめたことはなかった。草むらの中でもがくかのような創造的活動には、つねに心もとなさがつきまとう。だが、完成品を外から見るのと、制作途中の作品を草むらの中から見るのとでは、決定的に見え方が異なる。このバイアスを補正するには、制作途中での評価を保留し、「判断」ではなく「把握」するように努めるといい。「把握」とは、何がうまくいっていて、何がうまくいっていないのかを理解することだ。草むらでの探求が結果的に失敗に終わっても、良い気づきを得て受容することは、未来のためになる。積極的に新しいものに挑戦し、柔軟に対応する能力が備われば、やがてブレイクスルーを起こせるようになる。

一九四九年、二三歳のある控えめな女性が、ロースクールを中退して、アラバマ州からニューヨークに引っ越した。アッパーイーストサイドにあるお湯の出ないアパートメントを借りると、まず書店で働きはじめた。翌年、二倍の給料をもらえる航空会社の予約係の仕事を見つけた。イースタン航空で数年働いてから、ブリティッシュ・エアウェイズの前身、英国海外航空《BOAC》に転職した。彼女はシャイで平凡な女性だというのが周囲のおおかたの意見だった。ボーイッシュな髪型に、着古したブルージーンズを穿いたその女性は、ずっとある小説を書きつづけていた。友人の一人は言った。「彼女がすごいことをしてるなんて思ってもいなかったわ。本を書いてるとは聞いていたけど、それ以上の話はしなかったから」

航空会社で計一〇年間働いたあと、彼女はよ

うやくその小説を完成させた。担当エージェントは、あまり過度な期待をしないようにと彼女に忠告した。大半のデビュー作と同様に、出版が決まっても初版の部数はせいぜい二〇〇〇部だろう、と。ところが、徐々に幸先のいい知らせが舞い込みはじめた。一九六〇年三月、リーダーズダイジェスト社からダイジェスト版を出版したいという打診が来た。同年七月一一日、フルバージョンが出版されるや、絶賛の嵐となった。出版から三週間後、その小説、『アラバマ物語』は、シカゴ・トリビューン紙とニューヨーク・タイムズ紙のベストセラーリストに名を連ねた。翌一九六一年、彼女、ハーパー・リーは、ピュリッツァー賞を受賞した。

一九六四年、ニューヨークのラジオ局WQXRのアナウンサー、ロイ・ニュークイストが、リーにインタビューを行った。インタビューは番組の慣例により、プラザホテルで収録された。それまで二五〇〇人もの作家たちに今後の抱負と作家としての哲学について尋ねてきたニュークイストは、リーにも同じ質問をした。さらに、「著作が出版されたとき、どんな未来を想像したか」という質問に対して、リーは次のように答えている。

私は『アラバマ物語』がなにがしかの成功を収めるとは思っていませんでした。そもそも、この本が売れるとも思っていませんでした。批評家のみなさんには、この作品をせめてすみやかに「安楽死」させてほしいと願っていました。ただそれでも、この作品を気に入ってくれて、私を励ましてくれる人もいるかもしれないという一縷《いちる》の望みは抱いていました。読者からの励ましが、少しはあるかもしれないと。実際にはかなり多くの励ましをいただいたのですが、それはある意味で、私が想定していた「すみやかな安楽死」と同じくらい恐ろしいものでもありました。

今ならハーパー・リーがA地点からB地点へ移動したことを、地図上の二つのピンを眺めるようにはっきりと理解することができる。しかし、一九五〇年代にリーが明けても暮れても執筆に取り組んでいたときには、B地点はまだ存在していなかった。彼女には、自分の人生がこれからたどる道を俯瞰することはできなかった。当時のリーは、自分の背丈ほどもある草に四方を囲まれた「草むら」の中を、ただひたすら歩いていたのである。

草むらのための三つのツール

創造の草むらに入るということは、創造的活動の脆弱性《ぜいじやくせい》――未完成であるがゆえの心もとなさや、先を見通せない不安――と友達にならないといけないということだ。勇気を出して転職しようとするとき、配偶者を探すとき、起業するとき、方針転換するとき――そんなふうに、初めて何かをしようとするときに、あなたの同伴者となるのは、完成後に大きな賞を獲得する体験ではない。ハーパー・リーが執筆中の様子を尋ねられて返したジョークを引用すれば、「床に足を釘付けにしてタイプライターの前に座りつづける」体験なのだ。

草むらの中で快適に過ごしながら、最終的に作品を完成させるためには、「結果ではなく、プロセスに焦点を絞った視点」を持たなければならない。そのために有用な三つの思考ツールを紹介しよう。

第一のツールは、評価に対する考え方を改めることだ。批評家の視点で作品の良し悪しを「判断」するのではなく、制作者の視点で作品の状態を「把握」する。自己流に優劣を断定することを意識的に先送りして、その代わりに創作中の作品の「どこがうまくいっていて、どうすればもっとうまくいくのか」を自問自答してみるのだ。

第二のツールは、少し哲学的になって、あなたの中の評価の物差しを疑ってみることだ。実際、私たちの評価基準は、長い時間を経て変化している。今は成功または失敗に見えることも、あとになれば逆の結果に思えるかもしれない。あるいは、長い道のりの一歩にすぎなかったと気づくかもしれない。

第三のツールは、今、この瞬間に注意を向けることだ。このマインドフルネスの瞑想にも似たプロセスは、あなたが創造活動に没頭することに役立つだろう。

これらの三つの思考ツールを使えば、プロセスを重視しながら、スタジオタイムで過ごす力を身に着けられる。もし作品が成功すれば、外側から見る人々の目には、きっと楽々と仕上げたように映るだろう。しかし内側では、あなたもハーパー・リーと同じように、一歩一歩、作品を作り上げていくしかない。

草むらの中にいることは、どんな分野においても、アーティストであることの真髄である。本当の自分らしさを引き出し、それを精魂込めて際立たせることができれば、価値あるものを創造できると信じること――そんなふうに、自分自身を心から信頼するプロセスなのだ。

創造的プロセスvs創造的成果

一九七一年、社会心理学者のエドワード・E・ジョーンズとリチャード・E・ニスベットは、〈行為者―観察者バイアス〉と呼ぶ現象を解説した。

ジョーンズとニスベットによれば、私たちは「自分自身の行動は状況によって変わり、他人の行動は固定されている」と考える傾向があるという。自分のことは「今日は運が悪かった」と考え、他人のことは「いやなやつだからだ」と考える。自分は「急いで子どもを学校に迎えに行かなければならないから、ここで右折するのも仕方がない」と考える。他人が同じことをしたら、「運転マナーがなってないやつだ」と感じる。自分の行動は状況に左右されるが、他人の行動は基本的な性格に由来する。自分は流動的だが、他人は定点である。私たちが創造的作品について考えるとき、自分の「制作途中の作品」と他人の「すでに完成した作品」を同一線上に並べる精神構造も、この〈行為者―観察者バイアス〉で説明できる。

私たちは実にたやすく、始点と終点を混同し、滑り出しのつまずきや途中の失敗を忘れてしまう。誰かの完成した作品を見ると、つい自分の制作途中の作品と比べたくなる。でも、そんなことをしたら、何かを作りはじめることはほぼ不可能になる。あなたがこれから作ろうとしている曲を、ビートルズの完成したアルバムと比べたら、彼らにもナプキンの裏に歌詞を書き留めていた瞬間があったことを忘れてしまう。プロセスと成果のギャップ――何かに取り組んでいる最中の草むらの内側からの眺めと、完成した作品を俯瞰したときのギャップ――を理解することが大切だ。そうすれば、「物事の始まりの大半は、不格好で断片的で取るに足らないものに見えるものだ」ということを思い出せる。

判断することvs把握すること

あなたが創造に取り組みはじめたとき、作品を評価する方法は二種類ある。「判断」と「把握」だ。作品がベストの状態ならば、「判断」は作品を理解する手段になる。一方で、「判断」には、作品に優劣をつけるという側面がある。何かを判断するとき、あなたは役者から観客に変わる。役者――作品の制作者――として前進するためには、「把握」というより繊細なツールが必要だ。「判断」がある時点での成果を評価する手法だとすると、「把握」は何がうまくいっていて、何がうまくいっていないのかを理解するプロセスである。「判断」が分類するプロセスなら、「把握」は学ぶプロセスといえる。

創造初期の作品に「把握」の役割を導入している組織の一つに、グーグル社の研究開発部門、グーグルX（現社名は〝X〟のみ）がある。心理学の博士号を持つリカルド・プラダは、マウンテンビューのグーグル本社内で、グーグルXの主軸デザインチームを率いている。温厚で思慮深い研究者で、いつも謙虚で礼儀正しい人物だ。そんな彼の仕事は、製品が市場に出るずっと前に、まるでSFのようなプロジェクトの実行可能性を見極めることだ。自動運転自動車のようなあっと驚く未来のプロジェクトが世間に公表されるとき、リカルドのチームはすでに何年も前からそのアイデアを検討しているのだ。彼のチームはデザイナー、開発者、研究者からなり、「世界を変える可能性があって、同時に商業的に成立しうる製品」の開発を手がける。彼らはかなり早い時期に――未知のB地点で成功する可能性が明確に描けない段階で――プロジェクトを取捨選択する責任を担っている。

アイデアを実際の製品として世界に投入するためには、高度な対話型の把握作業が必要になる。また彼らの職務には必然的に判断も含まれる。なぜなら、すべてのプロジェクトを開発するわけにはいかないからだ。一部のプロジェクトには〝ノー〟の判断を下さなければならない。それでも、彼らは単に物事に優劣をつけるだけの頭でっかちの批評家ではない。リカルドは言う。「アイデアが良いか悪いかという意見を人に伝えても、あまり役には立たない。それよりは、この部分が悪くて、それを直すには自分ならこうするという意見のほうがいい。逆に、この部分が良くて、それをもっと良くするにはこうしたらいいんじゃないか、とかね」。この把握のプロセスは、きわめて分析的な研究成果にもなりうる一方で、根本的な部分はきわめて人間的である。根っこの部分では、彼のチームは草むらの中を進む人間の集まりなのだ。

この判断と把握のちがいの核となる部分は、スタンフォード大学の社会心理学者、キャロル・ドゥエックが行った「しなやかな」マインドセットと「硬直した」マインドセットのちがいについての研究と重なる。ドゥエックは、しなやかなマインドセットを持つ人々は、失敗に落ち込まないことに気づいた。彼らは失敗を「何かを学ぶプロセスの一部」だと考えるからだ。対照的に、硬直したマインドセットを持つ人々は、失敗を「自分の知性の可否を問う住民投票の結果」だと考える。彼らは、人生という池を成功という睡蓮の葉から葉へと跳び移り、失敗して濡れることなく渡りつづけることで、頭脳明晰という自己評価を強化できると信じている。他方、しなやかなマインドセットを持つ人々は、何かに優劣をつけることをせず、それを情報として吸収し、自分の経験に取り入れる。

あなたが取り組む創造的プロジェクトがどんなものであれ、それはあなたの知性や基礎的能力を試すテストではない。何かを作り、それを改良するための探求のプロセスである。標準的な職場環境では、しなやかなマインドセットを育てるのは難しい。知性や基礎的能力をつねに査定されていると感じるような職場であればなおさらだ。ひっきりなしに仕事の状況説明を求められれば、守りに入ったり、やる気をなくしたりしがちになる。

短期的には、この守りに入ったりやる気をなくしたりする空回りからあなたを救うエンジンは、好奇心である。何かに必死で取り組んでいるときには、どこかの時点で、正しさを追求するのではなく、好奇心のままに行動する許可を自分に与えてみるといい。そうした企業文化を育てるというテーマについては後述したい。

イーゼルとひじ掛け椅子

あなた自身が今、「判断」しているのか「把握」しているのかを知るには、自分を画家だと考えてみるといい。目の前にイーゼルがあるとして、あなたは今、どの位置に立っているだろうか？　キャンバスに画筆の筆先を置けるほど近くだろうか？　それとも、絵の全体が見えるくらい離れているだろうか？　その二つを同時にすることはできない。画家の工房には、たいてい古いひじ掛け椅子が置かれているものだ。その椅子に座って作品をじっくり見ることもできるし、キャンバスの前に立って絵を描くこともできる。どちらも重要なのだ。ひじ掛け椅子に座ることは、何がうまくいっているのかを把握する手助けになる。しかし、もしも椅子にずっと座りつづけていたら、絵を完成させることはできない。

レオナルド・ダ・ヴィンチはその有名な手記の中で、この把握と制作の切り替えについても、後進の画家に助言を与えている。その中に「作品に執拗にしがみついていると、やがて自分を欺くようになる」という一節がある。彼が言わんとしているのは、一歩下がって作品を見ることをせずに、ひたすら描きつづけていると、どんな作品を描いているのか把握できなくなるということだ。その対策として、そばに鏡を置いておき、ときどき作画の手を休めて、鏡で構図を逆から見ることを勧めている。左右を逆にした絵を見ると、見慣れた構図がまるでちがうものに見え、

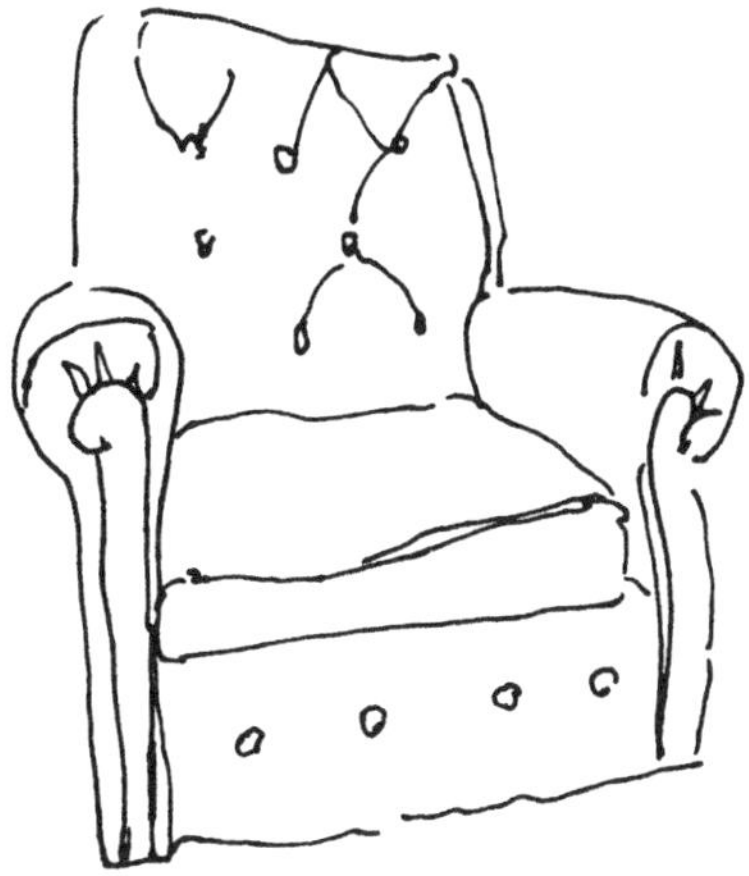

作品の強みと弱みを把握することができる。ダ・ヴィンチが伝えようとしているのは、イーゼルの前に立つこととひじ掛け椅子に座ること――「絵を制作すること」と「絵の現在の状態を把握すること」――のバランスを取るのが重要だということだ。

ダ・ヴィンチが、一歩離れて作品の良し悪しを判断しろとは言っていないことに注目してほしい。彼の助言のポイントは「気づくこと」にある。絵を描く場合には、そして何かのプロジェクトを創造する場合にも、作ったものをありのままに見ることが必要になる。観察は把握の重要な要素だ。観察せずに良し悪しを判断しようとすることは、草むらでの制作期間を経ずに、いきなり結果に飛びつこうとするようなものである。

アートとは、そもそも観察と切っても切れない関係にある。何かを描くということは、何かをつぶさに見るということだ。レオナルド・ダ・ヴィンチに関する数々の著作で知られるイギリスの美術史家ケネス・クラークは、彼についてこう書いている。「ダ・ヴィンチは〝博識だからあれほどうまく絵が描けた〟とよく言われるが、実際には、〝あれだけうまく描いたから博識になった〟というほうが真実に近い」。アーティストは見るために描き、描くために見る。さらにクラークは、ダ・ヴィンチは「疑いようもなく世界で一番好奇心の強い人間」だとも書いている。そう、好奇心は創造的プロセスを前進させるエンジンになるのだ。

新しい作品を守る

制作途中で判断を避けるべき最大の理由は、創造初期にある作品の優劣を嗅ぎ分けるには、判断というツールでは嗅覚が鈍すぎるからだ。ピクサーの創業者の一人、エド・キャットムルは次のように書いている。

独創性はもろい。そして始めの頃は、見る影もない。私が初期の試作を「醜い赤ん坊」と呼んでいるのはそのためだ。成長した美しい大人のミニチュア版ではない。本当に醜く、ぎこちなく、いびつで、攻撃されやすく、不完全だ。
人はどうしても初期のリールを完成した映画と比べてしまう。生まれたてのものに、完成品と同じ基準を当てはめてしまう。作品が早すぎるタイミングで判断されないように、子どもたちを守る必要がある。新しいものを守るのはリーダーの仕事だ。
（『ピクサー流　創造するちから』エド・キャットムル＋エイミー・ワラス著）

新しい作品を守ることは、平凡な作品でも支持するという意味ではない。「厳しさ」と「寛容さ」をもって作品を把握するということだ。「厳しさ」とは、どれほど初期の作品のレベルが低くても、基準を引き下げたりしないということであり、「寛容さ」とは、作品の今後の可能性に楽観的になり、「目の前にあるものがすべてだ」という考えを疑ってかかるということだ。このことは、創造する側であるあなた自身やあなたの同僚たちも、肝に銘じておかなければならない。作品を台無しにするのは、何も市場や観客だけではない。

メディアモンクスは、二〇〇一年にアムステルダムで設立された世界的なデジタルコンテンツ制作会社だ。その創業者の一人であるウェズリー・テル＝ハールは、創業当時、部下のマネジャーたちが、CEOである彼よりも、社員のミスに対して厳しいことに気づいた。彼はマネジャーたちに対して「誰かがミスを犯したからといって、その人物が君たちより劣っているというわけではない」と説いたという。

逆説的になるが、寛容であり、今後の可能性に対して楽観的になれることは、その分野のトップという印でもある。集団のトップを走り、草むらの中を通り抜けてきた優秀な人ほど、人情味のある忍耐心を安定して維持できるものだからだ。

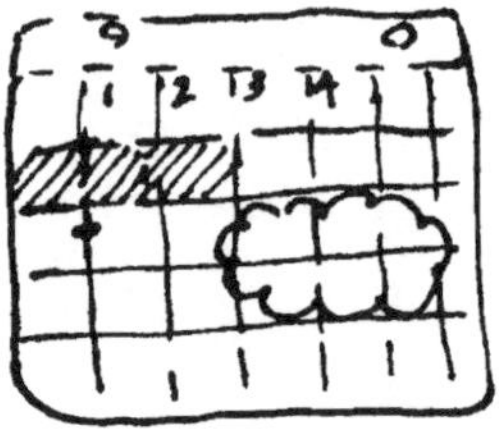

猶予期間を設ける

創造的プロセスに「把握」を取り入れる最善の方法は、「判断」をあえて未来に先延ばしすることだ。どこかの時点でプロジェクトを評価する必要はあるけれど、判断するのは後回しにすると決める。判断を保留し、猶予期間を与えて、制作期間を延ばす。では、ゴールに到達する前に、あらかじめ猶予期間を設けてプロジェクトに着手すると、どんな利点があるのだろうか?

一九〇一年、ライト兄弟の兄ウィルバーは「人間は、あと五〇年は空を飛べないだろう」と言った。ところが実際には、ライト兄弟が四回の試験飛行に成功したのは、その発言からわずか二年後の一九〇三年一二月一七日のことだった。「ゴールはずっと先の未来である」と信じることは、プロジェクトに取り組む者に自由を与えてくれる。期限を与えられると尻に火がついて仕事を完了できるというのは一つの真実だ。だが、オープンエンドな仕事に期限を設けると、それがプレッシャーとなり最低限の基準を満たせばいいという行動に走りがちなのもまた真実だ。誰かがライト兄弟に「一九〇五年までに空を飛べ」と命じていたら、彼らは飛行機ではなくグライダーを制作していたかもしれない。

猶予期間を設けるという戦略は、リーンスタートアップ・ムーブメントによって流行した「実用最小限の製品《MVP》」的アプローチの補完にもなる。起業家のエリック・リースは著書『リーン・スタートアップ』の中で、「MVPとは可能なかぎりシンプルな製品のことだ」と説明している。MVPを作ることは、テストを繰り返してアイデアを練り直すための強力なツールとなる。とはいえ、MVPを作ることだけに没頭してしまうと、まったく異なるタイプの何か――グライダーではなく飛行機――を作ることはできない。確かに、ライト兄弟もグライダーの試作機を作って試験飛行を行っているが、それは飛行機を作るという、より大きな目的のための作業だった。だから彼らは失敗を肯定的に受け入れている。猶予期間を設けて、判断を先延ばしすることは、実験と学びを行う探求スペースをあなたに与える効果的な方法だということを忘れないでほしい。

ベースキャンプvsエベレスト

成功した人々の経歴を長い目で見てみると、人間の「判断」がいかに当てにならないかがよくわかる。

エルヴィス・プレスリーは、音楽の授業を落第したことがあるし、たった一回演奏しただけで、ラジオ局の公開ライブ番組をクビになった。人気トーク番組の名司会者オプラ・ウィンフリーは、テレビキャスターの職を解雇された経験がある。フェデックスのCEOフレッド・スミスは、イェール大学在学中に事業計画を作る学期末レポートでC判定を食らった。その事業案は、のちにフェデックス起業の基礎となった。マイケル・ジョーダンは、高校のバスケットボール部のレギュラーからはずされたことがある。絵本作家ドクター・スースのデビュー作は、二七回もボツにされた。フレッド・アステアは初めてのスクリーンテストを受けたあと、「歌ダメ。演技ダメ。少しハゲてる。踊りは多少できる」と書かれたメモを渡された。

スティーヴン・キングのデビュー作『キャリー』の原稿は、三〇の出版社から断られた。外部から悪い評価を受けると、自分自身でも悪く評価してしまいがちになる。失望したキングが『キャリー』の原稿を捨ててしまったと聞いても驚くことではない。ごみ箱から原稿を救い出したのは彼の妻だった。同じように、出版社の担当者がドクター・スースの『マルベリーどおりのふしぎなできごと』の初稿を読んだとき、『キャット・イン・ザ・ハット』や『Green Eggs and Ham（みどりの卵とハム）』が生まれる未来を予見するのは難しかったことだろう。ハーパー・リーの例からもわかるように、あとから点を繋ぐことなら誰にでもできる。

アートシンキングに必要なことは二つある。一つは失敗や拒絶を受け入れること。もう一つは、勝利や敗北に感じられることも、もっと長いプロセスの一部でしかないと理解することだ。

何かを作るために草むらの中にいるときには、成功または失敗だと誤って判断したり、成功または失敗のレベルを先走って評価したりすることが頻繁に起こる。Gメールの開発者ポール・ブックハイトは、グーグルで働きはじめた頃を回想してこう述べている。「当時、グーグルは誰も聞いたことがないような小さなスタートアップ企業だった。だから僕は周囲に、〝ヤフーから検索以外の機能を全部取りはずしたような会社〟だと説明しなければならなかった。そしたらみんなから〝かわいそうに、まともな仕事に就けなかったんだな〟とでも言いたげな哀れみの目で見られたよ」

一九一五年、ウィンストン・チャーチルは英国の海軍大臣の職を辞任に追い込まれた。それを機に、趣味で絵を描きはじめ、『Painting as a Pastime（娯楽としての絵画）』というエッセイまで書いた。チャーチルはその後、一九三九年に海軍大臣に返り咲き、翌年には首相になって、第二次世界大戦中に自由主義世界の非公式な救世主になるわけだが、そんな未来は、一九一五年の彼には知る由もなかった。当時、チャーチルが政治的に失脚したと感じたとしても、あるいは政治生命を永久に奪われたと絶望したとしてもおかしくはない。チャーチル自身の言葉を借りれば、いつが「栄光のとき」なのかは自分ではわからないものなのだ。エベレストの山頂に思えたものが、実際にはベースキャンプの一つだったということもある。あるいはチャーチルの場合のように、切り立った崖から突然落下したように思えたことが、単に大きな山を登る途中で小さな足場を失っただけだったということもある。

実際にエベレストを登っていたとしても、いつ頂上にたどり着くかは誰にもわからない。アレクサンダー・グラハム・ベルは、二九歳のときに電話を発明した。ルース・ハンドラーは、四二歳のときに初代バービー人形をデザインした。ルイーズ・ブルジョワは七〇代になって、初めて彫刻家として一流の美術館で個展を開いた。ベーブ・ルースも若き日には演劇を志した。レイモンド・チャンドラーが犯罪小説を書きはじめたのは、石油会社の重役を解雇され

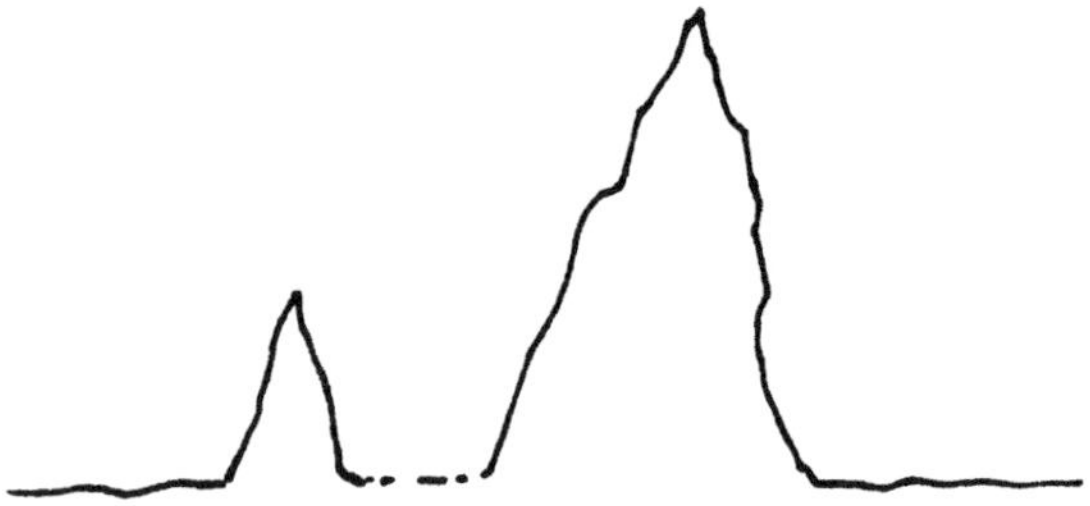

たあと、四〇代になってからのことだった。デヴィッド・サイドラーが『英国王のスピーチ』でオスカーを獲り、受賞スピーチで「父はいつも私に〝おまえは遅咲きの役者だ〟と言っていました」と語ったとき、彼は七三歳だった。

生まれたての会社と成熟した会社

会社全体が草むらの中にいる場合もある。3M社は創立直後、ミネソタ州の炭鉱を買い取ってから、そこで採掘される鉱物ではサンドペーパーを作れないことに気づいた。そんな様子を見たら、誰もがこの会社は失敗すると判断したことだろう。一九〇一年に初めて3Mの株式が上場されたとき、一株あたりの値段は一〇ドルだった。一九〇四年後半には、3Mの株は巷の酒場で〝一株で一杯、それも安いウィスキーで〟取引されていた。当時の人々は、その会社が一〇〇年後にもまだ存続していて、ニューヨーク株式市場で時価総額八〇〇億ドルで取引されることなど想像もつかなかっただろう。

二〇〇八年一〇月、リーマン・ブラザーズの経営破綻と世界規模の金融危機をきっかけに、米国の金融市場は息苦しいほど縮小した。融資を受けるのはサーファーが凪《な》いだ海で波を探すくらいに難しかった。そんなとき、ジャーナリストのトーマス・L・フリードマンは、ニューヨーク・タイムズ紙の社説に次のように書いた――銀行は金融市場が完全に干上がらないようにリスクを取るべきである。銀行には、財務体質の良好な企業だけでなく、まだ成功していない企業に対しても、資金調達の必要性に応える責任がある。

さらにフリードマンは銀行家たちにこう問いかけた――もし一九九八年頃に、Tシャツ姿の二人の男性が銀行にやってきて融資を受けたいと言ったらどうなったか想像してみてほしい。彼らは起業したばかりの会社のサービス――〝グーグル〟と名付けられた〝検索エンジン〟とかいうもの――の説明をすることだろう。「コンピューターの画面上のボックスに単語を打ち込んで、〝I'm Feeling Lucky〟と書かれたボタンをクリックしてみてください。そしたらその単語に関連したウェブサイトがずらりと出てくるんです」。それを見たとき、あなたがたならどんな反応を返すだろうか？

フリードマンは銀行家たちに、融資を求める生まれたての会社を、晩年の会社と比べるのは不公平だと伝えようとした。ピクサーのキャットムルが言ったように、成人したグーグルにしか満たせない基準を、生まれたばかりのグーグルに当てはめてはならない、と。

草むらは普遍的なものだ。現在私たちの周りにあるものすべてが、かつては草むらの中にあったものだ。どんな人にも子ども時代がある。どんなカップルにも出会う前の時期がある。どんな人でも、例外はあるだろうけれど、現在の仕事のために面接を受けた経験がある。国際的な大企業のCEOが最初にした仕事はなんだっただろう？　私たちが当然だと思っているすべてのものが、電話もインターネットもコカ・コーラも、かつて一度は発明された品々である。時代遅れとなって使われなくなったテクノロジーも、8トラックもカセットテープもウォークマンも、かつては草むらの中にあった。

今日、私たちが何げなくスプレッドシートのツールを使って新しい発明の説明をしているように、数十年前に、数百年前に、紙や本を使って新しい発明を説明していた人がいるという事実に、私はいつも圧倒され、また励まされる。古来、さまざまな発明がなされてきた事実を思い返してみれば、創造的活動に対するあなたの思考はより柔軟になるだろう。

創造という闘いに勝利するための鍵は二つある。一つは、ほかの人々も草むらの中にいることを思い出せるかどうかだ。もう一つは、このプロセスが永久ではなく、継続する力も無限ではないと悟ることができるかどうかだ。草むらの中にとどまる秘訣は、行動ではなく、思考を変えることだ。外側から見たときに、あなたの目にほかの人々がどう見えたとしても、彼らもまた草むらの中にいる。あるいは、草むらの外で行き詰まっている。草むらの中にいること、それは生きている証なのだ。

逆行分析《リバースエンジニアリング》

私たちの判断がいかに当てにならないかを思い出すための方法が、もう一つある。成功したプロジェクトを「逆行分析《リバースエンジニアリング》」してみることだ。成功したプロジェクトを見たときに——例えば、ポール・ブックハイトが開発したGメールのプラットフォームを見たときに——その成功に至るまでの時間を巻き戻し、成功者が過ごした「草むらの日々」を想像してみるのだ。

ブックハイトのグーグルでの同僚クリス・ウェザレルはこう述べている。「二年間もひたすら作業しつづけることがどんなに辛《つら》いか想像できるかい？　光も差さない。ほとんど手ごたえもない。ひたすらインターフェイスの反復処理をする、それも延々と。まったくダメな時期もあった。周りはみんな〝これは絶対うまくいかない、最悪だ〟と思っていたよ」

同じように、ニューヨークシティマラソンのような巨大イベントにも草むらの日々があった。二〇一五年、第四六回ニューヨークシティマラソンには、参加ランナー五万人、ボランティア一万人、ニューヨークロードランナー協会のスタッフ一七五人が関わり、一〇〇万人以上の観客を動員した。主催者は約二二万リットルの水、約一一万リットルのスポーツドリンクを用意し、約九四トン分の古着を慈善団体に寄付した。

そんなニューヨークシティマラソンが、初めてニューヨークシティ五区をすべて通るコースで開催されたのは、一九七六年の第七回大会のことだ。その日まで時計を巻き戻してみよう。当時の様子は今とはずいぶん異なっている。参加ランナーは二〇〇〇人。その中には、俳優のジェームズ・アール・ジョーンズの父親ロバート（当時七一歳）や、二〇一三年に六四歳でキューバからフロリダまで泳いだ作家ダイアナ・ナイアドの若き日の姿もある。オリンピックの金メダリスト、フランク・ショーターの姿も見える。

一位でゴールしたのは、ビル・ロジャースだ。のちにボストンマラソンで三回連続優勝の記録を作る選手だが、その日の彼はレース道具一式を自宅に置き忘れ、借り物のサッカーパンツを穿いて走った。

さらに時計を巻き戻し、一九七〇年に開催された第一回ニューヨークシティマラソンまで遡ってみよう。当時はセントラルパークの中を周回するだけのコースだった。ゲーリー・ムールケという名の消防士が、優勝賞品の一〇ドルの腕時計と古いボウリングのトロフィーを手にしている。さらに時計を巻き戻すと、ニューヨークシティマラソンの発起人であるフレッド・ルボー自身が、初めてマラソン大会（ブロンクスのチェリーヒルマラソン）に参加する姿が見える。ルボーはほかのランナーと同じように〝タートルネックと股引《ロングジョンズ》という珍妙なスタイル〟で走り、大会の主催者から水を手渡されるのではなく、一周走るごとに観客の誰かから一杯のバーボンを差し入れられている。

草むらの日々のスナップショットを繋ぎ合わせれば、一つのアイデアが長い道のりを一歩ずつ歩きながら、確実に成長していく記録を収めた映画になる。

意識を向ける

「意識を向ける」とは、詩的に言えば、人が人である証であり、経済学的に言えば、私たちが持つもっとも稀少なリソースである。

意識を向けることは、草むらでの創造的活動のエンジンである。また、あなたの能力を作品と向き合わせ、いきなり結果に飛びつかないようにとどめておく錨《いかり》である。草むらにいることは、あなたを不安にさせる。創造の行きつく先がわからず不安を抱いているときに、作品に集中することは難しい。それでもイーゼルの前に立ちつづけることだけが、作品を完成に導く唯一の方法だ。意識を向ける行為は、あなたをイーゼルの前に立たせつづけてくれる。

一九七四年、僧侶ティク・ナット・ハンは、ベトナムの学校職員から、瞑想とはなんでしょうかと手紙で問いかけられた。その学校——社会福祉青年学校——は一九六〇年代にティク・ナット・ハンが〝行動する仏教〟を教えるために設立したものだった。同学校の卒業生たちは戦場に行き、アメリカとベトナム両方の勢力に対して、思いやりの実践を通じて停戦を呼びかけた。しかし、彼らの手法は理解されず、結局、誘拐されたり殺害されたりした。ティク・ナット・ハンがその手紙を受け取ったとき、彼はフランスに亡命中だった。そのとき彼が書いたわかりやすく温かな長い返信は英訳され、『〈気づき〉の奇跡』という書籍になった。

その中でティク・ナット・ハンは意識を向けることについてこう書いている。「皿を洗うには二つの方法があります。一つ目は、きれいな皿にするために皿を洗うこと。二つ目は、皿を洗うために皿を洗うことです」。意識を向けることは、皿を洗うために皿を洗うこと——つまり、皿がきれいになる未来に向かってひたすら皿を洗うのではなく、「今、両手を泡だらけにしてシンクの前に立っていること」に意識を向けて皿を洗うことである。

マインドフルネスという単語を聞いただけで、拒否反応を示す人々もいる。ABCニュースの記者ダン・ハリスは、瞑想を探求した自らの体験を著書『10％HAPPIER』にまとめている。そのハリスの言葉を借りれば、瞑想には「イメージに大きな問題がある。なぜなら有名な瞑想の提唱者たちがそろいもそろって、いかにもパンフルートの伴奏が聞こえてきそうなしゃべり方をするからだ」ということになる。瞑想には正統な教義があると考える人々もいるようだが、それはマインドフルネスの本来の考え方とは対極にある。

私が「意識を向けること」と呼ぶものは（マインドフルネスと言い換えてもいいが）、「気づくこと」と「あなた自身でいること」を同時にする行為を指す。意識を向ければ、草むらにいても先の見えない不安に脅かされず、地に足をつけることができる。

あなたにとっての瞑想の実践は、休憩してスポーツをすることかもしれないし、頭をすっきりさせるためのほんの短い息抜きかもしれない。短い休息は、何かをするのではなく、ただそこに在ることを実践している。物事をありのままに見つめ、それを受け入れる。その小休止は、心の安定と解放を生み、創造的柔軟さを養ってくれる。

マインドフルネスの効果

この一〇年間、アメリカ実業界では、マインドフルネスブームが沸き起こった。アップル、ナイキ、グーグル、ターゲット、マッキンゼー、ドイツ銀行、ゼネラル・ミルズ、ゴールドマン・サックス、HBOといった名だたる企業が、積極的に瞑想を活用した。

医療保険会社エトナの会長兼CEOマーク・ベルトリーニは、二〇〇四年のスキー事故で九死に一生を得たあと数多くの改革を実行したが、その一つとして、マインドフルネス講座を社内に導入した。数年間で一万三〇〇〇人のエトナ社員が、ヨガや瞑想のクラスに参加した。また、エトナはヘルスケア事業に役立てるため、瞑想の効果の研究を試験的に開始。募集に応じたエトナ社員のボランティア二三九名を、三つのグループに分けて経過を追った。一つ目はヨガのクラスに参加するグループ。二つ目は瞑想のクラスに参加するグループ。三つ目はどちらにも参加しないグループ。三カ月後、ヨガまたは瞑想のクラスに参加したグループは、ストレスレベルが低下した。

さらにベルトリーニは、二〇一五年一月にエトナの最低賃金を時給一二ドルから一六ドルに昇給すると発表した。トマ・ピケティの著書『21世紀の資本』を参考にして下した決断だったが、同時に、そのような創造的な経営リスクを取ることができたのは、瞑想体験のおかげだったとも考えている。

気づきを得る

一九八〇年代後半に、マーシャ・リネハンという心理学者が、マインドフルネスを〈認《C》知行《B》動療《T》法〉のフレームワークに取り入れた。その目的は、注意深く把握する力をつけ、偏った判断を避けるためだ。リネハンが作成したフレームワーク〈弁《D》証法的行《B》動療《T》法〉では、まずマインドフルネスを実践して、思考パターンのゆがみ——例えば、一つの出来事から波及して悪いことが起こると決めつけるなど——を明らかにし、それから認知行動療法のツールを使用して、精神を整える。

DBTにおいて、マインドフルネスの出発点となるのは、「良い気づき」と呼ばれる習慣である。あなたの人生で、仕事で、スタジオタイムで、草むらの探求で何かが起こったとき、それがどんなことであっても、ありのままに受け止め、それに気づいた自分を褒めて認める。どんなにがっかりするニュースを聞いても、「良い気づき」をすれば自分の経験として深く理解することができる。逆ならばよかったのにと願うあまり、その出来事を否定したり、プロセスに不安になり、結果に飛びつきたくなったりするのではなく、対象そのものに意識を向けることを肯定的に促す方法だ。マインドフルネスの専門家である臨床心理学者タラ・ブラックの言葉を借りれば、良い気づきとは、目の前で起こっていることを「ラディカルに受容」することである。

実のところ、創造的プロセスが失敗に終わったとしても、それはそれでいい。どうやら長くかかりそうだと思っていたところへ、ある日良い気づきを得て、これではうまくいかないから、一からやり直さなければならないと理解する。そんなふうに失敗して、またやり直せることがどれだけ重要なことか――それを指摘する人はあまりいない。映像編集室の床に撮影済みフィルムが散らばっていることは、それを繋げて映画を完成させるのと同じくらい重要なことなのだ。

どれだけ真剣に取り組んでも、重要な成果に結びつくことなく、無名のままでいることもあるだろう。それでも、生涯実験を続ける研究者にとってそうであるように、一つの分野の探求が行き詰まったと確認することもまた、立派な実績である。新発見をした人も、突破口を開く直前までは行き詰まった人と同じように停滞した日々を送っている。脳は認知的不協和を嫌い、人間は一貫性を追い求める。そのせいで、今まで起こったことは永遠に続くように思えてしまう。しかし、もちろん一九五五年の無名なハーパー・リーが永遠に続くことはなく、一九六一年には有名作家のハーパー・リーになっているのである。

解決策のないプロジェクトに取り組むリスクを負うことは、実業界のフロンティアになるということだ。安全だけを求めていると、漸進的な改良を選びがちになる。小さいが確実な勝利は、大きな利益の敵になりかねない。大きな問いかけをすることは、リスクを伴う一方、予想もしない場所にたどり着く可能性もある。デザイナーのバックミンスター・フラーはかつてこう言った。「別のところへ行こうとしている途中に、自分の行くべき場所を見つけることがしょっちゅうある」

評価とプロセスとの関係を変えることでしか、可能性を切り開くことはできない。ブレイクスルーはいつでも起こるわけではないが、ときには起こることもある。アスリートと同じで、私たちの筋力を強めてくれるのは、積極的に新しいものに挑戦し、柔軟に対応する能力なのだ。

草むらにいる利点に納得したら、あるいは、結局のところ、私たちはみんな草むらにいるのだという単純な現実を受け入れたら、次に選択すべきは、どのように舵取りをするかだ。草むらの中でもっとも役立つ操舵ツール――それは、あなたを前に進ませる「灯台の問い」である。

日本の牽引者
事例2

「視点・視野・視座」の分類と「面白がる力」で新たな価値を

慶應義塾大学 環境情報学部教授
内閣官房 情報通信技術（IT）総合戦略室長代理／副政府CIO
神《しん》成《じょう》淳《あつ》司《し》

三つの軸に分けると見えてくるもの

これまで多様なソリューションやサービスを展開する企業とワークショップを行ってきました。ちょうど先日、ある大手メーカーとのセッションで、今起きているのは「1－n」であり、「0－1」を起こすにはどうしたらいいか、という話をしたところです。「0－1」、すなわち新しいものを生み出すときには、「視点・視野・視座」を分けて議論するのが大事です。目の前にあるスマートフォンを例にとってみましょう。「視点」とは、そのスマートフォンのどの部分に注目するかということ。「視野」とは、目の前にあるそのスマートフォンだけが対象範囲なのか、そのスマートフォンの機種が対象範囲なのか、それともスマートフォン全般が対象範囲なのかを考えること。そして「視座」とは、自分がどの場所、どのような立場からスマートフォンを見ているのかということ。その三つの軸に分けて考える必要があります。個々の事物を、いかに相対的に捉えられるか。見方によってさまざまな捉え方があり、その多様性を意識するのです。私自身、日常的に新しいものを「0─1」で生み出すことができないか考えるのですが、多くの場合、考えついたものはすでにあるものとどこか似ています。しかし、それがどれだけ似ているかは重要ではありません。〝どこがちがうか、どうちがうのか〟を、「視点・視野・視座」を踏まえ、整理し直して、その中で〝何に価値があるのか〟を丁寧に考える癖をつけることが大切です。

本来なら自分が一番やりたいことを常に見いだし、それを実行できれば幸せですが、上から〝新規事業をやれ〟と言われ、なかなかすべきことが見いだせないときがあります。そんなときこそ、既存事業を含めて、目の前にある事象を「視点・視野・視座」を分けて考えてみるのです。例えば、携帯電話の新しいサービスを開発するならば、「視点」では携帯電話の機能の何に着目するかを考え、「視座」では、開発者とマーケティング担当とエンドユーザーそれぞれの立場から、誰にとってどんな価値があるかを考える。多くの場合、この「視点・視野・視座」の三つは区分されずに、ごちゃごちゃに考えられがちなのですが、意図的に区分して、何が価値かを捉え直すと先に進めます。

世の中にはたくさんのビジネスモデルがあります。新しいことに取りかかるときに、まずは手始めに、今ある既存のビジネスがどういう「視点・視野・視座」によって取り組まれているのかを整理し、自分がこれからやろうとしていることとのちがいを把握するといい。私は日常的に、人の話を聞きながら、この人はどういう「視点・視野・視座」なのだろう、と考えます。意見が食いちがった場合には、そのうちの二つがずれていたということがよくあるし、「視点・視野・視座」の三つを区別しないまま議論しても、なかなかまとまらないことが多い。ちがいを明らかにして、論点を絞っていくべきです。

「0―1」というと、よく〝生みの苦しみ〟と言われますが、あやふやなものはなかなか1にならないものです。感覚的には、0・2くらいでぐるぐる回って、そこから先に進んでいきません。それを1にするためには、どこにリソースを注入すべきかを、明確に捉えていく必要があります。それが私の場合は「視点・視野・視座」という切り口で整理するという方法なのです。

ドラえもんのひみつ道具

積み上げ型ではない、飛び抜けた新しい価値を常に考えつくのであれば、このような整理法は必要ないかもしれません。「視点」を変えるだけで新たな価値を出せる場合もある。しかし、それには才能がいります。

才能といって、思い浮かぶのはドラえもんです。あのひみつ道具は、素晴らしい「視点」の転換です。この「視点」の転換こそがアートシンキングになりますが、世の中を変えられるような「視点」の切り替えは、誰もが日常的にできることではない。だから、新しい「視点」を見いだせず立ち止まったときに、私は「視野」や「視座」を変え、そこからもう一度「視点」を捉え直そうとすることがあります。そうして得られた手がかりをもとに、もう一度発想を変え、新しい「視点」を生み出すわけです。

「新たな視点」または「転換された視点」は、「0-1」を生み出すかもしれない。そして、この「新たな視点」には、需要性というバックグラウンドがないこともある。そもそも、今まで世の中にまったく存在しなかった「視点」なのだから、需要性が存在するのは稀です。ビジネスの世界では、それをわかった上で市場開拓することもあるだろうけれど、当然ながらリスクを伴います。

もう一つ忘れてはいけないのは、世界には七〇億人以上の人がいて、いろいろ考えているということ。その中に「新たな視点」を出せる天賦の才を持つ人がいて、七〇億人もいれば、それは一人ではない。これは新しい、と思ってインターネットで調べてみると、すでに存在したという経験は誰にでもあるのではないでしょうか。では、どうするのか。才能がないと諦めるしかないのか。そのときに考えるといいのが、「視野」と「視座」の変更です。「新たな視点」を生み出すのは無から有を生む難題だとしても、「視野」と「視座」の変更であれば誰もができる。そして、その方法で世の中の事象を整理し、0から1を生み出すのは、才能ではなく、訓練のなせるわざです。常に客観性を持ち、相対的に考えるスキルを身につける。スキルであるならば、習熟により伸ばすこともできる。磨けば磨かれるし、議論によっても伸びます。自分には才能がないと諦めるのではなく、スキルを養うことで、新しいものを生める人が増えればいいと思うのです。

福祉と農業は同じサービスである

私の研究領域には福祉も農業もあるため、「神成さん、いろいろな領域のテーマを、並行してよくやっていますね」としばしば言われますが、私としては、共通性のある取り組みです。福祉と農業は、ちがう方向性を目指しているわけではない。福祉を受ける側の人間と農業で育てられる作物――これらは、いずれもサービスを提供する側でなく、サービスを受ける側であり、同じ「視座」です。〝農家が作物に対して実施する多様な農作業は、農家が作物に対して行うヒューマンサービスである〟という考えに立ってみると、受け手側の状況を推察し、適切なサービスをするという点において、福祉も農業も一緒なのです。そのことを考えながら、サービスの再構築をしています。

福祉の人と農業の人は分野がちがうと思ってお互いに会話をすることはないかもしれないが、共通した知見があって、学び合える点も多いのではないか。そういうふうに考えると面白い。分野を超えた連携が「新たな視点」の獲得、「0―1」が生じる可能性にも繋がるし、結局は、それが作物であれ患者であれ、誰がどう満足するかという「視座」からの発想となります。サービスを享受する側へのアンケート等で情報を引き出すのではなく、サービスの提供側が作物や患者の状況に気づいてサービスを創出する。すなわち、どのようなサービスをしたかという「視点」ではなく、受け手側の何に気づいたのかというほうに「視点」を転換する。この「転換された視点」に基づいて取り組みを進めているだけなのです。

原動力は「感動」する心と「喜び」

「0―1」を生むためにもう一つ有効なのは、「感動」すること。つまり、「これすごい」「こう新しいんだ」と感動した瞬間を覚えておいて、別の分野に応用するという方法です。だから、感動したり面白いと思ったりしたときに、なんでそう思ったかを常に考える癖をつけておくといい。単に感動するだけでは形にならないので、私はそんなとき、どういうふうに「視野」「視座」、あるいは「視点」がちがったのかを頭の中で整理して、別の分野だったらこうすればいい、今度はこうやってみよう、と考えます。「視点」を他分野で応用するのは少し難しい場合もありますが、「視野」や「視座」はさまざまな分野で応用可能で、かなり参考になります。いろいろな方と話をすると、「視点・視

野・視座」の三つを分けて整理する人は驚くほど少なく、どこどこに着目しました、と言っても、詳しく話を聞くと、その三つを意識的に分類した上で何が新しいのかに言及する人は意外と少ないと思っています。

感動する力もまた、ある意味では才能かもしれません。しかし、才能だけでもない。面白さを発見するプロセスを覚えれば、人は感動できると私は思います。そして、「喜び」も原動力になります。たくさんのプロジェクトに関わることで、仕事量も日々増大している中、周りの人からは、なんでいつも笑っているのかとよく訊かれます。そんなときには「いつも怒っていたほうがいいですか？」と冗談で問い返すこともありますが、どうせやるなら、皆がもっと「いい」「面白い」と言ってくれたら自分も嬉しいと思っているわけです。自分が感動し、面白いと思えるからこそ、多くのプロジェクトに関与することができる。だから努力すべきは、取り組んでいることをいかに面白がるかなのです。それも客観的に捉え、「視点・視野・視座」を踏まえて分類し、「ここがこう変わったから面白い」と納得して面白がると、自分の中にそれが蓄積され、次へ繋がります。単に「すごいね」だけですませてしまうと、いくら経験を重ねても蓄積されない。掘り下げて面白がるということが重要です。

感動したこと、面白いことの蓄積は、新たな感動や面白さの発見に繋がります。自ら面白いプロジェクトを探すのは重要だけれど、一方で、頼まれた仕事や取り組むべきプロジェクトでも、きちんと感動し、面白がって進めれば、良い結果が得られる。一見つまらなそうな取り組みにも、「ここすごいね」というポイントを見いだせれば、その経験は糧になっていくでしょう。これは、新規事業を立ち上げる際も同様です。まずは投資してくれる相手や、関係する会社の人たちに納得してもらわなければならない。自信を持って説得するためには、自分が一番面白がり、感動することが何より重要です。自分がつまらないと思った取り組みでは、相手を説得できませんから。

3 GOOD THINGS

では、どのようにすれば、面白いものを見いだし、発見できるようになるのか。実際のところ、日々の生活の中に、いくらでも面白い点、感動する点はあります。もちろん、「0-1」というような「視点」の転換が日々の生活の中に溢れているわけではないけれど、もっとありふれたこと、例えば、誰かに毎日話しかけるだけでも、なんらかの〝気づき〟があるし、面白いものを見いだせることもある。我々は日常的に新しいことを多産しています。多産しているものを、「今日、これ面白かった」と言えるかどうか。これもまた、訓練すれば身につくスキルです。

以前、知り合いに〝3 GOOD THINGS〟の習慣を勧められたことがあります。毎日寝る前に、今日楽しかったことを三つ思い出すのです。一つもないと言う人がいますが、そんなことはまずない。「たまたまエレベーターに乗ろうと思って近寄ったら、タイミング良くドアが開いた」といったような些細なレベルでもいいのです。嫌なことがあると、良かったことを忘れてしまい、「今日は良くない」と思いがちですが、普通に一日生活していれば、寝る前に良いことを三つぐらいは発見できる。これは良い睡眠にも繋がるのですが、それ以上に、〝良かったことを発見する癖〟に繋がります。「自分はサラリーマンで、毎日の生活パターンは変わらないので、そんなに面白いことをしていません」と言う人もいるでしょう。けれども、「今日は寒いからコート着てきて助かった」「移動中に雨が降ってきたけど、たまたま傘を持っていた」でもいい。まず日常で〝喜ぶ〟ことをしないと、感動に関する感度が鈍くなります。日常的に楽しいものを楽しいと言えて、面白いよねと素直に喜べる気持ちをなくしたら、「0―1」は絶対に生み出せません。

　私の二五年間を振り返ると、好奇心があって、それに忠実に、大学時代に教えてもらった「視点・視野・視座」で世の中を分類することを淡々とやりつづけてきただけです。そして、その分類作業と蓄積の中に面白さを発見するという積み重ねだけで、私は今ここにいる。今取り組んでいる仕事も役割も、そもそも自分が目指したものではないとはっきり言えます。実際のところ、自らのキャリアで、例えば〝一〇年後のあるべき姿を見据えて逆算し、今やることを考えた〟ことなどありませんでした。そんな余裕はなく、目の前の事象を面白がって過ごしてきた。だから、「どうやったら今のあなたのような仕事ができるのか」と訊かれても、わかりませんというのが本音です。自分が思い描いていたキャリアではないけれど、知らないうちに未知のB地点に存在していた、というわけです。

工学博士。一九九六年に岐阜県立国際情報科学芸術アカデミー（IAMAS）助手となる。同講師、岐阜県情報技術顧問（併任）等を経て、二〇〇七年に慶應義塾大学着任。現在、環境情報学部教授。また、政府の公職を歴任後、二〇一一年に内閣官房着任（併任）。現在は内閣官房 情報通信技術（IT）総合戦略室長代理／副政府CIO、健康医療戦略室次長。二〇一八年一〇月より、国立研究開発法人 農業・食品産業技術総合研究機構 農業情報連携統括監を併任する。主な著書に、『ITと熟練農家の技で稼ぐAI農業』、共著書に『計算不可能性を設計する ITアーキテクトの未来への挑戦』がある。

第三章

灯台の光が照らす先へ

万全の努力で臨んだ結果ならば、
失敗も、成功に劣らず見ていて刺激的なものだ。
——ロジャー・バニスター卿
『The First Four Minutes（最初の四分間）』

本章のテーマ

あなたを前進させる問いを持つ

創造的活動を行うときには、解決を見据えて進むのではなく、「問い」をもとに進むべきである。問いはあなたを前進させ、「未知のB地点」まで導く灯台になる。その問いとは、初めて一マイル四分を切ったランナー、ロジャー・バニスターのように「それは実現可能なのか?」という素朴な疑問から生まれるかもしれない。あるいは、あなたのいる組織の目標から、あなたの専門知識から、あなたの日常から生まれるかもしれない。どんな問いでも、そこにあなたの個性があるなら、行くべき道の出発点になりうる。あなたを導く灯台の問いは、深い本質を備えている。あなたと周囲を繋ぎ、人生という筋書きを前に進めてくれるだろう。その問いがビジネスに関わるなら、時にその新しさのために、あなたは「先行者」になることがある。「後発者」の参入を想定し、未知の世界に踏み込むときの本質的なリスクを理解しておこう。

アートシンキングのフレームワークは、広角レンズで全体を見ることから始まった。あなたの人生という広大な景色の中に、スタジオタイムという専用のスペースを確保して、オープンエンドな創造的プロジェクトに取り組むことを決めた。こうした取り組みは、内側から見れば草むらの中を歩くように心もとなく不安に感じられること、また成果主義の職場文化では良し悪しを判断するのが難しいことも理解した。それでは、実際にどんな課題に取り組めばいいのか？　未知のB地点を発明するプロセスに向けて、スターティングブロックに足を置くにはどうすればいいのか？

アートシンキングは、その本質として、「問い」を起点とするものである。終点（目標や解決策）ありきの思考法ではない。なぜなら、アートの核心はプロセスにあるからだ。ビジネス

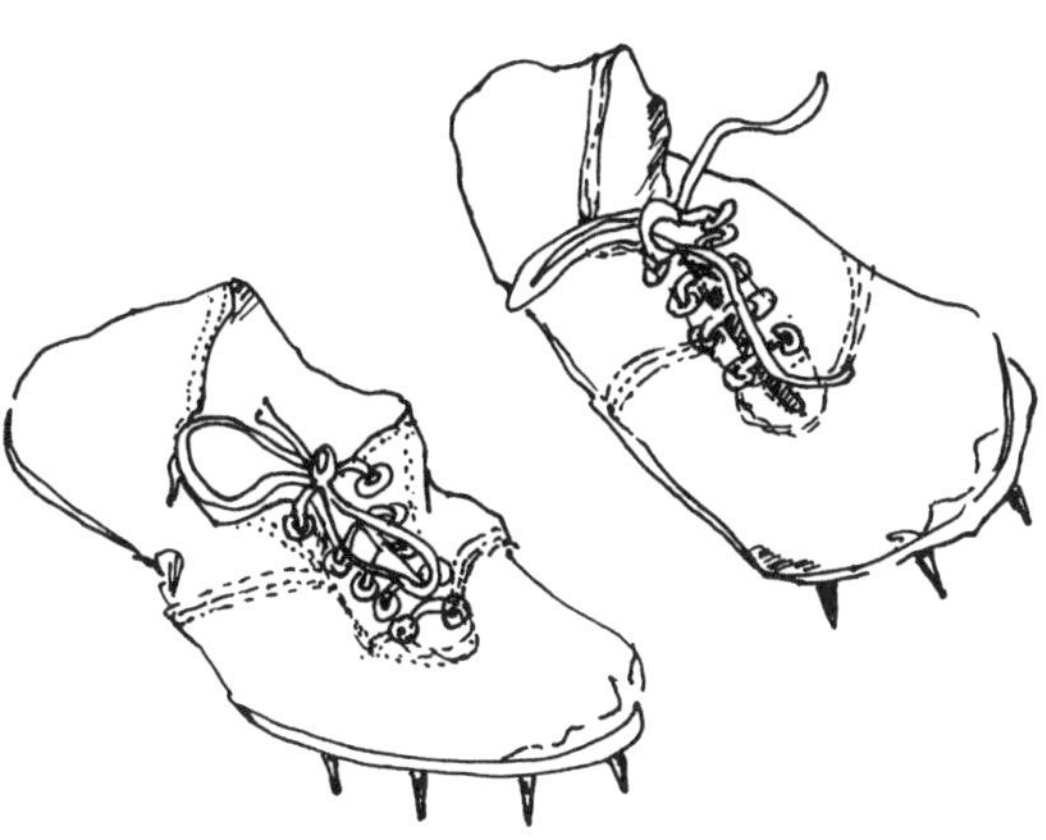

は最適化し、アートは問いかける。ビジネスはゴールを達成し、アートはゴールが存在する世界を生み出す。

その文脈では、アスリートの記録達成はアートに属するといえる。スポーツの功績は、新たな記録の可能性を問うことから始まり、それを達成して新たな世界を開くけれど、その世界はすぐに打ち破られるものだからだ。

一九五四年五月六日。オックスフォード大学のイフリー・ロードのトラックで、ロジャー・バニスターは現代記録史上初の〝一マイル（約一六〇〇メートル）四分を切ったランナー〟となった。しかも彼はプロのアスリートではなく、昼休みに練習をする神経科の研修医だった。

一八六〇年代、一マイル走の金字塔とされた〝ほぼ超人的記録〟は四分三〇秒だった。一九四〇年代には、一マイル四分を切ることは神話の領域とみなされていた。四分一秒四の世界記録が九年間破られなかったこともあり、四分の壁は自然の法則だと思われていた。

一九五〇年代前半、三人のランナー（バニスター、アメリカ人のウェス・サンティ、オーストラリア人のジョン・ランディ）が競い合い、コンクリートの壁のように立ちはだかる一マイル四分の壁の突破を試みはじめた。

世紀の大記録が打ち立てられた日。バニスターの友人、ノリス・マクワーターはレース結果を、ちょっとおどけた長い前置きとともに発表した。

紳士淑女のみなさん、ここにレースナンバー九番、一マイル走の結果を発表いたします。第一位、ゼッケン番号四一番、R・G・バニスター、アマチュア陸上競技協会所属、エクセターカレッジならびにマートンカレッジ出身。本日のタイムは大会記録を更新。さらにイングランド記録、英国記録、英国オールカマーズ記録、ヨーロッパ記録、大英帝国記録ならびに世界記録の新記録に認定されるでしょう。その栄えあるタイムは三分……

割れんばかりの歓声がバニスターを包み込んだ。その瞬間、新たなB地点を持つ世界が生み出された。バニスターは一マイル三分五九秒四のタイムを叩き出したのだった。

一夜にして、バニスターは世界中のスポーツファンを熱狂の渦に巻き込み、今日まで英国を代表するアスリートでありつづけた。実に興味深いのは、バニスターの記録が、偉業達成のたった四六日後に破られたことだ。バニスターがついに壁を壊し、不可能に思われた記録を達成すると、オーストラリア人のジョン・ランディも、三分五八秒ちょうどの記録を出したのである。

バニスターはできるはずだと信じてやり遂げた。彼は未知の世界に踏み込み、その存在を知らしめた。非人間的と思われた記録を、事実というテーブルの上に並べてみせた。この偉業は、バニスターではなく、ほかの誰かが達成してもおかしくはなかった。ランディでもサンティでも、あるいは、一九三〇年代に活躍したアメリカ人選手ルイス・ザンペリーニでもおかしくはなかった。私たちは誰もが環境の恩恵を受け、競争によって高められている。

それでも、このエピソードは、特大の問いを提起している。バニスターのようにそれが可能だと信じてやり遂げることと、ランディのようにそれが可能だと知っていて少しうまくやり遂げることのちがいはなんだろうか？　どちらもレースで勝利し、世界記録を打ち立てた。しかし、B地点を発明したのはバニスターだけだった。

地図なしで進む

もしあなたがバニスターと同じように、過去に誰も成し遂げていないことを達成しようとしているのなら、そこに手本はない。地図もないのに、どうやって舵取りをすればいいのだろうか？　前進するには、あなたを可能性に向かって引っ張り、エネルギーを与えてくれる「問い」を見つける必要がある。この問いは灯台のようなものだ。「こんなことができたらクールじゃない？」とか「それって本当にできないことなのか？」というような、ごく単純な質問の形をしている。その灯台の光が、あなたが進むべき幅広い可能性の方向を照らしている。突破口が開かれたとき、あなたの成功は、周囲から当然の結果と受け取られるかもしれない。でも、それは事実ではない。実際には、あなたの灯台の問いが、根拠のない信念のためのスペースを確保しつづけたおかげだ。無謀にも思える問いを毎日抱きつづける——それだけでも、充分に勇気ある行為なのだ。

私たちが今いる場所から見れば、バニスターもほかのアスリートと同じように目標を掲げて練習し、それを達成しただけに見える。ある意味では、単純なサクセスストーリーと言える。ただし、一つだけちがうのは、当時、一マイル走で四分を切ることは、もはや神の領域であって、事実の証明ではなかったという点だ。不可能だとすでに証明されていたといっても過言ではなかった。

　ロジャー・バニスターは内気な子どもだった。八歳の頃は、下校途中に近所の子どもたちにいじめられるのがいやで、家まで走って帰った。一〇歳の頃は第二次世界大戦中で、空襲警報が鳴り響くたびに避難場所を求めて走った。彼の家族はロンドンの空襲から逃れるためにバースに疎開したが、そこも安全なわけではなかった。破裂弾が家に落ちて屋根を破壊し、走って逃げ

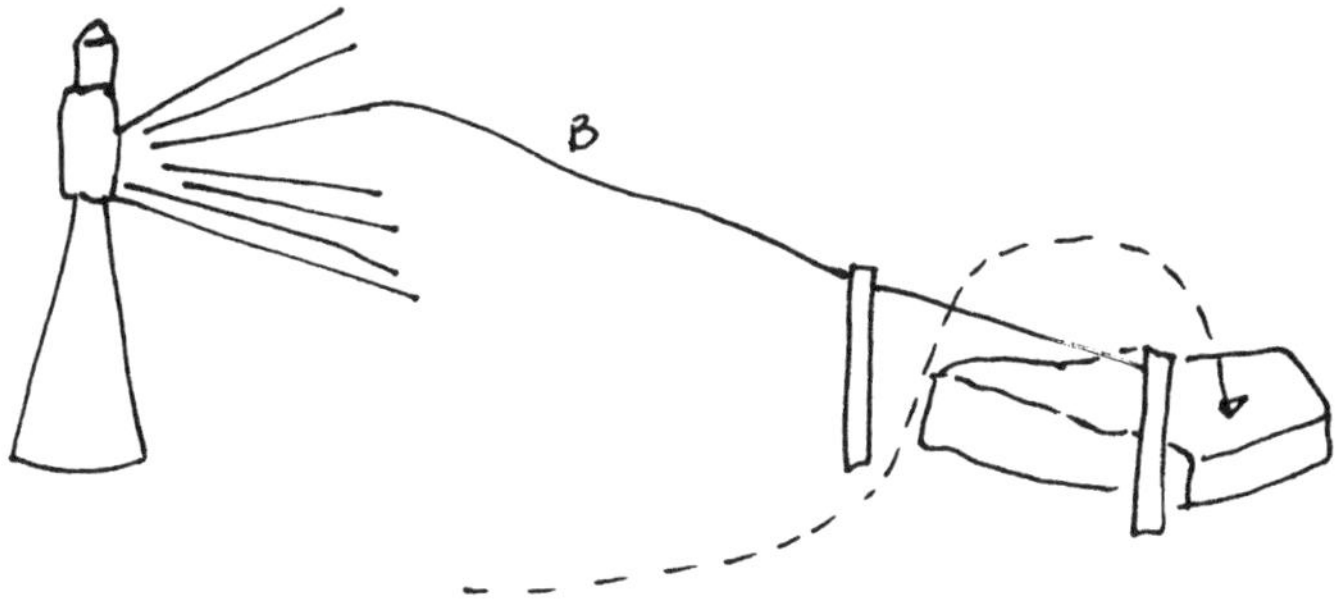

たこともあった。一一歳のとき、毎年恒例の学校のクロスカントリーレースで一八位になった。その翌年、一二歳で一位になり、その後も卒業するまで優勝しつづけた。

一九四五年、バニスターは父親に連れられてロンドンのホワイトシティ・スタジアムに行った。そこで、スウェーデンの〝一八〇センチの巨人〟アルネ・アンデションと、〝小柄だがガッツのある〟英国のマイルレース走者シドニー・ウッダーソンの夢の対決を見た。それは第二次世界大戦後初めて行われた国際陸上競技会だった。バニスターはすっかり魅了された。

バニスターは飛び級で一年早く大学に出願し、一九四六年の秋にオックスフォード大学に入学した。彼はさっそく、ボート選手のように頑丈な体格のクラスメイトを誘って、生まれて初めて陸上競技用のトラックで走った。それを見ていたグラウンドキーパーが、クラスメイトに対しては、ストライドが力強くて体格もいいと絶賛した。一九三〇年代に活躍したオックスフォード大学の有名なニュージーランド人走者、ジャック・ラブロックがまさにそんな体格をしていたのだった。それからグラウンドキーパーはバニスターを見て言った。「君にはなかなか難しいだろうね。力強さもないし、体も細すぎる」

バニスターは走ることが好きだったが、終戦直後の当時の英国は、まだスポーツをする環境が整っているとはいえなかった。一九五四年には、陸上競技用のトラックは英国全体で一一ヵ所しかなかった。ランニングシューズも薄っぺらい革靴のような代物だった。

今、バニスターの功績を神話として語るのはたやすいが、当時の人々も実際にそんなふうに感じていたのだろうか。私の母は一九五〇年代には、大西洋を隔てた米国のアーカンソー州で暮らしていたが、それでも、バニスターの記録は当時から神話化されるほど偉大な業績だったと語っている。ニュースの記事を読んだときに度肝を抜かれたのを覚えているそうだ。彼の記録は、人間の努力のフロンティアを押し広げる出来事だったのだ。

クラーク・ケントの日常

そんな偉人の彼も、普段はスーパーマンではなく、クラーク・ケントとして暮らしていた。ロンドンのアールズ・コート近くの小さな地下のフラットに住み、毎日、洗濯する暇もないほど忙しかった。自炊をして、よくシチューを作り、プロテインを摂取するために酢漬けのニシンを付け合わせにしていた。仕事は激務だった。奨学金をもらってパディントンのセントメアリー病院で研修医として働きながら学んでいた。病院の仕事で手を抜くことができたとは考えにくい。

バニスターは、ジェントルマン・アマチュアという英国の伝統を受け継いでいた。バニスターの弁によれば、「大学スポーツの選手とは、何よりもまず、競技に管理されるのではなく、競技を管理する人間であり、ビールを飲みつつ、そういう気分になればコーチの話を聞くものだった」。彼はその精神こそが、「バランスの取れた人生を達成させ、一流の競争の重圧に耐えられる個性と決断力を持つ人間を作る」と感じていた。平日は毎日昼休みになると、病院から急いで近くのトラックに行ってトレーニングをし、サンドイッチを頬張ってから病院に戻った。

一九五三年、バニスターは真剣に引退を考えていた。前年のヘルシンキ・オリンピックは、不本意な結果に終わった。病院の仕事は充実していて、トレーニングのために多くの時間を取られていた。彼は二カ月間、じっくり検討したすえ、あと二年だけ続けることにした（第二章の猶予期間のツールを思い出してほしい）。

一九五三年は、エドモンド・ヒラリー卿が人類初のエベレスト登頂を達成した年だった。登頂成功のニュースは、エリザベス女王の戴冠式の前夜に英国に届いた。当時、一マイル走で四分を切ることはエベレスト登頂に匹敵する偉業とされていた。バニスターは一九五五年の著書『The First Four Minutes（最初の四分間）』で、一マイル四分の壁は「人間の精神への挑戦だった。その壁を破ろうという試みは、ことごとく退けられるように思えた。人間の努力は無駄に終わるだけだと思い知らされているようで、いらだたしかった」と書いている。そんな頑強な一マイル四分の壁を破るためには、努力だけでなくイマジネーションも必要だった。

仲間との絆

バニスターはその壁を独力で破ろうとしたわけではなかった。クリス・ブラッシャーとクリス・チャタウェイという二人の友人と一緒に挑んだ。ブラッシャーが一周目と二周目のペースメーカーを務め、それからチャタウェイが三周目を務め、最後の四周目を一人で走るという計画を立てた。バニスターはラストスパートの強さで知られていた。ペースメーカーがいれば、出だしでペースを上げすぎず、最終ラップまで一定の速度を保つことができる。後年バニスターが説明しているように、一マイル走を速く走るコツは、スピードを均一化することだ。ペース配分にばらつきがあればあるほど、走者は多くの労力を費やすことになる。一定の速度で走ることに照準を合わせれば、結果はあとからついてくる。

レースの日が近づくにつれ、日常生活と大いなる野望とのギャップがますます広がった。運命のレース前日の五月五日、彼は病院の磨きたての床で足を滑らせた。レース当日の五月六日の空模様は、英国基準に照らしてもひどいものだった。バニスターは、午前中は病院で仕事をして、新しいランニングスパイクを研いだ。そのスパイクは、その日のために特別注文した一一三グラムのシューズで、普段履いているものよりも五七グラムも軽かった。

昼過ぎに病院からオックスフォードに向かう列車の中で、バニスターは偶然、フランツ・スタンプフル――ブラッシャーとチャタウェイの陸上コーチであり、バニスターの練習プランにも助言を与えた人物――と出会った。スタンプフルは優秀なコーチであり、また実に数奇な運命を生き延びた勇猛果敢な人物でもあった。彼は第二次世界大戦前にヒトラーの台頭を恐れてオーストリアから英国に移住したものの、開戦後に敵国人として収監され、オーストラリアに移送されることになった。その途中で移送船が爆撃を受けて難破したが、北海を八時間も泳いで生き残ったのである。

そんなスタンプフルに、バニスターは「今日は天気が悪すぎるから、レースに出るのはやめておこうかと思っている」と話した。するとスタンプフルは、バニスターに諦めずに挑戦するよう励ましてから、運命的な問いを投げかけた。「もし今日が君にとって最後のチャンスだったとしたらどうする?」

その日の午後、バニスターは大学の友人チャールズ・ウェンデン一家と過ごした。ウェンデンは妻のアイリーンや小さな子どもたちと家族ぐるみで、バニスターを温かく繭のように包み込んだ。

運命のレースは午後六時に開始の予定だった。夕方、バニスターがウォーミングアップのためにトラックに到着したときにも、バニスターとブラッシャーとチャタウェイは、まだレースに参加するかどうか決めあぐねていた。暴風雨が過ぎ去り、虹が現れたが、レースの数分前まで、バニスターは今日は走らないだろうと思っていた。それから、三人でスターティングブロックに向かったとき、それまで激しくはためいていた近くの教会の旗がしおれていることに気づいた。それを見たバニスターは、ブラッシャーとチャタウェイに合図して、走ることを決断した。一度フライングしたものの、風はやんだままで、彼らは二回目のスタートを切った。

最初の四分間

レースの一部始終を収めた映像が残っている。バニスターとチャタウェイとブラッシャーは、ほかの三人の選手と一緒にスタートする。ブラッシャーとチャタウェイはバニスターの前後を走る。陸上競技用の白いランニングシャツとショートパンツを身に着けた彼らは、観客たちの灰色のトレンチコートの海を背景に、白い輪を描くように疾走する。トラックの中央から撮影された映像を見ていると眩暈《めまい》を覚える。軽やかで無駄のないフォームは、これがレースだという事実を忘れさせそうになる。バニスターの長い腕はピストンのように高く振られ、歩幅は大きく、脚は次々と前へ繰り出される。

私がレースの映像を発見したのは、本書のバニスターに関する部分をほぼ書き終えたあとだった。それから一週間、毎日その美しい映像を見つづけた。それは平凡な環境からスタートし、偉業を達成するためにすべてを捧げた人々の姿をとらえていた。三人のフォーメーションには、彼らが練習を積み重ねてきた年月と、固く結ばれた友情の絆が見えるかのようだった。

一周目。「もっと速く」と大声で叫ぶバニスターを無視して、ブラッシャーは一周五七秒五のタイムをキープしつづけた。後年バニスターは、「成功したのはブラッシャーのおかげだった」と綴り、友人の確固たるペース配分に感謝している。三周目に入る直前、チャタウェイがペースメーカーを引き継ぐために、バニスターとブラッシャーを追い抜いた。そして最終ラップの四周目が始まると同時に、バニスターはチャタウェイを追い越す。カメラは、持てる力をすべて注いで最大限の努力をしてきた人間の姿を映し出す――

最後の一〇〇メートルを振り返り、バニスターはこう述べている。「唯一実感があったのは……踏みしめるトラックだけだった。ゴールした瞬間、これがそうだったのかと思った。私が何か一つのことを最高にうまくやり遂げるチャンスは、今、このときだったんだ、と」バニスターはゴールテープを切り、それから崩れ落ちて意識を失った。バニスターの両親は息子に気づかれないように、こっそりレースを見に来ていた。両親が試合後にトラックに駆けつけると、バニスターはスタンプフルコーチに体を支えられていた。

このエピソードのもっともすばらしい部分は――バニスターがドクターランナーというゼネラリストである事実に加えて――孤独な天才アスリートの神話とは裏腹に、彼がどれほど友人たちに助けられ、そのおかげでやり抜くことができたかという点だ。〝最初の四分間〟は、たくさんの人々の協力と才能の結晶だった。バニスターの一番の協力者は、彼のペースメーカーであり、練習パートナーだったブラッシャーとチャタウェイだが、ほかにも大勢の協力者がいた。一マイル四分の壁が破れた瞬間、バニスターは両脚も精神もぼろぼろの状態だった。それにもかかわらず、彼は真っ先にブラッシャーとチャタウェイを捜して、三人でビクトリーランをした。二人の存在がなければ、バニスターがこの偉業を成し遂げることはできなかっただろう。

ＳＭＡＲＴゴールからＭＤＱへ

こうして振り返ってみると、一マイル四分の壁を破ることは「目標」であって、「問い」ではないようにも見える。けれど、そこにはわずかだが重要なちがいがある。マネジメントの仕事の多くは「目標」――定量化できる基準と結果志向の成果――に基づいている。マネジメントの第一人者ピーター・ドラッカーが完成させたとされるＳＭＡＲＴゴールは、「具体的で（Specific）、測定可能で（Measurable）、達成可能で（Achievable）、現実的で（Realistic）、時間制約のある（Timebound）」目標設定のことを指す。

ＳＭＡＲＴゴールは、単純なツールのように見えるが、「未来は事前の具体的な計画によって影響を受ける」という信念を反映している。ＳＭＡＲＴゴールの問題点は、未来に何を求めるかが事前に限定されてしまうことだ。そこには、とりとめのない問いを投げかけたり、大胆で困難を伴う大きな目標を掲げたりする余地がほとんどない。SMARTゴールは、税金を申告するというようなタスクを完了するときには役立つ。しかし、アートシンキングにはそれとはちがったエンジンが必要になる。アートシンキングに適用するならば、結果ではなくプロセスをベースにしたSMARTゴールを設定するといいだろう。例えば日々の練習や研究やトレーニングに参加することを目標に設定するといい。スタジオタイムをスケジュールに組み込み、習慣づけるときには、SMARTゴールが役立つだろう。

もっとも、SMARTゴールでは、一マイル四分の壁を破るような何かを達成することはできない。多くの人々が自然の法則と認識しているものを打ち破ろうとすることは、控えめに言っても現実的ではない。未知のB地点の可能性を探求するためには、あなたを前進させる問いが必要なのだ。なぜなら、あなたが向かおうとしている先は、簡単には想像できない場所だからだ。問いというエンジンは、表面的には具体的である必要はないが、その奥に深い動機がひそんでいなければならない。

この点では、灯台の問いは、映画における「メジャー《M》・ドラマティック《D》・クエスチョン《Q》」に似ている。映画の脚本にはストーリーを導く二つの問いがある。一つはプロットの問い。もう一つは、その奥にひそむ問い——MDQである。例えば映画『恋人たちの予感』のプロットの問いは、「ハリーとサリーの二人の関係がどうなるのか?」というものだ。一方、MDQは、「男女のあいだに友情は成立するのか?」になる。ハリー・ポッター・シリーズでは、プロットの問いは、「ハリーはヴォルデモート卿を倒せるのか?」である。MDQは、「善は著名な邪悪の権化に勝てるのか?」「ハリーは平凡と非凡を両立できるのか?」になる。

バニスターにとっては、プロットの問いは、「イフリー・ロードのトラックを速いタイムで周回できるのか?」だった。MDQは、「人間とはそんなに速く走れるものなのか?」、あるいは「人間の能力の限界は、私たちが思うより広いものなのか?」だともいえる。灯台のように、MDQは水平線上の目指すべき地点を照らす。MDQの答えを得るとき、新しい世界が生まれるのだ。

現実世界の灯台は、遠くからでも見える地上の灯光施設だが、映画のMDQはストーリーの表面の下にある激しい流れである。灯台の問いは、場合によってはそんなふうに埋もれていることもある。あなたという人間の根本をなしていて、気づかないうちにその流れに引っ張られていることもある。その目的をきちんと自覚すれば、より強力なパワーを得られる。それでも、認識していようがいまいが、この問いはあなたの人生を構成するストーリーを、あなたの組織の進む道を、決定づけるものなのである。

灯台の問いを抱いているからといって、成功を約束されるわけではない。今、私たちがバニスターのストーリーを知っているのは、彼が失敗しなかったからだ。一九五〇年代初期にバニスターが行った昼休みの練習も、彼が失敗していれば、無名の個人史の中に消えたことだろう。バニスターのエピソードが持つ芸術性は、彼が文字どおり、完全にすべてをその目標に捧げながらも、同時に、ほかの人々と同じように仕事をし、友人と過ごし、デートをし、挫折に耐え、幸運にも恵まれたごく普通の人でもあったという点にある。バルーンカテーテルを発明したトーマス・フォガティのように、また予約係の仕事をしながら小説を執筆したハーパー・リーのように、バニスターの実績も彼の人生全体から生まれたものだった。

暗号に魅せられて

バニスターがランナーになった個人的理由がなんにしろ、彼の灯台の問いは、「それは実現可能なのか?」というストーリーを持つ問いだ。灯台の問いの多くは、煎じ詰めると「それって本当に不可能なのか?」または「こんなことができたらクールじゃない?」という共通の問いに集約される。

一方、灯台の問いが、もっと具体的な形を取ることもある。一つは、科学やセキュリティ、教育など、あなたが現在取り組んでいる専門分野から派生した問いである。もう一つは、環境に対してあなたらしく反応した結果生まれた問いである。

その例として、二つのエピソードを紹介しよう。コンピュータープログラマーの先駆者、ホイットフィールド・ディフィの物語は、専門分野を究める灯台の問いの具体例だ。ルイース・フローレンコートという弁護士の物語は、環境に対応した灯台の問いの例になる。

ホイットフィールド・ディフィは、一九七〇年代に「公開鍵暗号」を発明した人物である。公開鍵暗号とは、コンピューターの暗号解読に必要な鍵を二つに分ける――一つは公開鍵、もう一つは秘密鍵――ことで、暗号解読システムを根本的に作りかえた画期的な発明である。ディフィがマーティン・ヘルマンと共同開発したその技術は、インターネット上でのプライバシー保護の強力な基盤となった。WIRED誌の記事や著書『暗号化　プライバシーを救った反乱者たち』でディフィについて書いたスティーブン・レビーの言葉を借りれば、「鍵を分けること」は「ルネッサンス以降、暗号史において、もっとも革命的な概念」だった。

ロジャー・バニスターと同様に、ディフィの貢献も個人的な体験から始まった。ディフィは子どもの頃から、人とちがうところがあった。頭は良かったが頑固であまのじゃくな性格で、一〇歳のときに初めて『Space Cat（宇宙のねこ）』という児童書を読破するまで、本を読んだこともなかった。そんなディフィの心に灯台の問いが根を張りはじめたのは、小学五年生のとき、ミス・コリンズという先生が授業中にした暗号にまつわる話がきっかけだった。ディフィは暗号にすっかり夢中になった。ニューヨーク市立大学の教授だった父親に、大学の図書館から暗号に関する本を片っ端から借りてきてもらい、それらの本を子ども向け、大人向け問わず全部読んだ。

ディフィのように、心底興味があることには寝食を忘れて夢中になる一方、強制されたことにはすぐに飽きてしまうような人物が、きっとあなたの周りにも一人や二人はいるだろう。ディフィはやる気のない生徒だったが、大学進学適性試験においてずば抜けて高い点数を取ったので、マサチューセッツ工科《MIT》大学に入学した。そこで彼を導く暗号学への興味が、具体的に進化しはじめた。

ディフィがMITを卒業した一九六五年には、数学そのものを究めることに比べると、コンピュータープログラミングはまだ野暮ったい新技術と考えられていた。スタンフォード大学でも、その年にコンピューターサイエンス学部が創設されたばかりだった。その一方で、インターネットの誕生と米国政府の情報保護政策により、プライバシー保護の重要性が徐々に浮き彫りになりつつもあった。

卒業後、ディフィは政府系非営利研究機関マ

イターコーポレーションで、コンピュータープログラミングとリサーチを行う職に就いた。その職を選んだのは、ベトナム戦争の徴兵を逃れるためだった。国防総省の高等研究計画局（ＡＲＰＡ、のちにＤＡＲＰＡと改称）はインターネットの土台作りを始めていた。試験的ネットワークＡＲＰＡＮＥＴは、パケット交換方式で通信するネットワークで、研究開発に協力する各大学を繋いでいた。インターネットの先祖であるアーパネットは、一九六〇年代に構想され、ベータテストを経て、一九七〇年代初めに構築された。

当時、米国におけるコンピューターサイエンスと暗号学の研究者は、国家安全保障局《ＮＳＡ》の傘下で研究するかどうかという断層線で二手に分かれていた。ＮＳＡはＩＢＭのような企業に〝ファウスト的取引〟を持ちかけた。それは「我々に協力すれば、極秘研究の成果を共有する。ただし、今後そちらが独自に発見した成果はもちろん、我々と共有した知識とは無関係に行った研究の成果であっても、それを公開してはならない」というものだった。ディフィはその取引に乗らなかった。のちに彼はこう語っている。「僕は、個人の政治的信条とその人の仕事の内容は切り離せないものだとずっと信じてきた」

プライバシーを守る

やがてディフィの興味と才能と与えられた状況の中から、彼の灯台の問いが浮かび上がってきた。それは彼の妻メアリー・フィッシャーによれば、「信頼できない連中ばかりの世界で、信頼できる人とのプライバシーをどうやって守るか?」というものだった。その問いが、ディフィを前進させた。

彼はNSAとの協力を拒んだあとも独自で暗号研究の道を進む、反逆の研究者となった。暗号学の本を探しては片っ端から読み漁り、ダットサン510に乗ってアメリカ大陸を横断しては、暗号研究の手がかりとなる情報を求めて謎の人物たちに会いに行った。その様子は、同行していたメアリーに言わせると、「まるでスパイ映画みたいだったわ……コートの襟で顔を隠してる人もいたし……どこで自分の名前を知ったのかって詮索してくる人もいた」そうだ。

あるとき、ディフィはIBMのアラン・コンハイムという研究者に話を聞きに行った。コンハイムはNSAとの契約により、研究の成果をディフィに教えることはできなかった。しかし、ディフィと同じ質問をしに来たという別の研究者を紹介してくれた。その研究者というのが、当時、スタンフォード大学で准教授をしていたマーティン・ヘルマンだった。こうしてディフィは、未来の共同研究者との運命の出会いを果たした。ヘルマンとディフィはすっかり意気投合した。ヘルマンは、二人で心ゆくまで暗号研究ができるように、ディフィをスタンフォード大学の非常勤の研究者として雇うことにした。

ハーパー・リーやロジャー・バニスターと同様に、ディフィも人生のこの時期を草むらの中で過ごしていた。三〇歳のディフィにあるのは、ヘルマンの研究助手という肩書きだけだった。人工知能研究の先駆者ジョン・マッカーシーが研究休暇でカリフォルニアを離れているあいだ、彼の留守宅にメアリーと一緒に住み込み、マッカーシーの一〇代の娘の面倒を見ていた。ある晩、ディフィは失意のどん底にいた。夢を諦めかけていた。当時のことをメアリーはこう語っている。

「研究なんてやめたほうがいいんだって彼は言ってた。僕はポンコツの研究者だからって」

ディフィが啓示を得たのは、その翌日だった。いつものように、出勤するメアリーのために——彼女はブリティッシュ・ペトロリアム社でエジプト学者として働いていた——朝食を作って送り出したあと、だらだらと過ごしていたときのことだった。突破口が開いた瞬間を、ディフィはこう述べている。

はっきり覚えているのは、居間に座っているときにふとアイデアを思いついて、それからコーラを飲もうと思って階下《した》に降りたら、そのアイデアを忘れそうになったことだ。ほら、確かに何かを考えていたんだけど、それってなんだっけ——ってことがあるだろう？

そのとき思いついたのが、暗号を解くための「鍵を二つに分ける」というアイデアだった。技術の開発にはさらに長い時間を要した。しかし、そのアイデアが降りてきたのは、ほかでもなく、信頼とプライバシーにまつわる灯台の問いを抱えて何年も過ごし、人生をかけてそれを探求して準備を整えてきた、独創的な人間の頭の中だったのである。

灯台の問いは、あなたの独特な経験や当然に思える根本的な信念から浮かび上がってくることもある――ディフィの物語はそれを示している。灯台の問いを生み出す経験は大小さまざまで、プライバシーの問題を解決するという公共のための経験もあれば、家族に対する義務のような経験もあるだろう。

また、ディフィの物語は、灯台の問いがあなたを引っ張る場面とあなたに引っ張られる場面があることを教えてくれる。ディフィの灯台の問いは、彼の探求を導くと同時に、彼の重大な危機に呼応してもいる。

創造的プロセスは、一心にのめり込んだ集中から生まれることもあるし、環境に呼応して起こることもある。これは一考に値する重要な点だ。序章で紹介したブリティッシュ・エアウェイズ機緊急着陸事件は、危機的状況が高いクリエイティビティを引き出した例である。パイロットのジョン・カワードは、まったく予期せぬ台本なしの瞬間に、創造的スペースに放り込まれたのである。

求められた場所で咲く

ルイーズ・フローレンコートという女性の場合は、もう少し日常的な環境で、義務感から灯台の問いが形作られた。ルイースは、南部の女流作家フラナリー・オコナーの従姉妹である。私がルイースと出会ったのは、ジョージア州ミレッジビルにあるフラナリー・オコナーの農場で、日常生活の中での創作活動について講演をしたときだった。講演のあとで、カウボーイハットにジーンズといういでたちのミス・フローレンコート――尋ねるのが失礼になる年齢に差しかかった優雅さと進取の気性を備えた美人――が私に近づいてこう言った。「私はずっとアーティストになりたかったんだけれど、結局、弁護士になったのよ」

そのときの私は知らなかったが、彼女はハーバード大学法科大学院《ロースクール》を卒業した最初の女性たちの一人だった。それを知っていたら、彼女の実績もまた未知のB地点を創造したアートプロジェクトの一つだと考えたことだろう。

その講演をきっかけにやりとりが始まり、私はミス・フローレンコートの生い立ちを知ることになった。大学で政治学を専攻していたが、美術史や芸術制作の講義も取っていたこと。卒業後ほどなく、コロンビア大学で絵画の夏期講座を受講したこと。「シーグラムビルのロビーで展覧会があり、教授が私の水彩画を出品作の一つに選んでくれたの。そのときが私のアーティストとしてのキャリアの頂点だった」。彼女は絵を描くのが好きだったが、法学大学院進学適性試験《LSAT》も受験した。「法学部の学位があれば、生計を立てていけるだろうと思ったから。アーティストになった自分を想像しても、屋根裏で困窮している姿しか思い描けなかったし、美術史家になった自分を想像しても、美術館の地下倉庫で絵画や芸術品の埃を払っている姿しか思い描けなかった」

　ミス・フローレンコートの創造的冒険は仕事を引退したのちに始まった。フラナリー・オコナーの母親から、ミレッジビルに移り住んでオコナーの遺産《レガシー》を管理する手助けをしてくれないかと頼まれたのだ。弁護士という職業経験が、レガシーの管理というアートに開花したといえる。ミス・フローレンコートがロースクールに行ったのは現実的選択だった。退職後にミレッジビルに住む決断は、依頼に応えたものだった。ミス・フローレンコートの灯台の問いは、義務と奉仕に対する彼女らしい信念と自分自身の生活を支えたいという望み、そして自分の才能を必要とされる場所で活かすことのできる能力から生まれた。

　アートシンキングの原動力となる灯台の問いは、非現実的な夢物語に限定されるわけではない。そのような考え方は、「アートは余暇に追求するものであり、平日の労働ではない」という一種の偏見の産物である。

　プロフェッショナルなアーティストにとっても、ほかの誰にとっても、灯台の問いは「必要」

という地面から芽生えるものだ。故障した飛行機のコックピットで。大切な人のプライバシーを守りたいと思ったときに。家族から助けてほしいと電話がかかってきたときに。スタートの合図のピストルの音を聞いて、いざ走り出そうとトラックのレーンを見つめているときに。

緩和ケアの介護士ブロニー・ウェアは、死の床についた人々の後悔の声をまとめた著書『死ぬ瞬間の5つの後悔』の中で、もっとも多い臨終の声は、「本当はもっとちがう人生を生きたかった」というものだと書いている。自分に正直に人生を生きることは、あなたにとって重要な問いを大切にしながら生きるということだ。それが義務から生まれた問いであれ、可能性から生まれた問いであれ。大きな問いに見えようとも、小さな問いに見えようとも。そこにあなたならではのオリジナルな貢献ができると信じていれば、あなたが行くべき方向を照らす灯台という出発点を定めることができる。

先行者に厳しい世界

さて、次は灯台の問いをビジネスの視点から考えてみよう。ビジネスにおいて、灯台の問いを追求することの最大の問題点は、あなたを先行者にしてしまうことだ。新しい市場を開拓したり、新しい製品を最初にデザインしたり、何かでいち早くスタートを切ったりすると、先頭に立つリスクを負う。過去の前例も参考にはならない。もちろんビジネスの常として、先行者には利益がある。それでもライバルがいないことは楽なように見えて、実際には負荷も大きい。いわば、ほかの選手の後ろでドラフティングをせずに、風圧をもろに受けながら先頭を走る競輪選手のようなものだ。ビジネス視点で見れば、後発者はあなたの成功を見て真似をすればいいし、コストも低く抑えられる。後発者優位は実に強力だ。

先行者にはビジネスにおいて特別なリスクがある。新しい発見をしたら、それを実用化するために相当な投資もしなければならない。大発見をして、未知のB地点を持つ世界を生み出したとき、ほかの人々に模倣されるリスクを負わずに最大限の利益を確保するにはどうすればいいのか?

あなたの灯台の問いがビジネスに関わる場合、後発者の参入を防ぐ障壁を築くことを充分に考えておく必要がある。もっとも一般的な支援の枠組みは、特許など知的財産権保護の制度である。特許が適用されない場合には、あなたの発見がもたらす利益を他人に奪われないようにするために、ほかの対策を講じる必要がある。

目立たないけれど至るところで見かける――そして、至るところで類似商品が発売されている――ハンドソープブランド、ソフトソープは、そうした対策を苦心して講じたすえに生まれた。

ソフトソープは、ミネソタ州ミネアポリスの西にある小さな町チャスカを拠点とする新進企業、ミネトンカの独創的なアイデアから生まれた商品である。一九六四年、創業者のロバート・テイラーは三〇〇〇ドルと夢を携えて、ミネトンカ・コーポレーションを設立した。テイラーはメリーランド出身で、スタンフォード大学でＭＢＡを取得。ジョンソン・エンド・ジョンソンでの勤務経験があった。

一九七〇年代のミネトンカは、ヒッピー向けのユニーク商品として、レモンやグリーンアップルやハーシーチョコレートの形をした石鹸を製造していた。そんなある日、テイラーは出勤途中の車の中で、突破口となるアイデアを思いついた――液体ソープである。液体ソープの最初の特許は一八六五年にすでに取得されていた。しかし、公共トイレ向け商品を除けば、一般商品として市場に出回ったことはなかった。ミネトンカは、〝クレームソープオンタップ〟といういかに

も洒落た名前をつけて、セラミック製ポンプに入れた高級品を企画し、液体ソープの製造を開始した。

テイラーは大衆向けの廉価な液体ソープも生産したいと考えた。しかし、巨大なサメがひしめくトイレタリー業界という海では、ミネトンカは一匹の雑魚《ざこ》にすぎなかった。テイラーは――実に賢明なことに――この成功がミネトンカの破滅の引き金になりかねないと心配した。液体ソープ市場の存在が証明されたら、当然、ほかの大手製造業者も参入してくるはずだ。巨大な販路と物流機能を持つ大企業には、ミネトンカではとても太刀打ちできないだろう。

テイラーは優位に立っておく必要があった。そして苦心のすえ、ある方法を考え出した。液体ソープそのものに特許を取ることはできなかったが、ポンプの部品をくまなく調べたところ、一つだけ制約があることに気づいた。液体ソープを出すための独特なポンプシステムに特許が取得されていたのである。しかも、その種類のポンプを製造している企業は、米国内に二社しかなかった。テイラーはその二社の全生産量の約二年分、一億個のポンプを買い占める決断をした。ポンプの単価はわずか一二セントだったが、総額は一二〇〇万ドルにのぼった。ミネトンカ・コーポレーションの時価総額よりも多い投資額だった。テイラーは液体ソープのために、会社を丸ごと賭けた大勝負に出たのである。

作戦は見事成功した。一九七九年から一九八一年まで、ミネトンカの収益は前年比で約四倍の九六〇〇万ドルに増加した。ソフトソープは、当時の一億二〇〇〇万ドル規模の市場の三八%を占めた。ミネトンカがポンプ製造業者の生産量をすべて押さえていたため、ソフトソープは、コルゲート・パーモリーブやユニリーバのような大企業よりも一年から二年早くスタートすることができた。その差は、大手企業がマーケットに参入したあとには縮められたものの、それでも「事前に競合企業の侵入を阻止するバリケードを築いておく」という戦略の正しさは証明された。参入障壁がなければ、ミネトンカは自らが発明したB地点の世界から利益を得ることはできなかっただろう。

新たな挑戦を見いだせないときに

時代が変われば、挑戦の形も変わる。バニスターは「それは可能なことなのか？」というフロンティアの問いに取り組んだ。一方、現代の私たちは「それは改良できるだろうか？」という漸進的な問いに直面することが多い。改良と漸進主義は現代の資本主義にマッチしている。改良志向の創造的プロセスは、利潤追求という目的に組み込みやすく、四半期ごとの数字の目標を達成し、勝利を目指すマインドセットにも受け入れやすい。しかし、「それは改良できるだろうか？」という問いからは広がりは生まれない。

二〇〇四年、バニスターが自著『The First Four Minutes』に新しい後書きを加えたとき、彼は

「現在は……合法的な挑戦を見つけるのがだんだん難しくなっている」と書いている。昼休みにトレーニングを積むようなアマチュアアスリートの時代は、過去のものとなっている。アマチュアという言葉さえ、一九七四年以降、公式のオリンピック憲章から消えた。バニスターの言うとおり、私たちは文明の持つ大きな挑戦のほとんどに――ペニシリンから鋼鉄、インターネットまで――すでに取り組んでしまったのかもしれない。

挑戦が巨大化してしまう環境では、一番大切な信条に沿って行動するのではなく、ボードの上で部品を動かしてみたり、なんとなく業界用語を使ってみたりしてお茶を濁したくなるものだ。既存でも、自分の得意なことにしか取り組まないと、あなたは既知の世界から出られなくなる。既存の「普通の世界」にしばられ、あなたの創造的作品が生み出す「新たな普通の世界」への道が閉ざされてしまうのだ。

確かに、ビジネスでは既知の世界で活動し、既存の市場に貢献しつづけなければならないこともある。また時と場合によっては、自分の灯台の問いを認識していても、それに取り組むことができないこともある。灯台の問いに取り組むことは、未知の世界――知ることのできない未来――に関わることであり、本質的にリスクを伴う。一方で、過去に成功したパターンにしがみつくこともまたリスクを伴う。世界はつねに変わりつづけるからだ。

日本の牽引者
事例3

まだ見ぬユニバースを アートシンキングで切り拓く

宇宙飛行士
一般社団法人スペースポートジャパン代表理事
女子美術大学客員教授
山《やま》崎《ざき》直《なお》子《こ》

草むらの中でつかんだ宇宙飛行士の夢

子供の頃からの宇宙への憧れと、エンジニアとしての想いが高じて、私は宇宙飛行士を目指しました。けれど、二〇一〇年にスペースシャトル・ディスカバリー号に搭乗するまでの道のりはとても長いものでした。宇宙飛行士になるための試験は二度受けています。一度目は不合格でした。宇宙飛行士の試験というのは毎年あるようなものではなく、何年かに一度、募集がかかる程度で、最近では一〇年に一度ほどになってしまいました。次にいつその機会が訪れるかさえ見えない状況の中で、二度目のチャンスを辛抱強く待つ中、ついにチャンスが訪れました。なんとか合格したはいいけれど、今度は訓練が長丁場。さらにはスペースシャトルの事故があったために、飛行計画は一時期中断されました。結果として、選ばれてから一一年後に宇宙に行けたわけですが、その間はいつ行けるか、本当に行けるかどうかも確約されない中で、ひたすら訓練をこなしました。それはまるで、ゴールが見えないままマラソンを走っているような感覚でした。

自分のやりたいことを信じられるときは、たとえ思いどおりに進んでいなくても、目指す道はおのずとわかります。でも、一一年間で時に自分のやりたいことが正しいのかわからなくなり、悩んだのも事実です。いつ行けるかもわからない宇宙を目指して、まさに出口の見えない訓練生活、しかも海外を転々とする生活に家族や周囲を巻きこみ、周りへのしわ寄せは大きくなっていく。宇宙船の事故がひとたび起きれば家族に迷惑をかけるという不安の中、どこまでが追い求めるべきことで、どこからが自己満足なのか、わからなくなることもありました。そこまでやる意味ってなんだろうと〝そもそも論〟に立ち返ったり、まさに行き先が見えない混沌とした草むらの中で、答えが見つからずに悶々としていたのです。けれどもその過程で、いろいろな人と話し合って励まし合って、それでもやりたい、好きだっていう気持ちを確認し、やっぱりやろうと腹をくくったときに、あとは「人事を尽くして天命を待つ」の心境になったといえます。最終的に宇宙に行けるかどうかはわからないけれど、やれることはやろうと思ったし、それが楽しいことだと思えるようにもなりました。もっとも、あまりに長い道のりだったので、ときどき少しくじけては、また気を取り直して、の繰り返しでした。

出口の見えない草むらでは、とにかく目の前の訓練に集中しました。サバイバル訓練やテストが続き、苦労は多いものの、それでも楽しいという気持ちが勝っていました。楽しいと思えることは、非常に力になります。もちろん最終的には孤独で、自分一人で判断しなければならないことは多々あるけれど、周囲に同じように頑張っている仲間がいて、他分野でも努力を重ねている人たちと出会うと、もうちょっと頑張ろうと元気をもらいます。出口が見えないストレス環境においては、あえて集中する時間を意識的に作るようにしていました。飛行機の操縦訓練や筋トレのときは、雑念を消して没頭しました。そういうときのほうが何かをふとひらめいたり、「あ、そうか」と気づいたり、自分の中で考えがまとまったりするんですよね。

そうして、ようやく宇宙に出てみたら、自分の中で宇宙に対する意識がガラリと変わった。行く前は宇宙は特別な場所だとずっと思っていたし、憧れの、仰ぎ見るような存在でした。でも、無重力のその世界にたどり着くと、そこでは頭上に地球が青く輝いて見えたのです。宇宙の真っ暗闇の中で地球の輝きを眺めていると、地球こそが憧れの、仰ぎ見る存在に取って代わりました。無限の宇宙の中で、偉大なものに包まれているような、そんな感じすら覚えました。〝サムシンググレイト〟と呼んでいいのかはわからないですが、自分は大きな宇宙の一部だと実感したのです。誰が作ったかわからない、とてつもないすごい大きな世界があって、私たちはまだそのほんの一部しか知らない。圧倒され、謙虚にならずにはいられません。

アートとサイエンスで宇宙を開拓

現在、ご縁があって女子美術大学の客員教授をしているのですが、「宇宙・人間・アート」というコースの中の「宇宙」の領域を受け持っていて、アートの世界とは広いのだなと改めて認識しました。アートというと、日本では絵や彫刻などのイメージが強いですが、海外ではネイチャー対アートという対極で語られることが多いんです。「神」が作ったものがネイチャーで、それに対して「人間」が作ったものをアートとして捉えている。

それが「神」なのかはさておき、何か偉大なものが作ったともされる宇宙や、動植物を含む自然界がどのようになっているのかを解きほぐすのが、ネイチャーサイエンスという分野です。一方で、その自然界における地球上で、人類が懸命に日常を営み、言葉を紡ぎ出し、社会を作ったり、芸術を作ったり、工学機械や建築物などいろいろな創作物を作り上げたりして、日々探究を続けています。こうした人間の営み全てを、アートと捉えることができます。宇宙といえば、天文学などネイチャーサイエン

スのイメージが強いですが、実際には宇宙船やロケット、人工衛星などを作って試して、人類は本当にそこまで行けるのか、ここで活動しうるのかなど、好奇心をベースに未知なる地点を探るというアート的な観点で発展してきた側面もあります。宇宙開発とは、人間が探究しようとしている各領域の中でも、一番エッジなところをアートシンキングで超えていこうとする試みかもしれません。

　宇宙開発と聞くと、欧米やロシアの、特にアメリカ的なフロンティア精神のイメージが先行し、農耕民族である日本人はあまり得意ではないという議論になりがちですが、実際は日本も独自の好奇心に基づき得意の領域を広げており、小惑星探査機「はやぶさ」「はやぶさ2」の大偉業は、世界に誇る成果の一つとなりました。

　実は、宇宙開発＝最先端技術というイメージとは逆に、使われている電子部品やコンピュータなどは、地上ですでに何度も実績を上げているもの、つまり信頼のおけるもので、必ずしも最先端なわけではありません。それらを組み合わせることで、宇宙に到達する最先端のシステムを組み上げるのです。

　通常、惑星の探査の場合、惑星周回軌道に探査機を入れるタイミングは本当にワンチャンスのみ。何時何分何秒、この瞬間にこれが動かないと失敗、というように、まさに賭けだといえます。日本でも実績を積んできているところですが、大型の探査機を作り、不具合時にも常時対応できるような冗長なシステムを組む余力のある、資金も機器も潤沢に持ったアメリカのような国が強い。一方、「はやぶさ」「はやぶさ2」の場合は、小惑星を対象にしています。小惑星はそれほど重力がないので、探査機はベストタイミングが来るまで宇宙空間にとどまることができます。ですから、ワンチャンスにとらわれずに、いったんちょっと待ってみようとか、ちょうどいいタイミングになったら降下しようといった試行錯誤が可能なのです。ちょっと寄ってはまた戻って、その都度チューニングして、を繰り返し、それをとことん突き詰めて……その妥協のない試行錯誤により成功をつかんだのは、日本人固有の職人気質によるものだと言われることがあります。柔道や空手の達人が相手の空気を読むように、小惑星のことを見極めて、それに合わせて降り立つ。相手や環境との相互作用の中で、自分自身についても学び、成長していく。道を極める本質を捉えているからこそ、世界初のことができたのだろうと思います。

美意識や価値観を信じて前に進む

日本をアジアの宇宙開発のハブにするという未来像を抱き、有志の仲間とともに純粋な想いから立ち上げたのが、スペースポートジャパンという団体です。宇宙旅行や二地点間輸送の宇宙船が離着陸できるポート（港）を日本に作るのが目標なのですが、代表理事を務める上での苦労は少なくありません。海外ではすでにいくつか例があるとはいえ、日本では事情がちがうことがたくさんあります。従来のロケットを飛ばす事業ともちがえば、飛行機ともまたちがうので、飛行機を管轄する国土交通省であったり、宇宙を管轄する内閣府や文部科学省や経済産業省であったり、いろいろな方面と話し合って調整しているところです。ロケットじゃないね、飛行機じゃないね、から始まり、ようやく、それでは皆で話し合いましょうという産官協議会までこぎつけました。

実際に宇宙船を開発している企業や、スペースポートジャパンの会員企業、自治体の方々と一緒に皆で新しい何かを作っていく作業は、難しくもあり、でも面白くもあります。新しいことを始めるには、環境整備や法整備などにどうしても時間を取られます。それでも、いずれは日本にスペースポートを作りたい、アジアのハブにしたいというのは、共同創業者全員の、そして私自身の悲願であり、ここまで乗り越えてきました。今は会員の方たちと一緒に想いを広げています。まさに、その想いが自分を前に突き進ませているんだと思います。

スペースポートには様々な産業が関係してくるので、それを束ねていくと、日本国内でも一つではなく、おそらく複数のポートができるでしょう。それぞれのスペースポートごとに特色や、想い描く姿が出てくるかもしれません。例えば、リゾート的で観光地ともなるスペースポートであったり、教育機関や研究機関を兼ねた宇宙センターとしてのスペースポートであったり、あるいは都市圏において海外との交通網のハブとなるスペースポートであったり。今後、様々なビジョンが出てきたときに、そうしたイメージを共有し、仲間を増やしていく作業が必要になってきます。

日本から有人宇宙船を飛ばすということは、現在の宇宙活動法でも航空法でもまだ対象外で、どのような環境整備が必要なのか、安全性はどう規定するのかなど、多くの要素がまさに手探りの状況です。だからこそ、方向性をある程度決めて、流動性も保ちながらブラッシュアップさせていく過程が求められます。いろいろな難題が待ち受けていると思いますが、そんなときこそ、きっとアートシンキングが効果をもたらすのではないでしょうか。初めてのことをやるときは、最初に何をしたらいいのかすらわからないものです。何が正しい、何がいいということも不確定で、だからこそ、美意識や価値観を研ぎ澄まさなければならないし、それを明確な問いに落としこむ思考も大切になってきます。

私の想いは、人々が皆、本当に宇宙に行けるような時代になってほしい、そしてそのときに、日本から行き来できる場があってほしいというものです。もし私がまた宇宙に行けるならば、今度は家族や友達と一緒に、みんなで行きたいのです。もともと教師に憧れていたこともあり、いずれは月に寺子屋を作って、世界中の人が地球をちょっと離れたところでともに学ぶ場を作るのが夢です。理想は修学旅行で行けるぐ

らいの身近さ。宇宙に行って何を感じるかは人それぞれですが、それを一人でも多くの人に体験してきてほしいと願っています。

最後にもう一つ。やはりいつか宇宙人が地球に来たときに、最初に日本のスペースポートに降り立ってほしいなと思います。

一九七〇年生まれ。九六年、東京大学大学院航空宇宙工学専攻修士課程を修了後、宇宙開発事業団（NASDA、現宇宙航空研究開発機構／JAXA）入社。国際宇宙ステーション（ISS）日本実験棟「きぼう」の開発業務に携わる。九九年、ISSに搭乗する宇宙飛行士候補に選ばれ、二〇〇一年に正式認定。一〇年、スペースシャトル・ディスカバリー号による一五日間のISS組立補給ミッションに参加。ロードマスター（物資移送責任者）を務め、ロボットアーム操作等を担当。一一年にJAXA退職後は、内閣府の宇宙政策委員会委員や女子美術大学客員教授などを務める。現在、一般社団法人スペースポートジャパン代表理事。

第四章

ボートを作る

あらゆる物事は小さく始まる。
――キケロ（哲学者）

本章のテーマ

リスクを管理して利益を保つ

あなたを導く問いを見つけたら、次はリスクを取って投資し、探求しなければならない。だから考えるべきは、そのリスク管理だ。利益を確保するには、失敗のみならず、成功の場合のリスクヘッジも必要となる。そのために、「ポートフォリオ思考」と「知的財産権の所有」という二つのツールがある。「ポートフォリオ思考」はダウンサイドリスク（損をするリスク）の管理で、短期的には、別分野から得られる収入の範囲で、新しいプロジェクトに投資するというものだ。長期的には、あなたの活動全体で見たときに、ある分野の利益が別分野の損失を相殺し、総合的に健全な財政状態を保っていることを目指す。一方、「知的財産権の所有」とはアップサイドリスク（儲けそこなうリスク）の管理で、プロジェクトが成功したときに、あなたの収入を確保するためのものだ。分割所有権の保持は、今後規制とIT環境の整備が進めば、より手軽になるだろう。

あなたが草むらの中に入り、灯台の問いから出発しようと決意したら、次に考えるべきことは失敗と成功のリスクを管理する方法だ。まずは試験的に小規模から始めるのか？　順調なスタートを切るために自己投資するのか？　創造的プロジェクトの初期リスクを効果的に管理するためには、二つのツールが必要だ。「ポートフォリオ思考」と「分割所有権」である。

ポートフォリオ思考は、あなたをダウンサイドリスク（損をするリスク）から守り、プロジェクトが失敗した場合にも財政バランスを維持して、路頭に迷わないようにしてくれる。分割所有権は、あなたをアップサイドリスク（儲けそこなうリスク）から守り、創造した価値の一部から利益を得られるようにしてくれる。この二つのツールを合わせれば、余裕を持って創造的プロジェクトに取り組み、成功した場合には

報酬の一部を得ることができる。ツールの詳しい説明をする前に、まずはビジネスとアートにはどんなちがいがあるのかを見てみよう。

『包まれたライヒスターク』VSツイッター

一九九五年、クリストとジャンヌ=クロードのアーティスト夫婦は、ライヒスターク（ベルリンにある旧ドイツ帝国議会議事堂）を九万二〇〇〇平方メートルの一枚の布で完全に梱包した。その一〇年後の二〇〇五年、今度はニューヨークのセントラルパークで『門《ザ・ゲーツ》』という作品を制作した。七五〇三本のオレンジ色の金属フレームに、同色の帯状のパラシュート生地を洗濯ひもに干すようにかけた作品である。クリストとジャンヌ=クロードは、作品制作のために政府の助成金や民間のスポンサー支援を受けたことがない。ほかのアーティストが資金提供を受けることを批判するつもりはないが、夫妻にとっては作品の高潔さを損なうことのように感じられたからだ。その代わりに、プロジェクトの完成予想図のスケッチなど、作品に関連するドローイングやコラージュを販売して資金を自己調達した。

クリストとジャンヌ=クロードは小さなプロジェクトから始めて、何十年ものあいだに徐々にプロジェクトの規模を大型化していた。一九五八年、夫妻はスープ缶を梱包した。一九六二年にはオートバイを、一九六三年にはフォルクスワーゲンを梱包した。そのくらいのサイズで一〇年間制作を続けたあと、夫妻はもっと大きな作品を作ることを考えはじめた。『包まれたライヒスターク』と『ザ・ゲーツ』はどちらも一九七〇年代から制作をスタートした。これらの記念碑的作品を完成させるまでに、『包まれたライヒスターク』は二四年、『ザ・ゲーツ』は二六年の歳月がかかっている。

クリストとジャンヌ＝クロードは身近なサイズから創作を始めた。自分たちで購入できる量の生地を使い、手近にあるものを、自分たちの手で包んでいる。それから長い時間をかけて少しずつ評判と資金を積み上げて、自己投資する作品の規模を大きくしていった。

一方、ツイッターの成長の物語はまったく異なる構造をしている。二〇一三年一一月七日、ツイッターはニューヨーク株式市場に一株二六ドルで上場した。上場初日の終値は四四ドル九〇セントだった。ツイッター社は、オデオというベンチャー企業の新規プロジェクトを基に、二〇〇六年に設立された。ツイッター社の共同創業者の一人、エヴァン・ウィリアムズは、自身が共同創業したレンタルブログサービス、ブロガーの売却利益を使って、オデオ社を買い取った。その意味ではウィリアムズは、クリストとジャンヌ＝クロードのように、プロジェクトを拡大するにあたって資金を自己調達しているといえるが、そこから両者の物語は分岐する。

ツイッター社は二〇一三年の上半期に、「経営者の視点」による認識では、二一〇〇万ドルの利益を上げた。一方、一般的な会計原則の視点では、六九〇〇万ドルの損失を出している。そうした差が生じたのは、もちろん新規株式公開に先立ちストックオプションを発行し、それを経費として計上しなければならなかったためでもある。それでも、ツイッター社が赤字のまま上場を果たしたことに変わりはない。

理論的には、会社の価値は現時点から将来にかけて稼ぐ利益の累積額で決まる。つまり、ツイッター社の株式は証拠ではなく、イマジネーション――今はまだないがいずれは利益を上げるはずだという信念――を根拠にして買われたということだ。

もしクリストとジャンヌ＝クロードがツイッター社の方針を採用していれば、一九七九年にビジネスプランを作成して資金を調達し、一九八〇年にはプロジェクトを完成させていただろう。株式公開という手法を用いれば、創業者は実際に利益を出す前に莫大な金銭的報酬を得られる。クリストとジャンヌ＝クロードとツイッター社は、プロジェクトの価値が未知数の初期段階において、時間とお金の投資に関して正反対のリスク管理を行ったということだ。

クリストとジャンヌ＝クロードのように自己資金で作品を創造する場合、プロジェクトが軌道に乗るまでには時間がかかる。プロジェクトの制作・拡大資金を貯めながら、日々の出費をカバーする資金も用意しなければならない。プロジェクトは木製のローラーコースターのように、最初の急勾配の坂を耳障りな音を立ててゆっくりとのぼり、頂上を越えたところでようやくスピードが出はじめるだろう。現在のバランスを保ちながら、吉と出るか凶と出るかわからない未来に備えつつ、加速を開始する頂上まで到達する――そのためには、リスクを管理し、将来生み出す価値の権利を取得するツールが必要だ。

ポートフォリオ思考

普通は、リスクに見合ったリターンしか得ることはできない。リスクが大きければリターンも大きく、リスクが小さければリターンも小さい。しかし、分散型ポートフォリオ――手持ちの卵を一つのカゴにまとめて入れるのではなく、たくさんのいろんなカゴに少しずつ入れること――であれば、リスクのレベルに比べて高いリターンを得ることができる。経済学者ハリー・マーコウィッツは、この分散型ポートフォリオの利点を数学的に証明して、一九九〇年にノーベル賞を受賞した。

保有する資産が個々に異なる値動きをすれば、互いに保険をかける効果を生む。すなわち、リターンの総計は、リスクのレベルよりも高いものになる。分散型ポートフォリオは、ダウンサイドリスクを防ぎ、アップサイドリスクを回避する。インデックスファンドは、この論理に基づいて運用されている。

ポートフォリオ思考は、どんな職業の人にも、どんな企業にも使える万能ツールだ。アーティストの人生にも応用できる。例えば、ポートフォリオ思考で考えると、アーティストは「生計を立てるための本業」を持つことが望ましい。生活の一部を、リスクの少ない安定した仕事に充てる。その仕事は芸術制作のようには楽しめないかもしれないが、それで生活を維持することができる。その上で、人生のポートフォリオの残りの部分を使って、創造的プロジェクトに取り組む。そのプロジェクトはやがて芸術的または（かつ）財政的に成功するかもしれないし、失敗するかもしれない。いずれにせよ本業の収入で、ほかのプロジェクトの研究開発費用をカバーするシステムだ。このように、一つの分野の収入を別の分野の出費に充てるシステムを「内部助成《クロスサブシディ》」と呼ぶ。この方法はリスクの高い収入源とリスクの低い収入源を組み合わせることで、あなたのポートフォリオのリスクを分散する役目を果たす。

大企業はこのクロスサブシディの構造を内包していることが多い。各企業のポートフォリオには、クリストとジャンヌ＝クロード方式で運営するプロジェクトや部署がある。その部署が成長することもあれば、縮小することもある。短期間で利益を生むこともある。そのときは、その利益を使って、別の新しい事業に内部助成する。

あなたの人生や組織のポートフォリオは、どのように時間を使い、どのようにお金を生み出しているだろうか？　時間と収入は連動しているだろうか？　それとも、一つの分野の収入で、別の分野のプロジェクトをサポートしているだろうか？　時間と収入の二つの円グラフを紙に書いてみるといい。

まず、収入を生まない分野に注目してみよう。それはあなたの個人的な研究開発部門だろうか？　それともスタジオタイムだろうか？　フィナンシャル・タイムズ紙のコラムニスト、ミセス・マネーペニーは、自分の子どもたちを「コストセンター1、2、3」と呼んでいた。「収入は生み出さないけれど価値のある存在」ということだ。収入にはならないけれど、あなたにとって大切な分野はあるだろうか？　次に、その大切な分野を支えているのは、どんな活動なのかを考えてみよう。

あなたのポートフォリオの中で時間と収入がリンクしていなければ、それはあなたが自己投資をしているというサインだ。一つの分野からの収入で、別の分野の新規事業をサポートしている。そうやって内部助成することも投資の一種である。

自己投資

これまで本書で取り上げたほとんどすべての人たちが、プロジェクトを軌道に乗せるために自己投資をしている。

トーマス・フォガティは、アルバイトをしながらバルーンカテーテルを発明した。ロジャー・バニスターは研修医として働き、陸上の練習は昼休みに行った。公開鍵暗号の発明者ホイットフィールド・ディフィは、低賃金の研究者として働きながら、ハウスシッターをして生活費を補っていた。ニューヨークシティマラソンの発起人フレッド・ルボーは、ポリエステル素材の女性向けスーツを作る会社の取締役だった。ハーパー・リーは出版社から本の印税が入るまでは、執筆活動のために航空会社の予約係として働いていた。

これまで紹介した人々は、誰もが現実的なリスクを取り、犠牲を払ってプロジェクトに取り組んだ。ディフィは車で大陸を横断して暗号技術の情報収集をするために、質素な生活を送って一万二〇〇〇ドルを貯めた。その後、共同研究者のマーティン・ヘルマンの紹介で、スタンフォード大学の短時間勤務の職に就いたが、ヘルマンによれば、その収入は普通の人の半分程度でしかなかった。さらにディフィよりも前の時代に遡れば、『暗号戦争　日本暗号はいかに解読されたか』の著者であり、ディフィの思考に重要な影響を与えた作家デイヴィッド・カーンも、本を書き上げるために仕事をやめて両親のもとに戻っている。時価総額三〇〇億ドルで新規上場したスナップチャットは、スタートアップの聖地シリコンバレーではなく、ロサンゼルスを拠点としている。創業者たちが経済的な理由により、実家のあるロサンゼルスに帰らざるをえなかったからだ。ニューヨークシティマラソンの発起人のルボーは、第二回大会までは個人的に開催費用を捻出しており、三回目にようやく採算が合うようになった。

自己投資をしつづけることは難しい。そもそも市場経済は、余剰資金を奪うように設計されているからだ。クリストとジャンヌ＝クロードがスープ缶の梱包から始めて、車や建物に移ったように、あなたが余剰資金でプロジェクトを拡大しようと思っても、競争相手や市場がそれに待ったをかける。例えば、ニューヨークでアパートメントを借りていると、年に一度の昇給の直後に、家主から家賃の値上げを知らせる手紙が届く。その値上げを昇給分でカバーできれば幸運なくらいだ。不労所得の手段や多額の預金でもないかぎり、市場経済の法則に逆らって自己投資のための資金を蓄えることは至難の業だ。一方、財政的な支えがなければ、スタジオタイムのためのスペースを確保することはできない。このジレンマを避けるためには、まずは収入と自己投資のポートフォリオを組み立てること、次にあなたが関わるプロジェクトの分割所有権を所持することが肝要だ。

経済が大きな川の流れだとしよう。その川に浮かびつづけるにはボート（経済的基盤）が必要となる。灯台の問いから生まれたプロジェクトに投資するかどうかを決定する前に、まずは投資をしてもボートのバランスを保てるかどうかを考えなければならない。バランスを考えることは、ポートフォリオ思考の重要な要素だ。ポートフォリオ思考は、あなたが創造的プロジェクトに投資する余裕があるかどうか、あるとしたらどのくらい投資できるのかを管理するツールだ。収入ポートフォリオは短期的に、投資ポートフォリオは長期的にバランスを取る必要がある。

カウチとスローピロー

アートスクール卒業後の数年間、私は自分自身の創造的プロジェクトを支えるために、さまざまな勤務形態を試してみた。二年間は投資管理会社でフルタイムで働き、それからフリーランサーとして複数の仕事を同時にこなす段階に入った。興味深い仕事を手がけることもあったが、その仕事に専念しても快適に暮らしていけるだけの安定した基盤がなかった。私は当時の数年間を、「装飾用クッション《スローピロー》ばかりでカウチのなかった時期」と呼んでいる。カウチとは、試験的プロジェクト――スローピロー――を安定してのせておくための経済的基盤のことだ。すばらしい個人的プロジェクトはいくつか抱えていたものの、それを支えられる大きな土台を欠いていたのである。

この小さなスローピローとそれを支えるカウチの組み合わせは、あなたの生活を支えるポートフォリオの基礎となる。人として、マネジャーとして、会社として、充分にバランスの取れた安定した土台はあるだろうか？　スローピローのどれか一つが、やがて次の大きなカウチとなるかもしれない。一方で、その可能性に全財産を賭けるのではなく、ある程度の余裕を残しておく必要がある。別の言い方をすれば、クリエイティブな探求を極めるためには、経済的な安定という

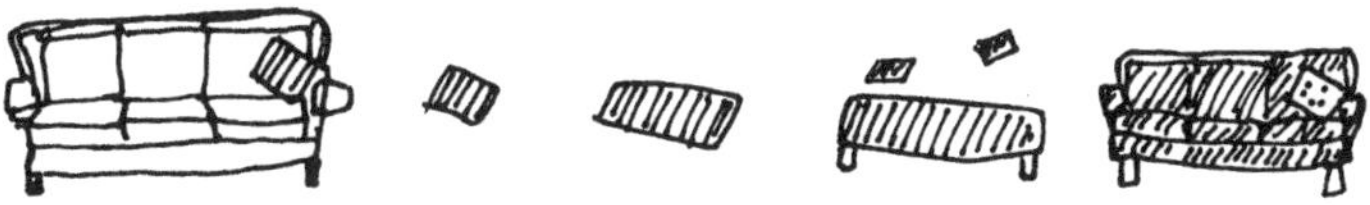

足場がいるということだ。スローピローの色が派手になればなるほど、カウチはベージュのような落ち着いた色のほうが好ましい。

一般的な投資ポートフォリオにおいて、「代替的投資」（ヘッジファンド、未公開株式、美術品）は、全体の中での割合は小さいが重要な役割を果たす。代替的投資は、ベージュのカウチとバランスを取るスローピローであり、投資運用用語では、「相関関係《コリレーション》バスター」と呼ばれる。創造的プロジェクトは代替的投資に似ている。ハイリスク・ハイリターンであり、市場との相関関係がない。こうしたリスクの高い投機を行うには、安定した土台を作ることが重要になる。つまり、第三章で述べた灯台の問いは、あなたの財政的エコシステムの土台の範囲内に存在するものでなければならないということだ。

私はスローピローの時期を経たあと、カウチ戦略を採用した。健康保険と安定した収入基盤を支えてくれる大きめの仕事を持ち、その収入の一部を使って、副業として創造的プロジェクトに投資した。利益が出るプロジェクトもあれば、利益が出ないプロジェクトもあった。後年、株式で報酬を受けることもあった。そんなふうに選択を迫られる機会は、誰の人生にも寄せては引く波のように訪れるものだ。その波はスローピローの方向に向かうこともあれば、一つのカウチという土台の方向に向かうこともある。

かのレオナルド・ダ・ヴィンチでさえ、ポートフォリオ的生活を送っていたことがある。『モナ・リザ』は、制作当時にはカウチではなく、スローピロー的プロジェクトだった。

美術史家たちは、『モナ・リザ』の制作期間を一五〇三年から一五〇七年と見ている。そこからさらに一〇年をかけたという説もある。ダ・ヴィンチは、イタリア人の資産家フランチェスコ・デル・ジョコンドの妻の肖像画として『モナ・リザ』を制作した。ダ・ヴィンチ自身の基準では、一五〇七年に制作の手を止めたときにも『モナ・リザ』は未完成だった。

同時期に、彼は公共事業の大がかりな壁画制作にも取り組んでいた。『アンギアーリの戦い』を題材とするその壁画は、フィレンツェのヴェッキオ宮殿の新しい大評議会広間の壁に描かれる予定だった。最初に発注されたのは一五〇三年一〇月頃。一五〇四年五月四日付の『アンギアーリの戦い』の修正契約書には、ダ・ヴィンチにはすでに三五フローリン金貨が支払われており、さらに壁画のためのスケッチを完成させるために、一五〇四年四月から一五〇五年二月までの期間、毎月一五フローリン金貨が支払われると記されていた。ダ・ヴィンチに支払われたフローリン金貨は当時、一四〇銅貨《ソルド》の価値があった。ダ・ヴィンチの手記によれば、当時の散髪の価格は一一ソルド、サラダ一皿の価格は一ソルドだった。この契約によって、ダ・ヴィンチには工房《スタジオ》と住居も与えられた。もしダ・ヴィンチが一五〇五年二月までに壁画の下絵を完成させなければ、契約書の相手方である〝偉大なる領主《マニフィチ・シニョーレ》〟は前払い金を回収できる。一方、ダ・ヴィンチが下絵を完成させたら、その後の壁画制作のために適切な給料を支払う――修正契約書にはそう書かれていた。

ダ・ヴィンチにとって『アンギアーリの戦い』は野心的なプロジェクトだった。芸術的ライバルであるミケランジェロも、同じ広間の別の壁に『カッシナの戦い』の壁画制作を委嘱されていた。一五〇五年六月までに、ダ・ヴィンチは少なくとも下絵の一部を完成させ、それを壁に描きはじめた。しかし、結局、壁画は完成させられなかった。従来とは異なる塗料原料を試したところ、その実験が失敗したためだった。五〇年以上のちに、画家ジョルジョ・ヴァザーリが、失敗した『アンギアーリの戦い』の上に別の壁画を描いたと言われている。

一五〇三年から一五〇七年のレオナルド・ダ・ヴィンチのワークポートフォリオには、『モナ・リザ』と『アンギアーリの戦い』の二つがあった。『モナ・リザ』は世界でもっとも価値のある絵画の一つとして現在まで保存されている。一方、『アンギアーリの戦い』は、ダ・ヴィンチの下絵と後世の画家が描いた完成予想図を除けば、この世に残ることはなかった。フィレンツェという都市国家から委嘱された壁画制作の仕事は、カウチとなる仕事だった。その安定した収入は、ダ・ヴィンチの日々の生活費を充分賄うことができた。それでも、現代までその価値（と実物）が受け継がれたのは、スローピローのほうだったのである。

成長／市場シェアマトリクス

次に、ポートフォリオ思考を企業に当てはめて考えてみよう。一九七〇年、ボストン《B》コンサルティング《C》グループ《G》の創業者ブルース・ヘンダーソンは、事業コンサルティングのフレームワーク〈成長／市場シェアマトリクス〉を開発した。そのマトリクスは「異なる成長率と異なる市場シェアを持つさまざまな製品」を抱える企業が、健全なポートフォリオを維持するためのツールとして制作されたものだった。ヘンダーソンは「ポートフォリオの構成は、キャッシュフローのバランスによって決まり、生み出される利益とキャッシュは市場シェアによって決まる」と記している。

ヘンダーソンの〈成長／市場シェアマトリクス〉では、横軸に「相対市場シェア」を、縦軸に「市場成長率」を取って、事業を四つの種類に分類する。相対市場シェアが高く、市場の成長率が高ければ、その製品は「花形」となる。相対市場シェアは高いが、市場の成長率が低ければ、その製品は「金のなる木」となる。ここで生み出した利益は、ほかの分野の事業の投資に回される。アートシンキングをこのマトリクスに当てはめるなら、「〝?〟」――いわば問題児の項目に振り分けられるだろう。「〝?〟」とは、相対市場シェアは低いが、市場そのものは成長しており、投資資金を回収できる可能性はあるものの、まだ回収できていない分野のことだ。最後の項目は「負け犬」と呼ばれ、市場の成長率も低く、市場シェアも低い。もっとも避けるべき分野である。

　これは事業を分類するために作られたマトリクスだが、あなたの人生をデザインするときにも役に立つ。まずは全般的な質問から考えてみよう。すでにあなたが身につけたスキルはなんだろうか？　成長率の高い新しいスキルはなんだろうか？　新しいスキルのうち、評価の高いものがあれば、それは「花形」である。評価はまだ不明だが高くなる可能性があれば、それは「〝?〟」である。古いスキルのうち、あなたをサポートしているものは「金のなる木」で、もう役に立たなくなったものは「負け犬」である。〈成長／市場シェアマトリクス〉の質問をポー

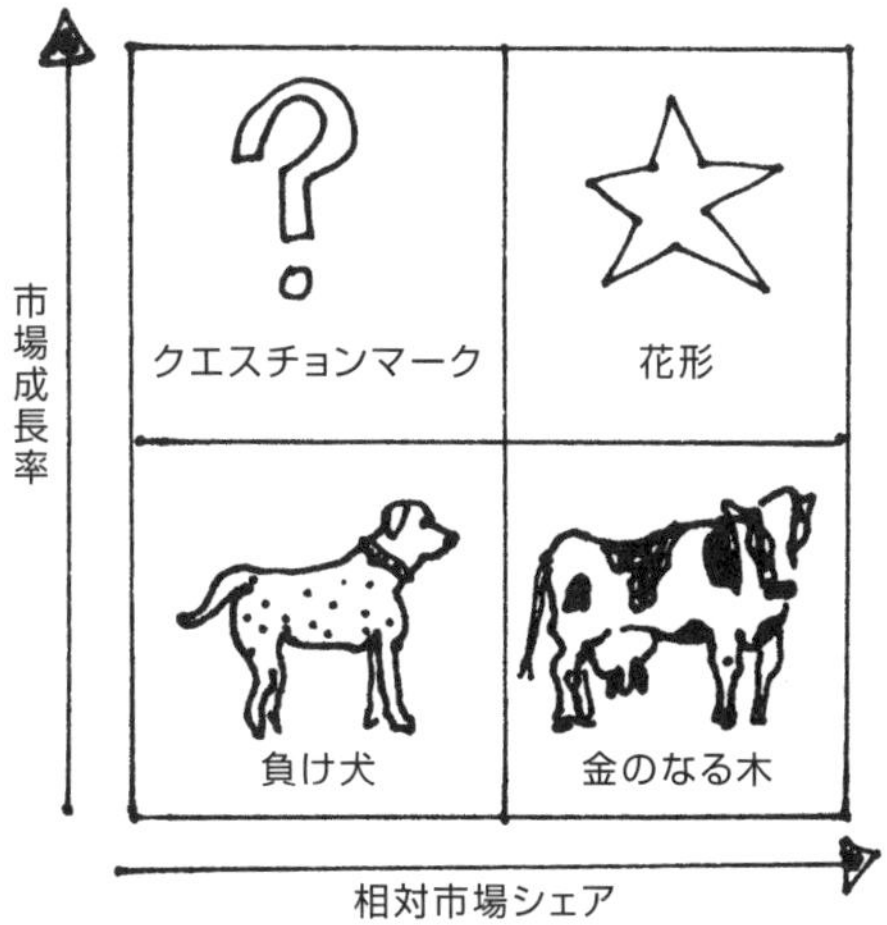

トフォリオ思考向けに一般化すると次のようになる。

・どのプロジェクトが「金のなる木」だろうか？　あなたの生活を支える資金を生み出す一方、相対的に変化に乏しく退屈なプロジェクトはなんだろう？

・どのプロジェクトが「負け犬」だろうか？　あなたのエネルギーと努力を大量に奪っているのに、ほとんど成果が上がっていないプロジェクトはなんだろう？

・どのプロジェクトが「〝?〟」だろうか？　あなたが今、取り組んでいて、うまくいく可能性もあるが、今はまだ未知数のプロジェクトはなんだろう？

・どのプロジェクトが「花形」だろうか？　成長と成功を両立しているプロジェクトはなんだろう？　「〝?〟」が「花形」に変わったとしたら、それはあなたがB地点を生み出したということだ。

ポートフォリオ思考は、「どんなプロジェクトに時間とお金を投資すればいいのか」「そのプロジェクトに取り組んでいるあいだ生活をどうやって支えるのか」を決定するための汎用ツールである。それについて考えることは、あなたの関心がどこにあるのか――あなたの灯台の問いが何か――を知ることに繋がる。あなたにとって大切なプロジェクトはなんだろうか？　今後育てていきたいプロジェクトはあるだろうか？　その「〃？〃」のプロジェクトが、まだスープ缶やフォルクスワーゲンを梱包している段階であってもかまわない。まずは、あなたにとって大切なプロジェクトを見極めることが第一歩になる。それから、あなた自身やあなたの組織を構造的にサポートする方法を考えてみよう。それらのサポート態勢は、ワーキングライフのバランスを保つためのカウチとなる。スタジオタイムの項目で見たように、スローピローに投資する資金は学費と同じで、無駄になることはない。

分割所有権

あなたがボートを転覆させずに、創造的プロジェクトに取り組めているのなら、それはすなわち、プロジェクトがうまくいかなかった場合のリスクに対処できているということだ。プロジェクトに取り組んでいるあいだにも、収入ボートフォリオはバランスを保ちつづけてきた。つまり、失敗してもボートが沈むことはない。では、もしプロジェクトが成功したらどうなるだろう？その場合、あなたはもっと大きなボートが必要になる。そんなときに役立つツールが「分割所有権」だ。

分割所有権とは、プロジェクトの権利の一部を所有するシステムである。プロジェクトが成功したときに、あなたが時間と労力を投資した投資家として、成功の規模に比例した財政的報酬を得られれば、あなたを乗せたボートも、成功の規模に合わせて拡大することができる。

驚くべきことに、分割所有権の運用は、現在はまだ市場主義の人々の中でさえ進んでいない。現段階では、創造的活動は贈与経済に根を張っているのが現実だ。フレッド・ルボーのマラソン大会への自己資金の提供も、クリエイターにクラウドファンディングで資金提供をするプラットフォーム、キックスターターも同じ発想だ。

創造的活動を行う労力、そこから得られるかもしれない価値をきちんと制作者に還元するには、株式所有などアップサイドのリスク管理が不可欠だ。分割所有権のコンセプトの本質は、財産権の配分にある。フリーランサーに無料《フリー》を押しつけるのではなく、自由市場資本主義に自由《フリー》をもたらすものだ。

所有権というのは、あまりに当然すぎる概念なので、その有無によって生じる結果のちがいをつい忘れがちになる。

例えば、あなたが映画を制作し、それを一〇万ドルで全権譲渡したとする。すると、あなたはその映画の所有者ではなくなる。しかし、もし一〇％の分割所有権を取得して、その映画の総収益が一〇〇万ドルだった場合にはどうなるだろう？　あなたは全権譲渡とは異なる報酬システム

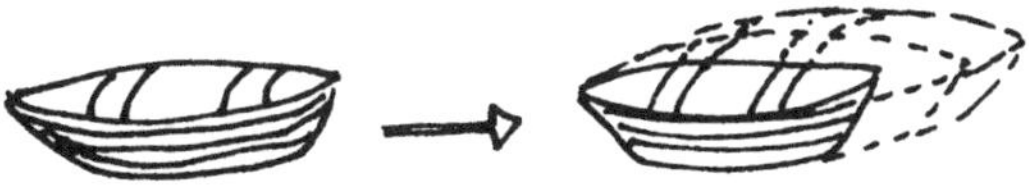

とアップサイドリスク管理によって、同じ一〇万ドルの報酬を得ることになる。

ただし、一〇%の分割所有権を取得する場合、報酬にゼロから無限大までの幅ができる。そこで、二種類の報酬を組み合わせる方式を採用してみてはどうだろう？　例えば、五万ドルの収入と五%の分割所有権を組み合わせるというように。そうすれば健全な報酬構造になる。

給与やプロジェクトごとの定額報酬を受け取っている人は、つまるところ「時間と知力」を雇用主に貸し出しているということだ。安定した収入が最優先となる場合、給与収入は優れたリスク管理の方法となるが、創造的作品の場合は、あなたの貢献に対して、少なくともごく一部の権利を所有することは理にかなっている。

創造した作品の一部を所有する一般的な方法としては、ロイヤリティ（特許権や著作権の使用料、印税）や普通株式（あるいはストックオプション）などがある。損をするリスクもあるが、成功した場合にはあなたのボートを大きくする原動力となる。

サン・マイクロシステムズの共同創業者として有名なアンディ・ベクトルシャイムは、ロイヤリティによってボートを拡大した実例である。一九七三年、ベクトルシャイムは、インテル8080のための新しいマイクロプロセッサシステムを考案した。当時、彼はまだドイツに暮らす一五歳の高校生だった。そこでインテルは、給与ではなくロイヤリティでベクトルシャイムに報酬を支払った。

このとき、ベクトルシャイムは「一般的なリスク」と「キャッシュフローのリスク」の双方を負った――CPUが売れなければ報酬はなくなり、たとえ報酬を得られたとしても、考案した時期のずっと後になるからだ。結果的にCPUはよく売れ、二年後、彼はその報酬を使ってアメリカに留学することができた。ロイヤリティによって築かれた彼の財政基盤は、間接的に――例えば、奨学金を借りる必要がなかったことなどで――サン・マイクロシステムズの創立を可能にしたといえる。やがて一九九八年には、今度は彼がグーグルのために一〇万ドルの小切手を切り、そのおかげで、グーグル創業者のラリー・ペイジとセルゲイ・ブリンは、事業を法人化してキャッシュを入手できた。もしベクトルシャイムが定額報酬を受け取っていたら、実現しなかった未来かもしれない。ベクトルシャイムは報酬をロイヤリティで受け取ることで、自分の成功に賭け、相応の利益を得たのである。

バルーンカテーテルの発明者、トーマス・フォガティの人生でも、ロイヤリティは重要な役割を果たした。バルーンカテーテルを発明したあとも、フォガティはしばらく製造を委託する会社を見つけられずにいた。二〇社から断られて途方に暮れていたとき、アルバート・スターと出会った。スターは一九六〇年に世界で初めて人工僧帽弁置換手術を成功させた心臓外科医であり、その手術で使用した人工弁の発明者でもあった。フォガティの窮状を聞いたスターは、人工弁の製品化の協力者マイルズ・エドワーズに電話をかけて言った。「この若者のためにカテーテルを作ってやってくれないか。誰も協力してくれないんだそうだ」

エドワーズは協力を買って出た。フォガティと契約書を交わしたとき、エドワーズはスターと結んだ契約条件をそのままフォガティにも適用した。つまり、熟練の外科医とまったく同じパーセントのロイヤリティをフォガティに与えたのである。そのロイヤリティは、フォガティの人生に、さらに一六五以上の特許を取得する道を開いた。

創造的作品を作るとき、その作品の一部または全部を所有することは、あなた自身が作った作品のアップサイドリスクに備えることになる。

例えば、誰かがあなたの創造的プロジェクトに「一〇〇〇ドル払う」と言ったとしよう。その人はあなたのプロジェクトから二〇〇〇ドルの利益が出ると予測し、あなたに半額だけ支払おうと考えたということだ。そんなとき、一〇〇〇ドルではなく五〇〇ドルを受け取り、残りの五〇〇ドル分として相応な比率のロイヤリティを取得すれば、プロジェクトが予想以上の大成功を収めたとき、あなたは残りの五〇〇ドルよりも大きな報酬を得られることになる。定額分の報酬（最初の五〇〇ドル）で生活費をカバーできるのであれば、あなたはボートのバランスを保ちつづけながら、創造的プロジェクトのアップサイドリスクに備えることもできるのだ。

絵画のアップサイドリスク

一九七三年、サザビー・パーク・バーネットというオークションハウスで、タクシー王の美術品コレクター、ロバート・スカルのコレクションのオークションが開催された。スカルはこのオークションで、ロバート・ラウシェンバーグの絵画を八万五〇〇〇ドルで売却した。その絵画は、スカルが一九五八年にたった九〇〇ドルで購入したものだった。

当日は、ラウシェンバーグ本人も出席していて、オークション終了後にスカルを殴ったとか突き飛ばしたとか言われている。スカルが受け取った価格は、「ラウシェンバーグがその絵画を描いてからオークション当日までのキャリアで築き上げてきた価値」を基に決められたものだ。ところが、ラウシェンバーグはそのアップサイドリスクを回避することができなかった。彼には作品の所有権がなかったからだ。

画家と作家の報酬システムがどれほどちがうか考えてみてほしい。画家は作品が売れたときに一度だけ報酬を受け取る。作家には本が売れるたびに印税が支払われる。一九七〇年代に書いた本でも、二〇〇〇年代に一冊売れれば、その報酬を得られるのだ。

一九七三年以降、美術界は転売の際の「追及権（再販ロイヤリティ）」の問題に取り組み、作品が転売されるたびに増加する価値（売値）の一定割合をアーティストが所有できる制度を構築しようとしてきた。実際、カリフォルニア州では一九七六年にその法案が可決された。しかし、のちに合衆国憲法の州際通商条項に抵触するとされ、現在では法的拘束力はないと目されている。施行三〇年間でアーティストに還元された利益の総額は三二万五〇〇〇ドルしかなく、同じ期間にカリフォルニアで行われた美術品取引の規模と比べると、微々たる金額である。さらに、この制度では、成功したアーティストが晩年に報酬を得られるだけで、若手アーティストの支援にはなっていないという批判もある。

この議論には、大事な視点が抜け落ちている。追及権の基本的性質は「所有する権利」だということだ。つまり、本来なら——美術界の外の世界ではごく普通に行われているように——いったん追及権を取得したら、いつでも取引できるということだ。追及権を所有するアーティストは、（再販ロイヤリティを受け取る）何年も前に、その権利を別の人に売却することができる。つまり「追及権市場」が成立するのである。追及権市場で権利を売却したアーティストは財政的保護を得ることができ、権利を購入した人々にとっては分散型投資の手段となる。

このシステムは、どんな分野でも機能する。もしあなたが創造したプロジェクト——フリーランスの仕事であれ、企業内での仕事であれ——の分割所有権（株式やロイヤリティ）を取得できれば、あなたの人生における、リスク管理や投資判断の選択肢は大きく広がるだろう。

あなたが参加している創造的プロジェクトに対する所有権について考えるときには、「付加価値」という観点で考えてみるといい。あなたがそのプロジェクトに関わらなかった場合、プロジェクトの状況はどう変わるだろうか？　その問いに対する答えが、あなたの付加価値である。一方、ほかの人がリスクを負ってあなたの創造的プロジェクトに投資している場合には、所有権の大部分を諦める必要もある。例えば、あなたに固定給を支払う雇用主は、「単独で取り組むプロジェクトならあなたが負担したはずのリスク」の多くを肩代わりしているからだ。

ロイヤリティが無理でも、オーサーシップのように金銭を伴わない形の所有権や、ストックオプション（上場したら株式を取得できる権利）を主張することもできる。スタートアップ企業では、転換社債（のちに株式に変更できる社債）による資金提供がますます一般的になっている。

究極的には、ロイヤリティの割合が適切かどうかよりも、ロイヤリティの権利を所有しているかどうかのほうが重要になる。ロイヤリティの割合に決まった正解があるわけではない。高すぎず低すぎないパーセンテージで決められるというだけだ。私はかつて連続起業家《シリアルアントレプレナー》の下で働いていたことがあるが、その元上司は、シェアする所有権の割合が大きくても問題ないし、小さくても問題ないと言った。問題は、どこの企業のロイヤリティの権利を所有しているか――創業初期のフェイスブックなのか、破綻企業なのか――なのだ。大成功した企業のロイヤリティであれば、権利者の誰もが富を得られるが、破綻した企業のロイヤリティでは誰も富を得られない。

分割所有権は、いくつかの重要な目的を解決する。第一に、誰かが貢献した価値に対して、正当な報酬を与えることができる。第二に、財産権の境界を明確にできる。そうすることで、プロジェクトを完成させるまでに、外部とコラボレーションしたり責任者を変更したりしても、それぞれの貢献度に応じて報酬を与えやすくなる。第三に、所有権の分割が一般的になれば、創造的プロジェクトがどれほど多くの人々の労力の結晶であるかを、正確に提示することができる。

グレーゾーンの所有権

分割所有権のフレームワークを構築するには、法律とテクノロジーの両面から考えなければならない。IT技術を使えば、あなたが自分の創造的プロジェクトの一部を所有することはもちろん、多くの人々がそれぞれ複数のプロジェクトを細かく分割して所有することも可能になる。分割所有権のシステム管理が簡素化されれば、いずれは過去に関わったすべてのプロジェクトの分割所有権を持つことも可能になるだろう。そうなれば、あなたの投資ポートフォリオは、単体の給与で占められるのではなく、極小所有権《マイクロシェア》の集合体になる。ベージュの大きなカウチを一つだけ持つのではなく、点描画のドットのように、小さなピースの集合体が安定した収入基盤となるような未来が訪れるかもしれない。

それを実現するためには、新たな法制度設計が必要になる。現在の知的財産法に基づく枠組みは、所有権を「ある当事者から別の当事者に一括して移転する」ことを基本としている。そのため、現行の知的財産法の範囲内で所有権を分割するシステムを構築するか、単なる共同著作権を超えた創造的活動のコラボレーションの実態を反映して現行法を改正する必要がある。

二〇〇〇年、一人のデザイナーが、バービー人形の発売元として有名なマテル社を退職し、マテルのライバル会社であるMGAエンターテインメントに転職した。

そのデザイナー、カーター・ブライアントは、MGAに移るとさっそく新しい人形をデザインした。人形は〝ブラッツ〟と命名され、二〇〇一年に発売された。頭が大きく目鼻立ちは誇張されたブラッツ人形は、バービーのサーファーブロンドの美しさとはちがって、親が眉をひそめるような生意気さが特徴だった。また、バービーよりも多民族的要素を備えていた。ブラッツ人形の一つ、黒い肌の〝ヤスミン〟は、MGAの創業者であるイラン人移民の起業家、アイザック・ラリアンの娘にちなんで名付けられた。そのシリーズは、子どもたちのあいだで人気を博した。

二〇〇四年、マテルがMGAに対して訴訟を起こした。マテルは、「ブライアントはマテル在籍中にブラッツ人形のデザインを行っており、契約によりブラッツ人形の著作権はマテルに帰属する」と主張した。それ以降、両社は法廷で訴訟の応酬を繰り返した。出口の見えない係争が一〇年以上も続けられた。明らかに、法廷における一番の勝者は顧問料を受け取った弁護士だった。

法的所有権は白か黒かの両極端である。しかしながら、創造的プロジェクトはリスクを伴い、また共同作業になることが多い。知的所有権を一人（一社）だけに付与する法制度は、創造的プロジェクトの在り方とは相容れない。

白でも黒でもなくグレーゾーンにあり、フレキシブルに価値を配分できる「分割所有権」を採用すれば、企業は一〇〇％のシェアをめぐって争うのではなく、ロイヤリティの割合を交渉して決めることができる。

一方で、創造的プロジェクトにおける分割所有権を厳格に法に照らして考えようとすると、すぐに袋小路に迷い込む。例えば、もしある有名なアーティストが、深夜にピザを食べたときにしか貴重な作品を制作できなかったとすると、そのピザ店は彼の作品に対する権利を所有するのだろうか？　ロビン・シックが自作曲の『ブラード・ラインズ〜今夜はヘイ・ヘイ・ヘイ♪』でマーヴィン・ゲイの相続人から楽曲の盗用だと訴えられて敗訴した一方、ザ・ローリング・ストーンズがブルースミュージシャンから広く音楽的要素を取り入れていても問題にならないのはなぜか？　自分が貢献した「付加価値」を主張する人は大勢いるが――エルヴィス・プレスリーの音楽はブルースミュージシャンがいなければ存在しなかったなど――全員がつねに報酬を得られるわけではない。

それでも、ＩＴ技術の進歩によって、分割所有権を管理し、小額の報酬を多数の人々に送金することがより手軽になれば、分割所有権は経済的側面から徐々に整備されていくだろう。

芸術か、それとも盗用か？

二〇〇八年に起こったカリウ対プリンス訴訟は、著作権の制約の新たな側面と、創造的作品における分割所有権の重要性にスポットを当てた。

二〇〇〇年、パトリック・カリウというアーティストが、写真集『Yes Rasta（イエス、ラスタ）』を出版した。その写真集は、カリウが自らジャマイカのラスタファリアンのコミュニティで六年間暮らして、そこで生きる人々を撮影したものだった。彼はその写真集の売上により八〇〇〇ドルの収入を得た。

二〇〇七年から二〇〇八年に、リチャード・プリンスというアーティストが、大型キャンバスのアート作品シリーズ『Canal Zone（カナルゾーン）』を発表した。その作品はカリウの写真集の写真を多用したものだった。それを知ったカリウは、プリンスを訴えた。

職業上の分類としては、カリウとプリンスはどちらもアーティストだが、活動内容はまったく異なる。カリウは「民俗誌学的写真家《エスノグラフィックフォトグラファー》」と呼ばれ、プリンスは「流用《アプロプリエーション》アーティスト」として有名な人物である

プリンスのアプロプリエーションは、直接的なコピーを用いるのが特徴だ。一九七〇年代には

マルボロの広告に出てくる男性の写真を再撮影し、自分の作品として表現した。一九九〇年代には、看護師を表紙にした三文小説を切り取ってキャンバスに貼りつけ、その上からペインティングした『Nurse（ナース）』というシリーズ作品を発表している。『Canal Zone』では、カリウが撮影した写真の中の人物を拡大コピーしてキャンバスに貼り、表現を描きくわえ、抽象的な印をつけてコラージュした。裁判では違法と適法の両方の判決が下され、最終的に両者は和解に至った。

アート作品の訴訟では、まず芸術的価値から考えたくなるが、美的成果というのは定義するのは難しく、実際問題、もっとも重要な点でもない。あなたはカリウの写真集の芸術性を称賛してもいいし、プリンスのアプロプリエーションの芸術性を称賛してもいい。

では、この訴訟を経済的な観点から見るとどうなるだろう？　経済的には、カリウの作品にもプリンスの作品にも「付加価値」がある。重要なのは、カリウの創造した価値がプリンスのアプロプリエーションに取り入れられたことで、カリウとプリンスがそれぞれ経済的に何を得て、何を失ったかということだ。

事実①　カリウはその写真集の売上で八〇〇〇ドルを得た。

事実②　プリンスは問題の作品数点を各一〇〇〇万ドル以上の価格で売却した（そのうち、プリンスの正確な取り分は不明だが、通常のディーラーの販売手数料は五〇％である）。

・プリンスが得たものは何か?

もしプリンスが彼自身で「カリウの写真」を撮影したとしたら、いくら費用がかかっただろう? カリウがその写真を撮影するのにかかった経費はいくらだったのか? カリウの報酬の八〇〇〇ドルを差し引いても赤字だったとしたら? カリウが撮影のために費やした六年間の機会コストはいくらになるだろう? カリウは現地で暮らしたことで、もっと利益を得られる仕事を諦めたのではないか?

・カリウが得たものは何か?

プリンスの展覧会にはどれだけ情報拡散的価値があったのか? その意味では、プリンスをカリウのエージェントと見立てることもできる。また、プリンスは彼の持つ名声の傘の下で、カリウの作品を高尚な芸術に高めたといえる。この二つの要因には、実際に経済的効果がある。ハリウッドのエージェントが、女優を見つけて、彼女の収入を大幅にアップさせることができるのと同じように。

・カリウが失ったものは何か?

プリンスの作品は、カリウの創作物の営業を妨害したのか? アプロプリエーションはオリジナル作品の存続を妨げたのか？

上記の質問を総合すると、生産経済的要素——カリウの経費の実費、カリウの機会コスト、プリンスの経費の実費——と、評判の相乗効果と侵害の可能性に集約できる。つまり、プリンスサイドから見て「いくら経費がかかったのか」「いくら節約できたのか」「どれだけの付加価値を追加したのか」「今後、カリウに負担させうるコストはあるのか？」の四点である。

もし私がこの訴訟の判決を下すなら、プリンスに対して「カリウに一〇万ドルから二五万ドルを支払う」よう命じるだろう。これはプリンスの作品の売上に比べれば小さな額であり、カリウの写真集の収入に比べると大きな額である。一〇万ドルから二五万ドルの範囲のどの金額になるかは、カリウの本作品以外の個人的な経済状況によって決まる。

従来の著作権法が有効であるかぎり、こうした経済的な話し合いは、公判前の交渉に行われることになる。プリンスの立場に、あるいは彼のディーラーの立場に立ってみれば、二五万ドルは弁護料と比べれば好意的に受け止められる額である。またカリウにとっては、作品の収入の八〇〇〇ドルと比べて、一〇万ドルというのは充分な額である。

もし前述した再販ロイヤリティの制度が確立していれば、カリウにもプリンスの当該作品の再販ロイヤリティを付与できるだろう。割合は、プリンスが持つ一五％の再販ロイヤリティのうち一％といったところか。経済的見地に立てば、プリンスはそのアプロプリエーションによって、カリウを共同制作者に引き入れたといえる。彼らは共同作品のアップサイドをシェアするのが妥当だ。

著作権法の外側では、分割所有権のスキームは一般的になりつつある。製薬業界では、ロイヤルティ・ファーマ社が、二種類のがん関連医薬品ニューポジェン（一般名フィルグラスチム）とニューラスタ（一般名ペグフィルグラスチム）の特許権の八〇％を、四億ドルで購入した。売主は、一九九〇年代後半に特許を取得したマンハッタンにあるメモリアル・スローン・ケタリングがんセンターである。二〇〇九年、この二つの医薬品の売上総額は四六億ドルで、同病院の特許使用料収入は五億ドルにのぼった。これは病院基金の総額一六億ドルと比べても、かなりの額だった。メモリアル・スローン・ケタリングがんセンターは今も残りの二〇％分の特許権を保有しており、ダウンサイドリスクを負いつつアップサイドリスクに備えている。同時に、八〇％分を現金化したことで他分野への投資が可能になり、ポートフォリオを分散することもできた。

デジタルコンテンツの所有権の特徴

所有権スキームの最新モデルは、音楽配信システムにある。二〇一五年までファイル共有プラットフォーム、ビットトレントのチーフ・コンテンツ・オフィサーを務めていたマット・メイソンは、ミュージシャンたちと交渉して〝バンドル〟（プラットフォームで発行される楽曲の集合体）を制作した。バンドルでは、楽曲の価値の大部分をミュージシャンが所有し、ビットトレントに対し、楽曲配信手数料を支払うスキームを採用している。ビットトレントの手数料は、iTunesのようなほかの楽曲ダウンロードサイトよりもはるかに低い。二〇一五年、メイソンはビジネス雑誌ファスト・カンパニーの「ビジネス界でもっともクリエイティブな一〇〇人」に選出された。

ビットマークの創業者ショーン・モス＝パルツは、長男の誕生をきっかけに起業のアイデアを思いついた。カリフォルニアから台湾に移住した新米パパであるショーンは、眠い目をこすりながら、ぼんやりと考えた――いつか僕の自慢の音楽コレクションを息子にあげたいな。そのとき、ふと非情な現実に気づいた。多くの人と同じように、彼の音楽コレクションもほとんどデジタル形式で保管されている。つまり、そのコレクションを所有しているわけではなかったのだ。彼は楽曲の「デジタルコピーを使用するライセンス」を所有しているだけであり、そのライセンスは彼が死んだら墓場に持っていくしかない。ショーンは自分の音楽コレクションを息子に譲ることができないとわかって悲しくなった。

だが、ショーンはそこで諦めることなく、会社を設立した。複雑な暗号化メカニズムを使えば、デジタルファイルが正規購入されたものなのか複製なのかを見分けることが簡単にできるはずだと考えたのだ。大学院物理学科中退の数学マニアであり、シリアルアントレプレナーであるショーンは、さっそくブロックチェーンを構築した。ブロックチェーンは、ビットコインのようにネットワーク上にデータを分散しているため、権限の集中を回避できる。同じデジタルデータでも、それぞれ固有のものとしてプラットフォーム上に登録できるのだ。つまり、そのデータ認証システムがあれば、デジタルの音楽アルバムを、アナログと同じように所有できるというわけだ。

ビットマークのようなプラットフォームを使えば、さまざまなものの分割所有が手軽に管理できるようになる。音楽アルバムの場合は、分割されたもの（アルバムの中の一曲）も、全体（アルバム）と同じように管理できるということだ。また、アルバム制作に参加したミュージシャンが――三〇番目のバックコーラス・シンガーに至るまで――たとえ少額であっても、ロイヤリティを受け取りつづけることも可能になる。あるいは、あなたが友人の会社に出資したときに、ごく小さな分割所有権を取得することも可能になる。

こうした流れにフレキシブルに対応できるように、規制環境も整備されつつある。二〇一二年、米国議会はクラウドファンディング関連法案、JOBS法を可決した。これにより民間企業は、富裕層の投資家ではなく、不特定多数の投資家に対して少額証券を売却することが容易になった。(注1)つまり、友人のクラウドファンディングにお金を寄付する代わりに、その友人の会社が発行した証券を保有できるようになったのだ。友人のビジネスがうまくいけば、あなたはそのビジネスのごく一部を所有できる。行き詰まれば、あなたの貢献は当初の意図どおりにギフトとなる。法的環境が整えば、テクノロジーが新たなプラットフォームを実現する。

分割所有権は、「生み出された価値」と「受け取る報酬」を調整する機能としては、ほかのどんな方法よりも優れている。この制度が浸透すれば、多くの人々のワーキングライフが、「生産的企業に労働力を提供して報酬を得る」生産経済から、労働者と投資家のハイブリッドに変化しはじめる。

効用最大化から価値の創造へ、消費から投資へ――それが変化の核となるだろう。

（注1）現行法では、「適格投資家」または「適格購入者」（適用要件は、前者は一〇〇万ドル以上、後者は五〇〇〇万ドル以上の資産をそれぞれ所有していること）でなければ未公開株式に対する投資はできない。適格投資家の基準は、一九三三年証券法の免除規定「レギュレーションD」において定義されている。一九三三年証券法では、有価証券の募集・販売を行う場合、証券取引委員会に登録するよう義務づけられている。この法律が制定されたのは、世界恐慌後に、政府が企業を監視し、投資詐欺によって国民がシャツまで身ぐるみはがされないように保護する必要があったためだが、そのシャツも一五枚目ともなれば、政府も自由にさせてくれるはずだ。富裕層とは、事業に関する高度な知識と経験を有する者、またはその助言を与える者を雇うことができる者とみなされている。適格投資家には、個人の年収が二〇万ドル、または世帯収入が三〇万ドルを超えており、当年も同水準の収入が見込める者も対象となる。適格購入者の基準は、一九四〇年の投資会社法で定められている。どちらの場合も、投資先企業の法律および規制の状況によって適用条件が変わる。

日本の牽引者
事例4

アートシンキングと組織のイノベーションの壁

京都造形芸術大学教授
起業家・投資家
小笠原《おがさはら》 治《おさむ》

デザインとエンジニアリングが橋渡し役

ゼロから新しい何かを生み出す「0-1」のステージにはアートシンキングが、そしてそこからの「1-n」ないし、1を10ぐらいまで持っていくにはデザイン思考が合っている。さらに100まで持っていくというのは、MBA的というか、徹底的なマーケティングの仕事。日本のイノベーションが停滞気味なのは、そこの橋渡しがうまくいっていないからではないかと思います。日本にも情熱とアイデアを持っている人はたくさんいるのに、それが社会実装にたどり着きにくいのは、「0-1」「1-10」「10-100」のリレーションがシームレスにできていないのが問題です。

その関係性を紐解くと、アートシンキングというのは内側を向いていて、自分という人間の関心をとても大事にしています。デザイン思考は、自分以外の人、他人のインサイトをすごく大事にしている。ＭＢＡ思考になると、社会の競争原理や、経営に必要な知識や技術をすごく大事にしている。そこにシームレスな流れを作るためには、データによる裏付けのない、おのれの発意からものごとを生み出すアーティスト的な感覚に寛容にならなければなりません。アーティストから生まれたアイデアを他人に理解させるために、デザイナーやエンジニアが上手な橋渡しをして、ビジネスパーソンへと繋ぐ。そうすれば、日本の社会や組織の中でもイノベーションが生まれやすくなると思います。

なぜ橋渡し役がデザイナーやエンジニアなのか、という点ですが、僕の考えでは、テクノロジー的な思考とアート的な思考は、わりと近い存在です。どちらも自分の中から出てきた思いつき、発想、発明、表現であるという点では同じだからです。そこから生まれたいろいろなものを組み合わせるのがエンジニアリング。もともとアートとテクノロジーというのは、語源が一緒です。古代ギリシャ語の概念〝テクネー〟がラテン語の〝アルス〟に転化して〝アート〟になり、そこからデザインが生まれた。また、〝テクネー〟から〝テクノロジー〟になり、エンジニアリングが生まれた。アート側に寄れば寄るほど抽象的で、それを具象化していくための行為がデザインやエンジニアリング。つまりデザインやエンジニアリングは、アートやテクノロジーを社会化させていく過程に必要なブリッジなのです。抽象的なアートがデザインとエンジニアリングによって具象化され、やがて大量生産のようなビジネスになっていきます。

アートシンキングというのは、内なる声のようなものにどう従えるかであり、他者に関わるものではない。デザインシンキングは、その内なる声を届けるために他者にフォーカスして、そこをインサイトして届けるための課題を見つけること。社会への橋渡しの第一歩です。それを超拡大していくところは、いわゆるビジネスとして成立させる、つまりコモディティ化です。新しい価値を作り出さなくてはならないこの時代のこのタイミングでアートシンキングが提唱されるのは、僕にとっては非常にしっくりくる流れです。

アートシンキングには非連続なイノベーションを期待されますが、シャープを例にとると、液晶をどんどん追求することで８Ｋまでたどり着いた。これは、連続性のイノベーションです。つまりデザイン思考と、ビジネスの領域。しかし、その８Ｋで培った技術を人が思いつかないような、そもそも不可能かもしれない全くちがう分野に思い切って使うのが、非連続のイノベーションを起こす一つの方法です。今、衛星データを皆で使うためのプラットフォーム作りを手がけているのですが、衛星データというのはとても解像度が低い。それを、８Ｋで培った超解像の技術できれいに見せられないかという挑戦をしています。今まで液晶・８Ｋ・解像度で勝負してきた世界と、衛星・リモートセンシングで勝負してきた世界は、分野が全くちがうものの、誰かが強くそう願うことで、繋がるかもしれない。例えば、安い衛星データからでも車の台数が拾えるようになり行楽地の売り上げ予測に応用されるとか、超解像で地崩れの予兆が発見されて防災へ繋がる、といったことが起こりうる。非連続のイノベーションを起こすのは、個々の思いつきと、それに対する強い感情です。低解像度の衛星データのセンサーを良くして解像度を上げることは、僕にはできない。けれども、何かいい方法はないかと考えていたところ、８Ｋに出合った。８Ｋといえば、超解像をやっている。この二つを繋げたら自分の描きたい景色の色が見つかるではないか、となるわけです。

　今、それらを早くビジネスにしようと試行錯誤しているのですが、そのことだけにとらわれていると焦るばかりなので、ほかにも興味のあることを同時に進めるようにしています。焦りなどの感情を克服していくのも自分と向き合うことの一つですよね。僕自身、過去には会社を潰したこともありますし、返せなさそうな借金を抱えたり、これまで様々な感情を経験してきました。人には、上を向いているときの焦りと、落ちていくときの焦りの二種類があります。何かに取り組んでいるときに、何かがうまくいかなくて〝もうダメだ〟と思うことと、本当に何かを失敗してしまって、どんどん落ちていくときの〝もうダメだ〟のちがいです。上向きなのに〝もうダメだ〟と思うとき、人は自分が何に焦って、何を恐れているのかを明確にしようとする。概ね、そういうときに恐れているのは、失敗という怪物＝モンスターです。けれどもそれは、自分の影に怯えるようなもの。僕も、成功直前には怖くなって、失敗したらどうしようという恐れが湧きます。むしろ、〝もうダメだ〟と思うことで楽になろうとすることもある。だが同時に、思考の癖として、本当にそれは怖いことなのか、その原因は何かを追究したくなる。そして、誰かに足を引っ張られたりストップをかけられたりすることを想定し、そうする立場の人を想像してみます。こちらを否定する側に回ると、反対意見に対して何を言えばいいか、それを突破するにはどう言うかが整理され、今やるべきことが見えてくるものです。

組織の中で「0－1」は実現できるか

僕の場合、自らやりたいことをやっているので、全ては生活であり、仕事でもあります。けれども一般的には、今の社会の枠組みで組織内の仕事を生活にすることは難しい。巷で言われるワークライフバランスというのは不思議な言葉で、本来、ワークはライフの一部であり、対立するものではないはずです。けれども、そうは思わせない法律になってしまっている。現在の多くの働き方は人間の時間の量り売りを前提としているので、明確にライフとワークとを分けますが、そろそろその概念は変えたほうがいい。組織の中にも、そうした枠組みを超えたところでなら、すごいイノベーションを起こす人がいるかもしれないですから。この制約の多い社会で、組織が新規事業やイノベーションを起こせるのか。今の態勢のままでは、アートシンキングに基づいて動く人たちのリスクを負えません。組織の外で生まれたものを取り込み、デザインやエンジニアリングでビジネス化するほうが形になりやすいこともある。だからこそ、スタートアップと言われる人たちが大切な存在になってくる。

僕が大学で手がけたいのはまさにそこで、アートシンキングを実践できる人たちの中から、強い感情を持ってスタートアップする人がどんどん出てほしい。ごく自然な形でアート的な思考を理解するためには、日々の授業でアートに触れ、アートを目指す同世代の仲間とともに過ごすことが肝要です。そして、起業家の考え方や、起業の方法のバリエーションといった、ビジネス化への接点やヒントも必要になる。また、将来自分のやりたいことに向かうときには、苦手意識を持たずに、自分の得意不得意を知っているほうがうまくいきます。だから例えば、テクノロジーが苦手にならないように、家電を分解して構造を知る授業などもやってみています。一回プログラムを書いて、「ああ、自分には関心が持てない、じゃあそれは人に任せるべきだ」と知るのは貴重な体験です。

「0-1」の実現には楽しむことも大事だと思っていますが、アートシンキングで楽し

そうにしている人を、苦しい制約の多い組織で生きている人が「いいね！」と賞賛する光景はあまり想像がつきません。どちらかというと、苦い顔をしているほうが多いのではないか。多くの人は、苦しんだら苦しんだ分だけ、その反動で成功を引き寄せる、すなわちレバレッジが利くと思っています。しかし、苦しみが一〇のときに、幸せが一〇〇〇になることはないというのが僕の意見。楽しみが伝播するほうが、一〇が一万になる可能性に繋がると思っています。今の組織では、まだ苦しみのレバレッジが信じられている。そこには過度に五倫や五常を重視してしまった儒教の流れもあるし、一部の仏教における救済の流れもあるし、他にも様々な文化的背景があるでしょう。さらには戦後の成功体験が〝苦しみから生まれる幻想〟を生んだ傾向がある。戦争で苦しんだから高度成長期があった、という考えです。もっとも、現象をちゃんと見てみれば、人口ボーナス（生産年齢人口が従属年齢人口を上回り景気が上向くこと）、周辺国の戦争特需、世界の景気、技術革新といった外的要因によって高度成長はもたらされたのがわかる。さらに新しい時代がやってきたのだから、これまでと同じやり方を捨て、頭を切り替えて、もっと自分の声に、感情に従って、新たなものを生み出す。そしてそれを楽しみ、楽しみのネットワーク効果が生まれるといい。

　では実際に、大企業という組織の中で「0－1」を生むにはどうしたらいいか。評価や管理指標を、具象と定量ではなく抽象と定性に切り替える方法を探ってはどうでしょうか。具象・定量などの認知スキルは評価が簡単ですが、基本的には過去の実績に対する評価です。けれども、ゼロから何かを生むのは抽象・定性の領域からであり、新しい思想を生んでいるかどうかの、思想指標のようなものができるといい。未来に向けて、目指すところを評価する。評価されている人を見て憧れが生まれれば、さらにトライする人も出てくるでしょう。今、ＡＩにはできず、人間にできることは何か、というテーマがあります。まさに、抽象的に考える力や、定性的なことから感じ取る力がそこには必要になる。ＡＩやロボットにはまだ難しいところを、組織の仕組みとして非認知スキルを評価できるようにしていかなければならないと思います。

アートシンキングはナラティブ、デザインシンキングはストーリーテリングだとも言えます。ナラティブとストーリーテリングを日本語で説明するのは難しいのですが、あえて言うなら、物語を自分主語で語るのがナラティブ、物語を対象から引いたところで客観的に語るのがストーリーテリングです。物語を客観的に語る行為自体が、他者との連続性の中で関係を探ることであるので、非連続のイノベーションというのは自分中心でなければ起きにくい。自分中心というのを、強い感情から発する、と置き換えてもいいと思います。評価の基準や仕組みを変革し、ナラティブを語れる人々を増やしていくべきです。

人生のポートフォリオを描いて

今、僕が関わっているｔｓｕｍｕｇ（ツムグ）という会社があります。そこは、「それぞれの心地よい居場所で世界を埋め尽くす」という理念を掲げ、例えば住宅の一部をシェアオフィス、子どもたちの遊び場、共有のキッチンなど空間サービスとして作り変えられるスマートロックとシステムを開発し、空間をソフトウェア化しようとしている会社です。空間といえば床があり、壁があり、広さで価値が決まる非常に物質的なものですが、それをソフトウェアで、価値を変える取り組みをしています。使う人にとって、できるだけ居心地のいい空間にすることを追求しているのです。その会社の仕事が今、一番ワクワクします。他にも投資をきっかけにいろいろな人に出会えるのは面白いし、衛星データの事業に関わっているのも楽しい。宇宙や宇宙人から見た地球とは、想像もつかない掛け算が起こりうるところですから。大学では、自分の子供たちよりも若い人たちと交流し、一緒にものを考え、議論もできる。メルカリでは、価値交換工学の研究を東京大学と一緒にさせてもらっています。投資、教育、研究、ニュービジネスと、これらを全部続けていける体力と知力と財力をずっと持てるのかが今後の課題です。すでに時間は足りなくなってきています。だから、時間の概念を変えることもこれからのテーマになってくるでしょう。

一九七一年、京都市生まれ。さくらインターネット株式会社を共同創業したのち、ネット系企業の代表を歴任。二〇一一年にスタートアップ支援を行う株式会社nomadを設立。一三年、IoTスタートアップのプロトタイピングに特化した投資事業を株式会社ABBALabにて開始。同年、DMM.makeのプロデューサーとなり3Dプリントを、翌一四年にはAKIBA設立。一五年よりエヴァンジェリスト。同年、さくらインターネットにフェローとして復帰し、現在は京都造形芸術大学教授、mercari R4Dシニア・フェロー、経済産業省IoT推進ラボ審査委員、データポータビリティに関する検討会委員、福岡市スタートアップ・サポーターズ理事等も務める。

第五章

創造を導く

マネジメントとは職人技（クラフト）であって、
サイエンスではない。
人間の行動を数量化し、
数式でとらえようとする人には警戒すべきだ――
なんでもかんでも数字にすることはできない。
それは、私に言わせれば、イマジネーションの欠如である。

――ドナルド・キーオ（コカ・コーラ社元社長）

本章のテーマ

プロジェクトが育つ環境を作る

アートシンキングを組織の内部で活用するには、メンバーが安心して探求できる環境を整える必要がある。だから、管理する者は「ほどよいマネジャー」として、完璧ではなくてもいいから、信頼の置ける一貫した態度で問題を解決し、メンバーの専門性を理解し、寛容さをもって創造的活動をサポートすることを求められる。また、創造における理想と実行における現実を結ぶ、懸け橋のような役割も務めなければならない。ここにすばらしいアイデアがあるが、それにはお金がかかる――そのようなときに、「プロデューサー」の立場になって、アイデアを実現させるための手腕を発揮するのだ。さらには、オープンエンドの「灯台の問い」を前進させるために、チーム内での役割を指定し、成果ではなくマイルストーン方式での目標設定を行い、タイムフレームを決定して、プロセスの進行管理を行う。

政治学専攻の学生だった私が、大学でアートのクラスを受講しようと思ったのは、エド・エッピングという教授がきっかけだった。ある春の日の午後、川のそばでエドが水彩画を教えているところを見かけて、すっかり魅了されたのだ。私はまず基礎的な描画のクラスから始めて、次にエドの油絵のクラスを受講した。

油絵のクラスの初日に、エドは判断についての話をした。人は特に何かを始めたばかりの頃は、良し悪しを簡単に口にする。「何かがうまくできない」「へたくそだ」と発言するとき、それは単に、自分の作品に対する責任を放棄しているにすぎない。そうではなく批評的に自己認識することを、エドは私たちに求めた。自分が取り組んでいる作品をじっくり観察して、そこにどんな強みがあるのか、どこに手を加える必要があるのかをよく見極めるように、と。

エドは、私たちが作品と向き合うための「スペース」を用意して、対話を促した。彼は創作することの脆弱性——未完成であるがゆえの心もとなさや、先を見通せない不安——を知っており、その脆弱性の中を多くの学生が一人で、そしてグループで進めるように指導する高い能力を持っていた。

これまで本書で取り上げてきたツールを振り返ってみてほしい。エドが学生たちに教えたことは、誰もが安心して自分の灯台の問いを見つけ、まだ答えのわからない大きな問いに全力を注げるように導くことだった。第一章の「図と地」のツールを例にすれば、エドは作品という「図」が生まれやすくなるように、学生たちのために「地」をセッティングしたのである。エドのやり方は、職場の中で創造的プロセスを管理するという課題のヒントになる。

組織の中で創造的プロセスを管理する場合、組織特有の難しさが加わる。あなたはチームのメンバーと調和しながら、同時に勤務評価もしなければならない。それぞれのメンバーの「探究者としての脆弱性」を支援しながら、組織の複雑なシステムや厳しい業績目標に対処しなければならない。そんな組織の文化から見れば、アートスタジオは異世界のように思えるかもしれない。しかし、成果を評価する一方で、人々が全力で創造的プロジェクトに取り組み、安心して失敗するリスクを冒せるように導く必要があるのは、美術の授業でも会社でも同じである。

進行中の創造的プロジェクトを管理するマネジャーは、エドの役割に似ている。彼らの仕事は、問題を直接解決することではなく、新しい何かが育つスペースを保つことだ。それは、目には見えないが多大な労力を要する仕事である。利潤の追求の有無にかかわらず、(注2)組織という複雑な土壌の中で、メンバーそれぞれが「草むら」の中で過ごし、「灯台の問い」を追求できるようなマインドセットを育てること――それがマネジャーの目標である。

ほどよいマネジャー

このマネジメントのフレームワークは、二〇世紀初期の著名な英国人精神科医であり小児科医でもあったドナルド・ウッズ・ウィニコットの考え方に根ざしている。彼は健やかな子どもを育てる方法について多くの提言をした。彼の「ほどよい母親(注3)」というコンセプトほど、世の中の親に多大な影響を与えたものはないだろう。ウィニコットは、乳幼児期は子どもにとって重要な時期であり、その時期の子どもの視点では、母親は分離できない自己と同一の存在であると考えた。

(注2)　非営利団体も市場構造を持っている。非営利団体とは、市場の失敗に対する特定の反応であり、規則と戦略を組み合わせて設計されている。
(注3)　ウィニコットは一八九六年に生まれて、一九七一年に亡くなった。彼が執筆した時代を考えれば、現代では彼の考えを性別の区別なく両親のどちらにも適用するのが妥当だろう。ウィニコット自身は、母親と二人の姉、乳母と家庭教師に育てられた（『Winnicott（ウィニコット）』アダム・フィリップス著）。

子どもは母親が自己の欲求を完璧に満たしてくれると信じている。その幻想から、時間をかけて子どもを脱却させるのが親の仕事である。つまり、完璧ではない「ほどよい母親」ほど、結果的に子どもをうまく導くことができる。

創造的プロセスのマネジャーは、ほどよい母親のような存在である。創造的プロジェクトは、抱っこしてあげなければならない生まれたばかりの赤ちゃんと同じだ。成長させるためには、反応を返して支えることが必要になる。アイデアの赤ちゃんが、やがて自分の欲求を自分で満たせるようになり、完全に成長した状態で世界に存在できるようにする――それがほどよいマネジャーの任務である。アイデアの赤ちゃんを育てる場合、「創造的アイデアという〝赤ちゃん〟は市場の外側では存在できない」という現実を直視する必要がある。アイデアは、いずれは成長して、市場の中で一つの完全なプロジェクトとして自立しなければならない。

ほどよいマネジャーの主な仕事は、「安心できる環境」を作り出すことだ。そのような環境では、人々は心ゆくまで探求し、自分らしく取り組むことができる。(注4)ウィニコットによると、安心できる環境にいない場合、子どもたちは本当の自己を防衛するための仮面として、「偽りの自己」を形成するようになる。偽りの自己は悲惨な結末を迎える。ウィニコットは「本当の自己だけが創造的でありえる」と書いている。

とはいえ、すべてのマネジメントの実践には安心できる環境が不可欠であるとか、すべてのいいアイデアは安心できる環境から生まれるというわけではない。盗人まがいの実業家、悪党同然の資本家、権謀術数をめぐらす日和見主義者が、有無を言わせぬ方法で多くの偉大なアイデアを実行に移し、偉大な事業を始めたことは明らかな事実だ。レイ・ダリオの投資会社ブリッジウォーター・アソシエーツのように、過激な論理を用いたマネジメント戦略として屈辱感を取り入れる社風が一見、功を奏しているようにも見える（ダリオは社員の失敗を同僚の前で率直に指摘する〝徹底した透明性〟や、〝苦痛＋反省＝進歩〟といった原則を好んでいる）。

しかし本書では、「安心できる環境」という安全なスペースの中で新しいアイデアを守り、人々のあいだでアイデアのキャッチボールと対話を繰り返しながら、長い時間をかけてそれを育てる手法を推奨したい。

安心できる環境を作るためには、マネジャーが文字どおり親の役割を果たさなければならないというわけではない。幼児やティーンエイジャーと立派な社会人を同一視するのは無理がある。とはいえ、もし伝統的なマネジャーがつねに成果を重視するせいで、安心して探求できる環境が犠牲になっているとすれば、その組織はメンバーの能力を最大限に引き伸ばすことはできない。ほどよいマネジャーとは、完璧にはほど遠いが、注意深く一貫した信頼の置ける態度で、メンバ

（注4）「安心できる環境」という概念は、第二次世界大戦中に両親から隔離された子どもたちを診察したウィニコットの経験から生まれた。彼は、ロンドン大空襲の際に看護が必要なため親から離れて疎開した二歳から五歳までの子どもを診察した。注目すべきことに、ウィニコットはそのプロセスを子どもたちの「マネジメント」と呼んでいる。

ーのために健全な環境を整えられる人のことである。

職場の文脈で言えば、健全な環境とは、人々が仕事に集中する自由を持つことができ、体裁を取り繕ったり、気難しい人々の機嫌を取ったり、権力闘争をしたりすることにエネルギーを費やさなくてすむ環境を指す。どんな労働環境でも、ときには不和が生じるものだし、どんな組織も、複雑さや人間関係の問題をはらんでいる。突き詰めれば、「安心できる環境」の重要な属性とは、そうした問題を修復できることだと言える。

ビジネススクールで向上心あふれる専門用語を聞き慣れた耳には、優秀さよりも一貫性を重視することは、うさんくさいほど低いハードルに聞こえるかもしれない。そもそも「ほどよい」や「適切な」は、普通は高い称賛を表す形容詞ではない。それでも、安心できる環境を提供することは並大抵の仕事ではない。マネジャーはすべての責任を負わねばならないが、すべての権限を手にするわけではない。アイデアを守るという骨の折れるタスクをつねに背負いながら、正直であり、ときにはアイデアの方向性に疑問を投げかける。自らビジョンを実行するのではなく、支配はしないが厳格である方法と、干渉はしないが励ます方法とのあいだで、うまくバランスを取る——それがマネジャーの仕事なのだ。間接的だが不可欠な仕事である。

マネジャーの主要なツールは対話だ。対話を用いる際に、マネジャーに求められる役割には三つの種類がある。「案内人《ガイド》」と「同志」と「プロデューサー」である。「ガイド」は善き教師のようにメンバーに知恵を授ける。「同志」は正直さと励ましを授ける。「プロデューサー」は、アイデアを市場の制約に合わせる二次的な創造的タスクを請け負う。

導師《グル》と案内人《ガイド》

進行中の創造的プロジェクトを管理するための最初のステップは、導師《グル》ではなく案内人《ガイド》に徹することである。二〇〇三年に死亡したニューヨーク近代美術館の伝説的館長、カーク・ヴァーネドーを称えて、ニューヨーカー誌のエッセイスト、アダム・ゴプニクは次のように書いている。「グルはおのれを与え、おのれの手法を授ける。教師はおのれの主題を与え、あなた自身を授ける」グルは、どのようにすべきかをあなたに指示する。ガイドは、あなたがどのようにすべきかを自分で発見できるようにする。

グルと専門家《エキスパート》のちがいをはっきりさせておこう。誰もが何かの分野のエキスパートである。その専門性を共有することは、組織に対する重要な貢献の一つだ。あらゆる分野において、専門知識の効果的活用は、マネジメントとリーダーシップの中心的要素となる。バレエからコンピュータープログラミングまで、どんな分野にもその分野特有の「文法」がある。「文法」とは、技術の基本的な仕組みと基礎知識を指す。エキスパートとはスキルを授けることのできる人、つまり任意の分野の「文法」を教えられる人のことだ。エキスパートはこの知識を共有し、ほかのメン

バーに必要なスキルを与え、彼らが独自に物を作れるようにする。グルとはちがって、エキスパートはメンバーの熱心さを逐一管理することなく、各自の基本的自律性を尊重しながら、ガイドのようにスキルを授けるのだ。

ガイドとグルのちがいは、アートスクールでおなじみの授業形式「クリット」——批評《クリティーク》の省略語で、一人の作品を前に掲げ、ほかの生徒と教授がその作品について語る時間——によく表れている。職場文化にはなじみがないかもしれないが、アートスクールのクリットの目的は、制作中の創造的作品に関する対話に光を当てることにある。

現在活躍中の画家リサ・ユスカベージは、イェール大学のアートスクール時代にクリットに参加したときの気持ちをこう表現している。「よくある悪夢に、公衆の面前で素っ裸で立ってるというのがあるでしょう？　それに、さらに恐怖を追加した感じなの。例えば素っ裸で体重計の上に乗ってるだとか」

私がガイドとグルのちがいの重要性に気づいたのは、アートスクールでクリットに参加しているときのことだった。私たちはある学生が制作したビデオを見ていた。コンセントとテディベアがなんの脈絡もなく出てくる不鮮明な映像だった。ビデオが終わると、教室には退屈した空気が漂った。そんなとき、教授の一人が大声で言った。「おまえには子ども時代の作品は作れない！　見られたもんじゃない」。それを聞いたとき、私は心の中で思った――作れないんじゃない。ただこのビデオがうまくいってないだけだ。「おまえにはできない」と「このビデオが良くない」には、実は大きなちがいがある。

その教授はグルのスタンスを取って、彼自身のルールを学生に告げたにすぎない。ガイドのスタンスを取るなら、その学生が自分の作品の強みと弱みを自覚できるように手助けし、手を抜いた部分について責任を取らせることもできたはずだ。ガイドの持つ大きな力は、導く相手に我が身を振り返らせることにある。ガイドはありのままを映し出す鏡のような正直さで厳しく導くが、そんなときでも優しい言葉と、まだプロセスの途上にあることを考慮した寛容さを忘れることはない。

アートスクールのクリットを指導する教師が、全員グルだというわけではない。アーティストのジョン・バルデッサリは、ロサンゼルスのカリフォルニア芸術大学で、クリット中心の授業を受け持っていた。そんなバルデッサリが考える成功したクリットとは、教師である彼がヒントを授けなくても、学生たちのあいだで会話が続いたときだという。彼は「私の役割は、腕のいい司会者かナビゲーターだと思っている」と話す。

企業内におけるクリット形式の対話の例としては、ピクサーが「ブレイントラスト」と呼ぶミーティングがある。ブレイントラスト会議では、監督たちやスタッフが集まって、制作中の映画について互いに助言し合う。ピクサーの社長エド・キャットムルは、ブレイントラストでの彼の仕事は、「その場でアイデアを実際に吟味することではない。ゆったり構えて、ミーティンググループのダイナミクスを吟味することなんだ」と話している。

なぜそうまでして「対話のあるスペース」を保とうとするのか？　それは未知のB地点を生み出すためには、新しいアイデアが潰されないように保護する必要があるからだ。創造的スペースを安全に保つことは、手術室で無菌状態を保つのと同じようにきわめて重要なことなのだ。ピクサーの賞を総なめにした大ヒット作品でも、制作初期はどれもこれも〝駄作〟だとキャットムルは言う。

乱暴な言い方だが、私はよくそう言っている。オブラートに包んだら、初期段階の作品が実際にいかにひどいかが伝わらない。謙遜で言っているのではない。ピクサー映画は最初はつまらない。それを面白くする、つまり「駄作を駄作でなくする」のがブレイントラストの仕事だ。

今は傑作だと思われている作品も最初はひどかった、と言ってもなかなか理解されにくい。喋るおもちゃの映画をパロディーやお涙頂戴やキャラクターグッズ販売目当てで作るのは簡単だが、ネズミが料理をする映画なんて、一歩まちがえば人を不快にさせるだけだし、『ウォーリー』のオープニングで三九分間も会話がないことがいかにリスキーか想像がつくだろう。そうした試みにわざわざ挑戦するのだが、最初からうまくいくわけではない。それが当たり前だ。創造にもはじまりがある。忌憚ないフィードバックと励ましを受け、何度も作り直すプロセスは本当に効果的で信用できる。何度も何度も修正を加えてようやく欠陥だらけだった物語に背骨となるテーマ（スルーライン）が生まれ、空っぽだったキャラクターに魂が宿るのだ。

（『ピクサー流　創造するちから』エド・キャットムル＋エイミー・ワラス著）

対話を導くにあたり、ガイドは「あなたのありのままの姿を映す鏡となりつつも、あなたの行動には関わらない」という絶妙な位置を保つ。美術科の教授エド・エッピングに、ウィニコットの「ほどよい母親」の話をしたとき、エドは自分の役割は母親ではなく助言者《メンター》だと明言した。自分の仕事は、学生たちに思い切って冒険させることであり、そのために、失敗するリスクを冒しても安全だと感じられる環境を作ろうとしているのだ、と。それはどういう意味かと尋ねた私に、エドはこう言った。

誰かが崖っぷちで試行錯誤しているのを見かけても——例えるなら、誰かが階段のてっぺんから飛び下りようとしていて、止めるべきだと思うようなときにも——私はあえて止めないでおく。そういうとき、私はこう考える。階段から飛び下りて、作品がどうなるかを見てみよう。もしうまくいかなかったときには声をかけよう、とね。

これは安全なスペースを作る上でもっとも重要な点である。エドは、メンバーが「思い切って冒険できるスペース」を保つために積極的に動くマネジャーのようなものだ。創造的プロジェクトのマネジャーの職務とは、チームのメンバーが生来の才能を全力で注ぎ込める環境を整えることだ。メンバーが道からそれて崖っぷちまで行くこともあるかもしれない。そんな無謀なことをしなければ、まずまずの成果が得られるかもしれない。その一方で、まずまずを狙っていてはすばらしいプロジェクトにはならない。すばらしいプロジェクトには変動性がつきものだ――最高値を軽々と超えることもあれば、低迷することもある。

英雄的な努力よりも、そつなく仕事をこなせることのほうが重要な職場もあるだろう。しかし、大局的な視点に立ち、組織全体のポートフォリオに目を向ければ、スローピロー的プロジェクトを回避するリスクに気づくはずだ。リスクを伴う実験的なプロジェクトに取り組み、つねにイノベーションという脱皮をしつづけることは、組織の存続にとって不可欠な要素だからだ。ほどよいマネジャーとは、「イノベーションを起こすかもしれないがリスクを伴うプロジェクト」に安心して挑戦できると思わせてくれる存在なのだ。

さて、ほどよいマネジャーに求められる二番目の役割は、「同志」だ。同志は、専門分野の同僚という立ち位置で、温かさとユーモアと友情をもってメンバーと関わる。安全な創造的スペースを作るというよりは、そのプロジェクトの中でメンバーとともに走る「併走者」である。

同志関係

一九七〇年五月二九日、アーティストのエヴァ・ヘスが脳腫瘍のため三四歳で亡くなった。彼女の親しい友人だったアーティスト仲間のソル・ルウィットは、訃報を聞いたときパリにいて、六月二日から開催される展覧会の準備の真っ最中だった。それでも、ソルは初日までのわずか三日間でエヴァを追悼する作品を制作し、その展覧会で発表した。

エヴァに捧げられたその作品『ウォールドローイング＃46』について、彼はこう語っている。「彼女の訃報に接したとき、僕たちの作品を結びつけるような何かを作りたいと思ったんです。それで、彼女の作風と僕の作風を組み合わせてみた。彼女が僕の作品に影響を与えたともいえるでしょう」ソルが自身のトレードマークである〝直線〟を使わなかったのは、それが初めてだった。そのときの決断は、ソルのその後のキャリアにも波及した。

一方、ソルもまたエヴァの作品に影響を与えていた。一九六五年、エヴァは夫と暮らすドイツからソルに手紙を送った。そこにはアーティストとしての自信を喪失したという気持ちが綴られていた。その手紙を受け取ったソルは、次のように返信した。

僕は君なら絶対大丈夫だと思ってる。君はボロカスに言ってるけど、君の作る作品はすばらしいからね。なんならひどい作品を作ってみたらどうだい？　思いつくかぎり最悪の作品を作ってみて、それでどうなるか見てみるといい。まずはリラックスして、あとのことは全部投げ出してしまえ。君は世界に対して責任を負っているわけじゃない。自分の作品に責任があるだけだ。だから、とにかくやるんだ《ドゥ・イット》。

手紙の各ページの下には、実行《DO》という単語が大きなブロック体で書かれている。その年から亡くなる一九七〇年までは、エヴァ・ヘスにとって、もっとも生産的な時期となった。

エヴァ・ヘスとソル・ルウィットは深い友情で結ばれていた。彼らのように、深い親愛の情と互いの作品に対する深い知識の双方に根ざした関係は、同僚を超えた「同志」だといえる。そして、同志を見つけて、その関係を育てたとき、あなたのクリエイティビティに大きな化学反応が起こる。

ソルとエヴァ同様の深い繋がりを持つケースは稀少かもしれないが、共感とリスペクトを通じた同志関係は日常的にも見られる。相手は必ずしも自分と似たタイプというわけではない。仕事仲間やルームメートなど、日常をともにするうちに自然と近しくなる関係の中で、異なる強みや弱み、スキルを持ち、似た価値観——公平さ、正直さ、几帳面さ、透明性など——を持つ人を探してみるといい。

同志関係は、思いやりのある職場で育まれることが多い。昇進のように一つの椅子をめぐって争わざるを得ないことはあっても、多くの場合、ワールドカップの決勝戦のように一方が勝者で、他方が敗者となる関係ではなく、すべての船を上昇させる満ち潮のような関係である。試しに上司やクライアントの前で同僚を褒めてみるといい。相手と同志関係が築けていれば、職場文化的に健全な範囲内で、お返しにあなたのことも褒めるはずだ。

ウィンストン・チャーチルの主治医として有名なモラン卿は、一九四五年までセントメアリー病院メディカルスクールの学部長も務めていた。モラン卿は候補の学生を面接するとき、会話の途中で足元からラグビーボールをさっと取り出し、そのボールを学生に投げたという。学生がボールをキャッチすれば合格、投げ返せば奨学金授与と決めたというのだ。

あなたの職場では同僚とそんなふうに遊び心のある習慣を養うことができるだろうか？　同僚たちはパスをキャッチして投

げ返してくれるだろうか？　もしあなたがほかの人々を褒めることができて、相手にも心からあなたを褒めさせることができれば、それによって全員の気持ちが高まる。自分で自分を褒めるよりもずっと簡単な方法だ。

一方で、普通の友情なら交渉の余地のある特質が、同志関係ではより重要になることもある。とりわけ信頼性や時間厳守などはそうだ。やると言ったことをやり、行くと行った場所に行く。誰でも欠点はあり、こうしたことが苦手な方もいるだろう。だが、もし時間厳守や信頼性があなたの強みでないならば、これらの性質がほかの人々、ひいては職場文化の中でどれほど重要なのかを理解するよう努めるべきだ。あなたがいつも納期に遅れたり忙しすぎたりするなら、欠点に率直に向き合い、できもしないことを約束しないようにする必要がある。例えば、「本当にやりたいと思うし、そのつもりだけれど、私は完璧な人間ではないので、不本意ながら、あなたをがっかりさせることもあるかもしれません」というように。

同志関係が普通の友情とちがうのは、成果を求められる点である。そのためには感情的にならずに難しい対話ができる関係が必須になる。安直に聞こえるかもしれないが、採用する／採用される時点で、「仲間になれる人」を選ぶことも重要になる。

小説家ゴア・ヴィダルの有名な金言に「友人が成功するたびに、私は少しずつ死んでゆく」というものがある。同志とは、この金言が誤りだと証明する人々である。特にマネジャーにとって、同志であるチームのメンバーが成功するところを見るのは大いなる喜びだ。善き友人に、善きことが起こるのを見届ける――それは人生において軽視されがちな喜びの一つである。誰かが成功するのを見て、胸が痛むときは、その理由を自分に尋ねてみてほしい。あなたはその人のことを思っているほど好きではないのかもしれない。あるいは、あなた自身が自信を喪失しているのかもしれない。満たされない感覚に際限なく襲われているのか、それとも自分自身の仕事か何かが行き詰まっていると警鐘を鳴らされたのか、自分の胸に手を当てて考えてみたほうがいい。

同志関係は、ピクサーのブレイントラスト会議を成功させる秘伝のソースにもなる。ピクサーの監督ピート・ドクターは『モンスターズ・インク』と『カールじいさんの空飛ぶ家』で大成功を収めたあと、『インサイド・ヘッド』を制作中にスランプに陥った。そんなドクターに対して、『Mr．インクレディブル』や『レミーのおいしいレストラン』の監督ブラッド・バードはこんなふうに声をかけた。「前の作品のときにも同じことを言ったけど、〝君は強風の中でバク宙を三回連続で決めようとして、着地がうまくいかないからって自分に腹を立ててる。生きてるだけでもすごいことなのに〟」バードのこの言葉は同志としてのものだ。草むらの中にいた映画にとって、これ以上ない支えとなったことだろう。

ドクターの監督作品『インサイド・ヘッド』は、五年以上の制作期間を経て、二〇一五年六月一九日に封切りされた。批評家に高く評価され、公開から一〇日間で全世界で三億ドル近い興行収益を上げた。映画の設定は風変わりでリスキーなものだった。ストーリーは、主に一一歳の少女の頭の中で展開し、メインのキャラクターは彼女の感情を擬人化したものだった。バードの言葉どおり、ドクターがしようとしていたのは「強風の中の三回連続のバク宙」に匹敵することだった。

制作開始から三年目を迎えたころ、ドクターは悩んでいた。アイデアは面白い。でも、この映画の核はなんなのか？　それをわかっていないことに気づいたのだ。このままでは会社をクビになるかもしれない――ドクターはこの映画が失敗に終わったときのことを想像した。北極に移住するしかなくなったらどうしようか。家や給料がなくてもなんとかなるが、友達がいないとやっていけないとドクターは思った。自分にとって、もっとも失いたくない大切なものは、幸せだけでなく悲しみも一緒に経験した友達だ、と。そのときドクターはひらめいた。映画の中でも〝ヨロコビ〟だけでなく〝カナシミ〟というキャラクターにもスポットを当ててみよう。こうして彼は映画の核を見つけたのである。

ピクサーにきわめて結びつきの強い社風があるからといって、社員全員が親友になれるわけでもないし、なる必要もない。そもそも友情とは自然に生まれるものだ。ただし、同志関係を育む土壌を整えることならばできる。「信頼と友情が生まれる場所では、それを育てることが創造的作品の支援となる」という事実は肝に銘じておいてもいいだろう。

プロデューサー

これまでは組織における創造的プロセスの「アート」の部分に注目してきた。アートとは、その定義によれば、必ずしも現実の世界で成功する必要はないものだ。しかし、それをアートの外の世界に持ち出す段階になると、誰もが気まずい真実の壁にぶち当たる――たとえどんなにすばらしいアイデアであっても、採算を取る道がなければ存続できないという真実だ。

つまり、組織内で創造的プロセスを管理する場合には、創造というクライマックスへ向けての盛り上がり《ライジングアクション》と収束《フォーリングアクション》の両方に目を向けなければならないのである。ライジングアクションとは、アイデアの探求を指す。フォーリングアクションとは、そのアイデアを商品として価値のあるものに変えるという二番目の創造的プロセスを指す。

映画産業では、そんなふうにアイデアと商品化を繋げる助産師的役割を、「プロデューサー」と呼んでいる。どんなビジネスにおいても、プロデューサーは必須の存在だ。映画のプロデューサーは、芸術的なビジョンを現実にフィットさせる橋渡し役として、すばらしいロールモデルとなる。

二〇一三年に封切られた『ダラス・バイヤーズクラブ』は、ロビー・ブレナーとレイチェル・

ウィンターによって共同プロデュースされた映画だ。このプロジェクトが始まったのは、二〇一三年よりもずっと前で、二人の同志関係に端を発している。ブレナーの友人クレイグ・ボーテンが原案を練り、彼の脚本パートナーであるメリッサ・ウォーラックが一九九〇年代に脚本を完成させた。ブレナーは、その脚本を友人の映画監督マーク・フォースターに薦めた。フォースターはユニバーサルに交渉して映画化を進めたものの、ユニバーサルの判断でお蔵入りとなった。結局、脚本は二〇〇九年にボーテンとウォーラックのもとに返却された。

ブレナーは今度は脚本を俳優マシュー・マコノヒーのエージェントに渡した。脚本が届いたとき、マコノヒーは人生の興味深い時期にいた。その一年半前に、最低一五〇〇万ドルという高額報酬でオファーされた『私立探偵マグナム』のリメイク版の主役の座を断り、一年半の休暇を取っていたのだ。

『ダラス・バイヤーズクラブ』の脚本を受け取ると、マコノヒーは主人公のロン・ウッドルーフの役を引き受けることに同意した。この映画は、エイズ患者のカウボーイが米国で未承認の薬を入手するために奔走するという実話を基にした作品だ。報道によれば、彼の出演料は、興行収益の何割かという付帯条項付ではあるものの、二〇万ドル未満だったと言われている。

主役は決まったが、次はメガホンを握る監督を探さなければならなかった。ブレナーは、過去に関わった未制作のプロジェクトで、ジャン＝マルク・ヴァレ監督と仕事をしたことがあった。彼に頼んだところ、監督を引き受けてくれた。また、ブレナーは映画制作会社社長との兼務で多忙だったため、古くからの友人のレイチェル・ウィンターに共同プロデュースを依頼した。

マコノヒーはやつれたHIV感染患者ウッドルーフを演じるため、断食に近いダイエットに取り組んだ。彼が目標の一八キロのうち、一七キロの減量に成功した頃、プロデューサーたちは、このままでは制作資金が足りなくなると気づいた。財政を立て直すために、撮影開始を数カ月遅らせることになるかもしれない。ブレナーとウィンターはマコノヒーにそう伝えたが、厳しい減量生活を送る彼には承服できなかった。

そこで、二人のプロデューサーは、照明予算を丸ごとカットするという決断を下した。実は、この映画では人工照明が一切使用されていない。この決断によって約一〇〇万ドルを削減し、四〇〇万ドル程度の資金で映画は完成にこぎつけた。現場にとっては照明を使えないことは災難だと思えたことだろう。しかし、この苦肉の策のおかげで、ストーリーの舞台である一九八〇年代らしさを醸し出すことができた。『ダラス・バイヤーズクラブ』はアカデミー賞で六つの部門にノミネートされ、全世界で五〇〇〇万ドル以上の興行収益を上げた。

ここにすばらしいアイデアがある。ぜひそれを作りたい。しかし、それにはお金がかかる——これはプロデューサーが抱える共通のジレンマだ。財政的側面と創造的側面を行き来しながら、プロジェクトを実現する妙案をひねり出さなければならない。アートとして作品を創造しながら、経済的な収支を合わせる必要に迫られる。市場経済の構造を持つ業界では、創造的プロジェクトが実現するかどうかはプロデューサーの腕次第だということが多い。

現在、映画産業では、芸術性と商業性を巧みに重ね合わせることが、ますます困難になりつつある。『めぐり逢えたら』と『ベビーシッター・アドベンチャー』のプロデューサーであるリンダ・オブストは、「映画プロデューサーは、もはやDVDの売上というサポートを得ることができず、興行収入一本という細い収益の道で競うことになっている」と書いている。DVDの収益を当てにできないことで映画制作はよりいっそうリスクの高いプロジェクトとなり、誰もが過去の成功例を踏襲しようとする。オブストが言うように、国際的大ヒット作の続編でもなく、小規模な独立系映画でもない映画は、ユニコーンのように稀少な存在になりつつある。

モノを買える環境を創造する

映画制作に加えて、発展途上国での社会起業も、プロデューサーの役割を学ぶのに適している。発展途上国では経済的な制約がさらに厳しく、マイナス面もさらに険しいからだ。

ケニアで〝省エネ型調理用コンロ〟の製造を開始したバーン社のピーター・スコットと彼の同僚の例を見てみよう。二〇一五年現在、ケニアの約半数の世帯では、木と木炭を燃料とする伝統的な調理用コンロが使用され、それによって森林減少、大気汚染、一酸化炭素中毒による死亡という弊害を招いている。特に室内空気汚染の死亡者数は、年間約四三〇万人にものぼり、マラリア、結核、HIVの合計死亡者数より多いと推定される。しかしながら、ケニアの人口の約九〇％が、ソーラーパネルも利用できず、送電網から離れた場所で生活しているため、調理用コンロに頼らざるを得ないのが現状だ。

クリーンエネルギーを使ったコンロの必要性は明らかだが、現実には、安価な代替コンロが販売されないかぎり、貧困地域に浸透させることは難しい。そこで、プロデューサーの腕の見せ所となる。

カナダ人CEO、ピーター・スコットが調理用コンロの製造を決意したのは、バーン社が実際に製造を開始する二五年も前のことだった。米国・ドイツ両政府による援助プロジェクトに取り

組んでいたスコットは、木炭燃焼コンロに関連した森林破壊と死亡者数の増加を目の当たりにしてショックを受けた。森林を保護したいという思いは、やがて「世界を救う消費者製品」を作りたいという決意に変わり、彼は草むらの中を紆余曲折しながら進んだ。

二〇一一年、スコットは一〇人のチームを集めて、バーン社を創立した。調理用コンロの開発には三年を要し、作業時間の合計は一万時間（その多くはエンジニアによる無償または低価格での作業だった）。設計のやり直しは五〇回にも及んだ。二〇一三年秋から小規模生産を開始。二〇一四年にナイロビ北部に本格的な工場を開設し、二〇一五年にはソーシャルベンチャーファンドのアキュメンから出資を受けた。

プロデューサーが解くべきパズルには、二つの異なる側面がある。一つは経済的側面、もう一つは金融的側面だ。バーン社にとっては、前者はコンロを手頃な価格で提供できるように製造コストを下げること、後者はケニアの家庭で購入資金を調達できるようにローンを整備することだった。ケニアの家庭では、木炭燃料に平均して年間五〇〇ドルを費やしている。バーン社製コンロではその半分の木炭使用料ですみ、年間二五〇ドルの節約になる。とはいえ、多くの家庭には手持ちの現金がほとんどなく、年間で数百ドルもの節約になるとわかっていても、四〇ドルのコンロを現金で買う余裕がなかった。

そこでバーン社は、良質で安価な調理用コンロの設計に加えて、顧客向けローンもビジネスモデルに取り入れた。ケニアの人々に調理用コンロの購入資金を貸し付け、人々がその四〇ドルによって、長期間燃料費を節約できるようにしたのである。

バーン社は一〇年間で三七〇万台のコンロを製造・販売する計画だ。この計画により、ケニアの家庭で使用される木炭燃料費のうち、一四億ドルが節約される見込みである。さらに二酸化炭素排出量は二〇〇〇万トン以上削減され、屋内汚染も大幅に削減される。また燃料となる約一億二三〇〇万本の木が伐採されずにすむ。ケニアの人々、家計、健康、環境――そのすべてに、プロデューサーの手腕が影響を与えるのだ。

プロデューサーに求められる役割は職場によって幅がある。アーティストに自由に制作させながら、その作品を販売する画廊のように、ベクトルが芸術サイドに傾くこともあれば、フォーカスグループのテストを経てユニークなデザイン性を追求する量販商品の製造のように、商業サイドに傾くこともある。

どんな職場でも、プロデューサーの役割が一人の人間に固定される必要はないが、そのときどきで誰がプロデューサーの役割を担うのかは明確にしておくべきだ。プロデューサーが指名されれば、チームのほかのメンバーは作業そのものに集中できる。プロジェクトの商品化というタスクは、それだけで創造的課題となる。また、プロデューサーの役割を交代で担当すれば、安易にノーと言う人も減り、クリエイティブサイドとビジネスサイドの共通の理解を深めて、柔軟に対応しやすくなる。現実的な世界に足を置くことは、誰の仕事にとっても不可欠であり、いい経験にもなるだろう。

ここまで、プロジェクトマネジメントに関する役割について考えてきた。ガイドはチームのメンバーが安心してリスクを冒せる環境を整える。同志関係は自然に生まれるものだが、時間をかけて育むこともできる。プロデューサーの役割は、人によっては天性の資質を備えている場合もあるが、プロセスの一環として一時的に割り当てることもできる。

創造的プロジェクトの後方支援の流れを促進し、組織の中でオープンエンドな探求のためのスペースを確保する——それはプロジェクトマネジメントにおいて重要な役割であり、また誰にでも担当できるタスクなのだ。

改訂版スクラム

コンピュータープログラミングは理論的な完璧さを要求される作業だ。一つでもタイプミスがあればコードは機能しなくなる。ノースカロライナ大学チャペルヒル校のコンピュータープログラミングの元教授、フレデリック・ブルックスが書いているように、そもそも「人間の活動の中には完璧さが要求される分野はほとんどなく、人間は完璧であることに慣れていない」生き物である。一方、プログラミングには、プロジェクトの規模が大きくなるにつれて、単なる完璧さではなく「調整された完璧さ」が必要になる。というのも、一人の人間で最新のソフトウェアをすべて構築することはできないからだ。一人の人間で戦争全体に勝利したり、単独で船を操縦したり、一人で百科事典を全部書くことができないのと同じことだ。そのため、ソフトウェア開発のプロセス管理ツールは「調整された完璧さ」、つまり多人数による完璧さの達成を目指して構築されている。あらゆる創造的プロセスにおける組織マネジメントにも適用可能なツールである。

二〇〇一年、著名なコンピュータープログラマーたちが「アジャイルソフトウェア開発宣言」を共同で発表した。それを機に、従来の「事前の計画を重視する」手法ではなく、「調整を重視する」敏捷《アジャイル》な手法が注目されはじめた。そのアジャイルソフトウェア開発の中に、〈スクラム〉と呼ばれる有名な手法がある。ラグビー用語を語源とした日常のプロセスを管理するツールで、顧客からフィードバックを得ながら問題解決を図るためのフレームワークだ。おのずと、顧客の要望という難問に真正面から取り組むことにもなる。ちなみに、ヘンリー・フォードは「顧客に欲しいものを尋ねたら、車ではなく、もっと速い馬と馬車が欲しいと答えただろう」と指摘し、スティーブ・ジョブズは「人は形にして見せてもらうまで、何が欲しいのかわからないものだ」と述べている。

本書では、〈スクラム〉の方針──「短い時間軸《タイムフレーム》」「プロジェクトの役割の決定」「中間目標点《マイルストーン》ごとの進捗管理」──を、よりオープンエンドなプロジェクトに適用してみたい。〈スクラム〉は、事前に計画された特定のプロジェクトが「既知の成果を達成するために」デザインされている。本質的には、未知のB地点を創造するプロセスは、事前にやるべきこと（製品に必要な要素）が判明しているソフトウェア開発プロジェクトよりも、アートの授業のほうが類似性が高い。そこで、〈スクラム〉の中でも、比較的短期間で調整および共同作業を行う手法そのものに着目した。多少の変更を加えた〈改訂版スクラム〉であれば、オープンエンドな創造的プロジェクトにも適用できるだろう。

〈スクラム〉の出発点は、プロジェクト概要書《ブリーフ》である。従来の〈スクラム〉では、どんな解決策が必要なのかをまとめたものを指す。〈改訂版スクラム〉では、そのブリーフを質問――灯台の問い――に置きかえる。プロジェクトのそれぞれの段階に合わせて、「こんなことができたらクールじゃない？」という幅広い問いでもいいし、プロデューサーの視点で「どうすればこれを商業的に実現できるか？」というような問いでもいい。

次に、役割を決める。ブリーフの進捗を管理する「プロジェクトオーナー」。フィールドで実際にプレー（作業）する「チームメンバー」。それから、作業中に発生した問題を解決する「スクラムマスター」。その三者で、プロジェクトブリーフ（灯台の問い）を共有しながら、スタジオタイムとマイルストーンを使ってプロジェクトを探求する。プロジェクトオーナーとチームメンバーを合わせた全員を、「一人のアーティスト」とみなすことができる。スクラムマスターは、ガイドの役割を担うコーチ的存在だ。

〈スクラム〉は厳密なタイムフレーム――多くの場合は三〇日という短い期間《スプリント》――で設定される。

同じように、灯台の問いにもこのタイムフレームを当てはめることができる。スプリントの中で、プロジェクトは習慣とマイルストーンを軸に進められる。

〈スクラム〉の一日はスタンドアップミーティングから始まる。これはその名のとおり、立ったまま行われることが多い。チームメンバー全員が、前日に行った作業、その日に行う予定の作業、問題発生の有無を順番に報告する。スクラムマスターは、メンターとサポーターの役割を担い、問題を解決する。プロジェクトオーナーは、必要に応じて最後に発言し、疑問点やブリーフを明確にし、チームの作業を導く。日々の報告は一五分程度で終わらせる。

従来の〈スクラム〉では、始業時のミーティングで目標を明確にし、マイルストーンのタイムフレームを決める。終業時のミーティングでは、チームメンバー全員が、完成した作業と未完成の作業を報告する。首尾良く進んだ作業を確認し、滞った作業を文書化する。何がうまくいっていて、何に手を打つ必要があるのか。そうした会話に重点を

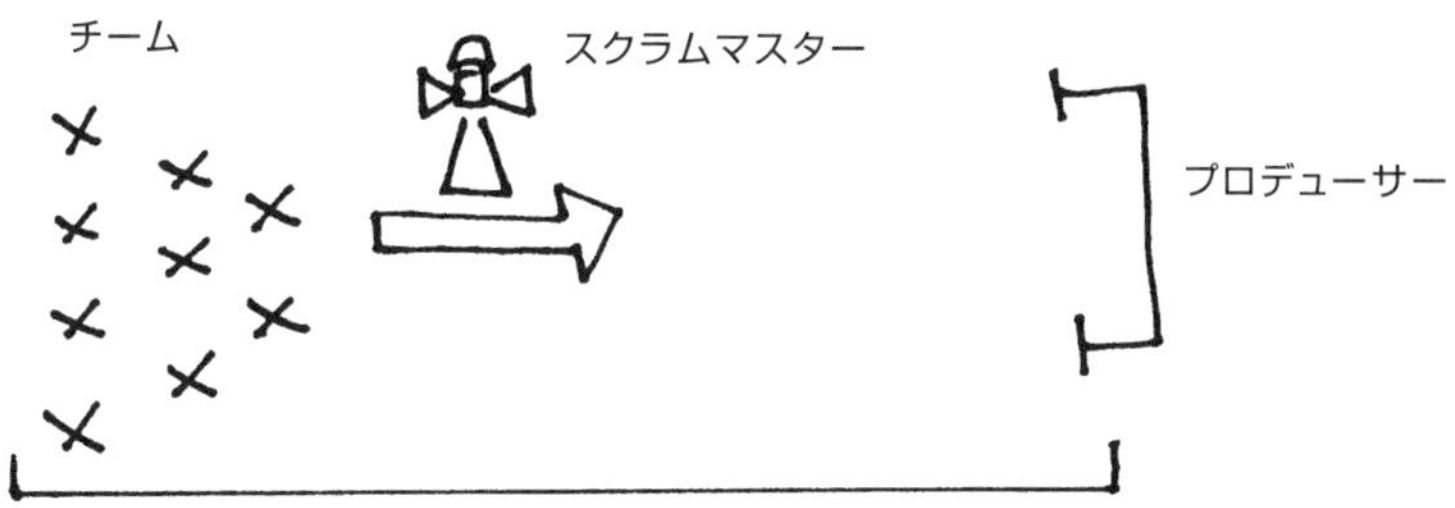

置き、判断を避ける。その意味で、スタンドアップミーティングはアートスクールのクリットのような場でもある。〈改訂版スクラム〉では、これがプロジェクトのどの段階のスプリントであり、どんな種類のマイルストーン（例えばリサーチの完了など）を設定する必要があるのかを明確にするといい。オープンエンドなプロジェクトが終了し、製品を作る段階になれば、従来の〈スクラム〉のスプリントをそのまま適用できる。

マイルストーンを設定する

従来の〈スクラム〉フレームワークは、ソフトウェア開発のために設計されたプロセスであり、チームには明確な達成目標がある。一方、未知のB地点を発明するための〈改訂版スクラム〉では、マイルストーンはゴールポストではなく、通過点《ウエイポイント》の形を取る。あらかじめ成果が具体的に定められていないタスクの場合、マイルストーンは試作品完成の目標、リサーチの目標、実験の期限などになるだろう。ブルックスは「マイルストーンはナイフの刃のごとき鋭さで定義された、具体的で測定可能な特定のイベントでなければならない」と書いている。しかし、〈改訂版スクラム〉では、成果を測定する必要はない。マイルストーンは、明瞭に定義されていることがより重要なのだ。マイルストーンとは、限られたタイムフレームの中で、チームが全力で仕事をしたあと、いったん時計を止めて、その作業の進行具合を確認するプロセスにすぎない。いわばキャンバスに絵を描く作業をチーム全員でサポートし、できあがった部分と、できてない部分を確認するプロセスだ。

私たちが取り組むコア構造は下記の三点だ。

・役割の明確な指定
・マイルストーンの設定
・比較的短いスプリントの設定と作業の振り分け

〈改訂版スクラム〉を使えば、ウィニコットの定義する「安心できる環境」を作りやすい。

第一に、スクラムマスターがメンバーをサポートする体制を整えられる。スクラムマスターはガイド的存在だ。メンバーに代わって仕事をこなすことはないが、メンバーが自分自身で仕事をやり遂げる方法を見つけられるように手助けし、活動の邪魔になる障害を取りのぞく。

第二に、タイムフレームは創造的プロセスにある程度のまとまりを与えるのに役立つ。期限があることで――それを永遠に続ける必要はないと知ることで――スプリントに気軽に取り組みやすくなる。

第三に、日々のスタンドアップミーティングで、透明性を保ちながらプロセスを説明し、またチームメンバーと頻繁に交流することで、時期尚早な判断を防ぐことにつながる。ハーバード・ビジネス・スクールの教授で組織的学習のパイオニアだった故クリス・アージリスは、「推論のはしご」という概念を提唱した。はしごは、人々がどれほどたやすく、単純な観察から個人的な解釈の段階を経て思い込みに至るかを示している。日々のスタンドアップミーティングの利点は、早く結論に飛びつきたいという欲望を和らげることにある。チームのメンバーとの交流を深め、あなたをオープンにする。ほかの誰かがボールを落としたことを責めたくなる気持ちは、スクラムマスターの手助けによって障害とみなされ、取りのぞかれる。日常業務として説明責任を負っていると、タスクを完了させやすくなる。もしタスクが完了できなくても、援助の手が差しのべられる。

役割を指定してマイルストーンを設定するプロセスは、分割所有権を配分する際の基準にもなる。プロジェクトのどの部分を、誰が、どれだけの期間担当したのかが、誰の目にも明らかになる。タスクの境界を明確にすることで、協働しやすくなる。タイムフレームを決めることは、チームのエネルギーを集約し、成功の可能性を高める。

創造的プロセスをマネジメントするときの落とし穴

ここまで述べてきたのはあくまで理想的な形である。人は能力を最大限に発揮できれば、互いに足を引っ張り合うことなく、やる気を持って創造的になれるという信念に基づいている。しかし、スクラムマスターにとっても、メンバーにとっても、注意すべき共通の落とし穴がいくつかある。以下に、その落とし穴をまとめてみた。「過干渉のリスク」「サボり癖のリスク」「成功体験のリスク」の三点だ。メンバーが自分の不用意な行動を戒め、周囲の人々の可能性に心を向けるための三カ条と考えてもらいたい。

①過干渉のリスク

過干渉のリスクは、何かを焼いているときにオーブンの扉を開けて、調理を妨げることに似ている。スフレの焼き加減を見るためにオーブンの扉を開けると、扉を開けたせいでスフレはしぼんでしまう。うまく焼きあがったかもしれないのに、過度な干渉のせいで失敗する。キャリアと生活のかかった重要なプロジェクトの進行具合をチェックしたくなるのは当然だが、創造的プロセスの期間は、その衝動に立ち向かう必要がある。プロジェクトそのものに専念するためには、不確かさと向き合い、進捗状況を正確に測定しすぎないようにすることが大切だ。

チームメンバーとの対話において伝えるべきことは、頭ごなしの否定の言葉でも、むやみやたらな称賛の言葉でもない。何かに真剣に取り組んでいる人が本当に求めているのは、褒められたと感じることではなく、ありのままに見られていると感じることだ。メンバーの状況に耳を傾け、よく観察して、注意を向けることが肝要だ。そうすれば、メンバーの信頼を得て、実際の状況について深く話し合うことができる。スフレに例えるなら、オーブンの扉は閉めたままで、オーブンの中を照らすライトをつけておくのだ。

②サボり癖のリスク

二番目のリスクは過干渉のリスクとは逆のパターンで、実際には仕事をしていないのにさも仕事をしているようなふりをすることだ。これはマネジャー自身にも、チームメンバーにも当てはまる。

私の友人のピーターは、「理想の仕事は作家のふりをすることだ」というジョークをよく口にする。毎日部屋にこもって、ディナーパーティの話題になる程度の文章を書く。執筆をしているとは言えるだろうが、実際に作品を完成させたり出版したりすることはない。

ここでプロジェクト管理のための役割分担が役に立つ。自称〝作家〟のピーターに、「この日までに同僚にできあがったものを見せる」というようなプロセスの期限を与える。プロセスの期限は、結果を出すという期限ではない。実際にどんなものが仕上がるのかはわかっていなくても、その日に向かって邁進《まいしん》するチェックインポイントだ。

もしかすると、ピーターが作品を完成させないでいるのは、批判を恐れている可能性もある。恥をかくことを恐れているのかもしれない。この落とし穴は、批判や批評ではなく現状把握を促す対話によって回避できる。

③成功体験のリスク

最後のリスクは、過去の成功と称賛が大きすぎることだ。あなたが若い頃に何かで成功した人だとしよう。高校時代、有名雑誌にエッセイが掲載された。アーティストとして、在学中すでに大手ギャラリーとの契約を打診された。金融危機またはドットコム不況を予測した。ビジネス誌で四〇歳未満のもっとも影響力のある四〇人、三〇歳未満の三〇人、二〇歳未満の二〇人のリストに選ばれたことがある。組織や友達の中でロックスターと呼べる存在だ。こうした名声は、ときに重荷に感じられるものだ。

「馬から落ちたことがない」ということは、「自力で鞍《くら》に戻れることをまだ証明していない」ということでもある。成功体験のせいで「立ち直る力」というマッスルメモリーが欠けている。得意な分野があるというプレッシャーも背負っている。過去の栄光は、あなた自身の方位磁石を検証する能力をゆがませる。

この状況を打開する方法の一つは、新しい何かに挑戦することだ。語学の習得、ダンスのレッスン、ユーチューブの動画作成、スケートボードの練習など。ゼロから学ぶプロセスは、立ち直る力というマッスルメモリーを鍛えてくれるだろう。

前述した画家のリサ・ユスカベージも、早くに成功した一人だ。絵画のMFAを取得してわずか一年後には、ニューヨークの大手ギャラリーから個展の開催を持ちかけられた。個展は大絶賛され、作品は飛ぶように売れた。しかし、個展のオープニングパーティに行く途中で、ユスカベージはそこに展示した作品は自分が描きたいものではなかったことに気づいた。やりたいことではなく、やるべきだと考えたことをした自分を、詐欺師のように感じたという。外から見れば順風満帆のようでも、彼女にとっては、そのパーティは人生でもっとも耐えがたい経験だった。その後一年間は、絵画から離れ、貪欲に映画を観て、ニューヨークを歩き回る生活を送った。その休息期間のおかげで、彼女は再び創作活動を開始し、ありのままの自分で安心して作品に取り組めるようになった。批判だけでなく称賛を避けることも、自分の感性を信頼するために役立つツールなのだ。

パフォーマンスを計測し、採用に活かす

創造的プロジェクトは、進行中には判断を避けるべきものであり、数値化も難しい。それでも現実問題として、パフォーマンスは査定されなければならない。評価することは、あらゆる競争と比較において、避けては通れないものだ。ではこの現実を踏まえて、創造的プロジェクトをどのようにマネジメントすればいいのだろうか？

二〇〇六年、元マッキンゼー社員のラズロ・ボックはグーグルに転職し、〝ピープルオペレーション部〟と呼ばれる人事部の部長となった。さっそくキャピタルワンという金融機関のデータ分析官、プラサド・セティを引き抜き、グーグルの業績評価制度を徹底的に分析する実験を行った。セティと博士号を持つチームメンバーたちは、360度評価プロセスで蓄積したデータを用いて、もっとも厳格な方法で実験を開始した。のちに「プロジェクトオキシジェン」という名で知られることになるその大規模調査により、彼らは「マネジャーは重要ではない」という仮説を証明したいと考えていた。結果的には、プロジェクトオキシジェンの共同責任者ニール・パテルが言ったように、「幸いにも、僕たちは失敗した」のだけれども。

グーグルは、その規模のわりに、比較的フラットな組織だ。従業員約三万五〇〇〇人、マネジ

ャー五〇〇〇人、ディレクター一〇〇〇人、バイスプレジデント（副社長）一〇〇人。グーグルは創業初期にも「マネジャーは重要ではない」という信念を実行し、マネジャー職を廃止したことがあるが、実験は短命に終わった（その実験を行ったのはグーグルだけではない。一九四七年、ニューヨーク近代美術館は、一九二九年の創設以来、同館をまとめてきた伝説の館長アルフレッド・バーを解任し、六人の理事会が代わりを務めると決定した。が、彼らの計画どおりには、事は運ばなかった。バーは美術館にとどまり、肩書を降格されて給与を半分にされても、献身的に働きつづけた。やがて美術館側は、館長という役割は不可欠なものだと気づいた。そこでバーは館長に復帰し、理事会による反逆事件は、バーの神話から省かれることになった）。

プロジェクトオキシジェンは、「グーグルのほとんどのマネジャーは、問題なく役割をこなしていること」、「社員の幸福感と生産性に影響を与える要因は、たくさんあること」を明らかにした。また、「マネジャーのレベルが良から優にグレードアップすると、それに比例して、生産性と社員の幸福感も格段にアップすること」もわかった。彼らは優れたマネジャーに必要な八つの属性を次のようにまとめている。

1．良いコーチであること。
2．チームの裁量に任せ、細かいことまで口出しししないこと。
3．チームのメンバーの成功や幸せに関心や気遣いを示すこと。

4. 生産的かつ結果重視であること。
5. チームのメンバーの話に耳を傾け、情報を共有し、円滑なコミュニケーションを取れること。
6. チームのメンバーのキャリアアップを支援すること。
7. チームが目指すべき明確なビジョンと戦略を持っていること。
8. 重要な技術的スキルを持ち、チームのメンバーに助言できること。

八番目をのぞくと、この属性は三つのグループに分けられる。

・ビジョンと目標の設定（4と7）
・個人に目を向ける（3と6）
・チームが仕事を行う環境を作る（1と2と5）

この調査にかかっているバイアスは、ポジティブなものだ。グーグルはかなりの時間とリソースを費やし、毎年同社に届く二〇〇〇万件の履歴書の中から、できるかぎり優秀な人材を厳選して雇用している。これは重要なことだが、人を雇うということは、ベンチャー投資家が創業したばかりのスタートアップを青田買いするようなものだ。企業とは人材がすべてだ。人を雇った瞬間に可能性の天井が設定される。臓器移植が体の健康状態に深刻な影響を及ぼすように、新しい人を雇うことはチームの健康状態に深刻な影響を及ぼす。できるかぎり最高の人材を雇うこと、チームにポジティブな貢献のできる人を雇うことが大切だ。それはスター社員ばかりを集めるためではない。より大きな成功を目指して、チーム全員が、一見ばかげてみえることにも果敢に取り組むリスクを安心して冒せるようにするためだ。

八番目の属性――誰もが認める技術的スキルを持っていること――は、エキスパートとしての役割も果たせるということだ。これはグーグルのようなテクノロジー主導の企業では、特に重要な要素になる。ただし、そのスキルは、グルではなく、ガイド方式で共有されなければならない。

プロジェクトを完了させる

創造的プロセスでは、誰もがプロジェクトを終わらせる瞬間を迎えなければならない。ロンドンのテート美術館の館長、ニコラス・セロタ卿の言葉を借りれば、「腹をくくって暗い部屋に閉じこもり、とにかく仕事を終わらせなければならない」ときが必ずやってくる。マネジャーの目標は、「完璧なアイデアを不完全なやり方で無駄にするリスク」をメンバーたちが安心して冒せるようにすることだ。

プロジェクトを完成させることは特別な功績だ。フルマラソンの実質的な中間点は三七キロ地点だと言われるのと同じように、創造的プロジェクトの中間点も、スタートからきわめて遠い地点にある。創造的プロジェクトを完成させることは、シーシュポスの神話（シーシュポスは巨岩を山頂まで押し上げるが、何度やっても転がり落ちてしまう）に抗おうとするようなものだ。

『すべての見えない光』でピュリッツァー賞を受賞した作家のアンソニー・ドーアは、二〇一四年一〇月、ある雑誌にエッセイを寄稿した。創造的作品を完成させることについて書いてほしいと依頼されたドーアは、子ども時代のハロウィンのコスチュームのことを綴った。

なんでも手作りを標榜するドーアの育った家庭では、「〝コスチューム〟という名詞に〝店で買った〟という形容詞をつけることは、怠惰と怠慢、子育ての手抜きさえほのめかすような雰囲気だった」という。七歳のとき、ドーアは〝甲冑《かっちゅう》を着た騎士〟の仮装をすることにした。衣装の材料に黒い厚紙が欲しかったが、店に在庫がなく、仕方なく十数枚の白い厚紙を購入した。ドーア少年は、丸二晩かけて白い厚紙を黒いマーカーで黒く塗り潰した。その年のハロウィンは雨が降った。ドーア少年が〝トリック・オア・トリート〟を終えてパーティに到着した頃には、彼のコスチュームは、黒インクが紫色に変色したびしょ濡れの厚紙のかたまりと化していた。

ドーアはびしょ濡れのコスチュームを、完成した本に例えて、こう書いている。

日々、失敗の連続だ……頭の中に浮かんだ輝かしく明瞭な夢を、完璧に描き出すことはできない。すごくうまくいった日でも、ほかの多くの日の失敗を寄せ集めて、頭の中のビジョンの模倣らしきものを作りあげたという程度にすぎない……作りたいものと実際に作れるものとのあいだには、つねに正体不明で予測不能な裂け目が存在する。重要なことはその裂け目を受け入れることだ……キルトを縫うために、絵を描くために、たった一つの満足いく段落を書くためにさえ、私たちは恐れを抱いて生きなければならない。できあがった代物が悪臭を放つかもしれないという恐れを。あるいは、誰にも顧みられないという恐れ――誰もいない森の中の木にしかならないという恐れを。頭の中の輝かしく瑕疵《かし》のない漠然としたアイデアが、現実という祭壇の上で叩き切られるという恐れを。

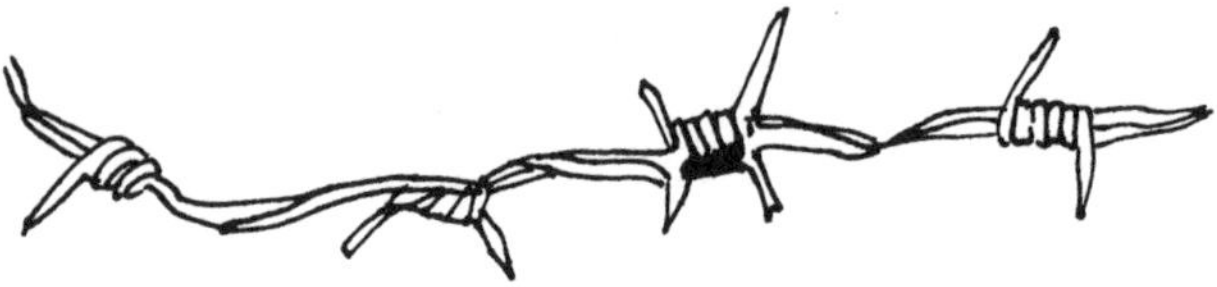

あなたの仕事がどんなものであれ、新しいことを始めるためには、今あるものを終わらせなければならない。始まりと終わりは一枚のコインの表と裏だ。何かを始めるには、何かを終わらせるというリスクを負わなければならない。

仕事を完了する――その目的は、完璧さの達成ではない。スタート地点よりも良いものを作ることでもない。A地点であなたが創造を始めた何かが、B地点の「現実」に成長することだ。創造的プロジェクトのマネジメントとは、チームのメンバーがそれぞれ自分の作品と格闘できるようにすることである。そしてメンバーが、私のアートスクール時代の恩師デイビッド・エベレットの言葉を借りれば、「何週間も体に有刺鉄線を巻きつけながらもがいたすえに、突然、ユリの咲き乱れる野原に出る」未来を実現させる。有刺鉄線からユリの野原へ向かうメンバーを「大丈夫、そのまま歩きつづけなさい」と励ましながらサポートすることなのである。

日本の牽引者
事例5

オムロン株式会社 イノベーション推進本部
インキュベーションセンタ長
京都大学経営管理大学院客員教授
竹林《たけばやし》 一《はじめ》

「軸」の設定と「起承転結」人材で ダイナミックな新規事業を生む

「軸」を定め、事業の羅針盤に

私のオムロンでの社歴の中でもっとも鍛えられた時期に、上司だったカンパニー社長から口酸っぱく言われたことがあります。新規事業を立ち上げる際には、幹と枝と葉っぱをはっきりさせろというものです。アイデアをぶつけるたびに、「それは幹なのか枝なのか、葉っぱなのか?」と訊かれました。葉っぱであるアイデアはいくらでも出てきますが、多くの場合、それらは単なるアイデアや小さなビジネスとして終わってしまう。ところが、事業の幹、つまり事業の向かうべき方向となる「軸」を定めると、大きな事業に育つと言われました。

二〇〇〇年に、関東一七電鉄の鉄道カードの相互乗り入れを可能とするプロジェクトを担当しました。その後、事業の第二段階として新規ビジネスを手がけたときに定めた「軸」が〝駅は街の入り口〟というもので、事業の幹になりました。それまでは、駅の役割とは乗車券を購入し、ちゃんとお金を払ったかをチェックする通過点にすぎませんでした。しかし、駅の役割を〝電車に乗るための入り口〟から〝街の入り口〟へと発想の転換をするだけで、次から次へと連続性を持ったアイデアが出てきます。例えば、半径三〇〇メートル圏内で鉄道系カードが使われることを想定したときに、〝ここのマーケティングをビジネスにしよう〟とか〝街の安心安全を見守るサービスを立ち上げよう〟とか、それぞれ枝が出てきます。幹が定まり枝が出ると、今度はその周りに多くのアイデアが生まれ、新規サービスが立ち上がっていきます。たとえ一つのアイデアが失敗に終わっても、それは葉っぱが一枚落ちただけのことで、次の葉っぱが出てくるのです。

その経験から、その後に担当したソフトウェア会社では、会社の幹は何になるのかを懸命に探りました。プログラムを組めるというのは当たり前で、ではプログラムを組める会社の存在価値は何か、を六カ月かけて徹底的に考えました。社内の若い人を集め、私の友人を含めた外部刺激などもどんどん入れて、六カ月後に到達した「軸」は、お客様の〝知のエンジンを創造する会社〟になることでした。

通常、世の中はＱＣＤで価値が定まります。今の世の中、Ｑ＝クオリティが高いのは当たり前、D＝納期《デリバリー》を守るのも当たり前、そうなると、C＝コストでしか差別化ができず、コストを下げつづけなければならない。つまり、ソフトウェアのプログラムを組んでいるだけだと、QCDで戦わざるを得ないということです。ところが、我々は〝知のエンジン〟という、お客様がビジネスに勝ちつづけられる仕組みをソフトウェアで実現する会社だ、と定めたら、コストとはちがう価値で評価されるようになる。高いからという理由で切られることがなくなるのです。そこで、〝知のエンジンを創造する会社〟という「軸」のもと、「今後いっさい、相見積もりを取られる仕事はやらない」と宣言しました。安いほうへ行く会社なんて目指していないって。お客様の〝知のエンジン〟を創ることとは、つまりその会社が今後すごく伸びる領域を任されることになるわけで、おのずとお客様との関係性も変わっていきました。

　例えば、お客様から、ある忙しい仕事のためにソフトウェアのエンジニアを一〇人送りこんでほしいと頼まれたとします。一番簡単なのは、余っている一〇人のエンジニアを送りこむことです。一〇人さえ送りこめば、一〇人分のお金になるんです。でも、我々の「軸」はお客様の〝知のエンジンを創造する会社〟であるから、そんなことはしません。一〇人のうち三人は、既存事業からトップクラスのアーキテクト（設計者）を選んで送りこんだんです。アーキテクトでもトップクラスになると、芸術家やデザイナーと同じで、とてつもなく美しいソフトウェアのプログラムを組みます。お客様の

〝知のエンジン〟を創るためには、芸術的なものを作れる人間を送りこむべきだと思ったわけです。当然、最初は既存事業の部門長は大反対。部門の一番優秀なエース人材を持っていくのかと言われました。それに対して、「うちの会社は、〝知のエンジン〟を創るって決めた。次に伸びる領域の〝知のエンジン〟を取りに行くために三人出してほしい」と頼みました。そしてみんなに、単にプログラムを組みに行くのではなく、トロイの木馬大作戦をすると伝えました。すると彼らは、アーキテクトを中心に、トロイの木馬の内側から鍵を外すために、懸命にお客様へ〝知のエンジン〟を提案しはじめます。そして、だんだんお客様の会社の根幹に関わる仕事をいただけるようになってきます。「軸」を明確にすると、お客様との関係性や社員の働き甲斐が向上し、既存のビジネスであろうが新規ビジネスであろうが、構造が変わりはじめるのです。

会社自体も、その中の既存事業も新規事業も、「軸」がないとうまくいきません。今まで「軸」のない事業やテーマの立ち上げをたくさん見てきたので、よくわかります。それだけは見つけないと。見つからなかったらうまくいかないし、うまくいったとしても小さなビジネスで終わってしまうでしょう。

「起承転結」人材のマネジメント

もう一つ、新規事業を起こすときに必要なのが、「起承転結」人材をどうマネジメン

トしていくかです。五年ほど前から「起承転結」人材の育成をやっています。「起」は0−1、つまり、新しいことを発想できる人材。ただ、それだけではビジネスになりません。「承」のデザイナーが必要だと私は言っています。それは、グランドデザインを描ける人材、つまり「軸」を作る人材です。詳細なビジネス計画を立てる必要はありません。グランドデザインを描き、ストーリーを語ることでお金を集め、仲間を巻きこめる人材です。ヒトが巻きこまれると、A、B、Cとアイデアが出てくるので、今度は「転」の人材が必要になります。「転」は、A、B、Cそれぞれの事業計画を立てるのがうまく、KPIの設定・リスク管理ができる人材。だいたい会社の中で財布を管理している人になるでしょう。そして「結」がそれに従って、QCDを作りこむ人材です。

「起」の人材だけで新規事業を立ち上げようとすると、〝面白いな〟で終わってしまいます。また、アイデアが飛びすぎていたり、タイミングが早すぎたりしてうまくいかない。「承」の人は、「起」の人のアイデアを受けて、タイミングを読んで、「軸」となるグランドデザインを描き、ストーリーを語ってヒトモノカネを集めてくる。あとはA、B、Cの個々のアイデアを精緻化を得意とする「転」の人材にやってもらう。だから、アイデアを出して「軸」をデザインする「起承」と、論理的に精緻化してQCDを達成する「転結」をどう融合させていくかが私の課題になっています。

近ごろ流行の出島戦略（革新的イノベーションは企業内からは起こしづらいという

課題意識のもと、本社から切り離した〝出島〟組織を作って迅速で大胆な取り組みを進めようという試み）だといって、「起承」人材のみを出島に送る。そうすると、全然ビジネスは立ち上がりません。反対に、「転結」の人材だけでイノベーションを起こそうとするのも無理があります。一番よくないのは、「起承」対「転結」の対立構造を持ってしまうこと。「起承転結」のバランスをとり、両方を活かすマネジメントが重要になります。

私にとっての「起」はアートです。「承」はグランドデザイン。この〝デザイン〟とは、一般的なデザイン思考の〝デザイン〟とはちがいます。「転」は分析。私の考えでは、今のデザイン思考はどちらかというと分析をベースとした思考の整理なので、「転」の領域に入ります。「承」が考えるべき「軸」は顧客分析をしても出てきません。アートとグランドデザインは、事業の〝意味〟や〝世界観〟の再定義と言ってもいいかもしれません。そこでは上位概念化する能力がとても重要になります。そう考えると、「起」と「転」＝アート対理論の戦いになり、絶対に相容れない。アート感覚のある人は、説明責任をあまり持たず、「なんで俺の言っていることがわからないんだ」となりますが、「起」が生み出したアートは、「承」がグランドデザインまで落としこまないと、大義名分が作れず、会社からお金を引き出すことができなくなります。

日本の牽引者
事例5

強さを取り戻すために

これまでの日本企業の成り立ちを遡ると、「起承」は創業者がやってきました。トヨタは「世界を制覇する」と言って、人々が「本当に世界に通用する自動車を日本で作れるの!?」と考えていた時代から、まさにそれを現実のものにしてきた。その中で日本がユニークなのは、「起承」の創業者のそばには必ず〝番頭さん〟がいたことです。パナソニックやソニーをはじめとする大きな会社の成り立ちには、必ずと言っていいほど創業者のそばに「転結」を担う番頭さんがいて、この組み合わせで日本は勝ってきました。それを振り返れば、日本でだって、不得意と言われるアートやデザイニングができることがわかります。ですが、大きな企業が長く勝ちつづけてきたために、できあがったビジネスを回すオペレーションを担う「転結」人材が量産されてしまいました。良い悪いではなく、それが一番、利益を最大化できたからです。けれども今の時代、あらゆるものの事業構造が変わりはじめたので、企業ももう一度「起承」から始めないといけない。私は新規事業だけではなく、既存事業も時代に合わせて「起承」をやり直したほうがいいという意見です。少し脱線しますが、実は既存事業の「起承」こそ大切で、「軸」さえ設定し直して構造を変えれば、すでにヒトモノカネ、あるいはお客様というアセットがある既存事業というのは儲けが出やすいものです。片方でそれをやりながら、もう片方で0-1の発想+新たなグランドデザインを起こし新事業を立ち上げていければ、もう一度日本は勝てるにちがいない。

今、企業は「承」の人材が不足しているために、みな既存の「軸」の延長線上で、「頑張れ」「早く帰れ」「スケールするのか？」というようなマネジメントをしようとします。「起」タイプの人は「転」タイプのマネジャーから「報告書も持ってこないで何してるんだ」と問われると、「何をするか考えに行ってます」なんて切り返すから、余計にわけがわからなくなって、マネジメントの締めつけが厳しくなる。それでは妄想設計に機能設計レビューを入れるようなものなので、せっかくの人材を殺すだけです。

極端な話をすると、「起」や「結」はアウトソーシングしてもいいけれども、「承」と「転」は企業の中に必要な人材です。日本企業で圧倒的に不足しているのは「承」で、「軸」となるグランドデザインを描き、アイデアをビジネスとしてスケールさせる「転」へ繋ぐ役割を担う人材の育成が急務です。

先にも書いたとおり、グランドデザインを描くということは、上位概念でモノを考えられる能力だと言えます。「承」の役割は、現場の事実を集めるとともに、それらの事実を上位概念化して世界観を創り、その世界観にストーリーをつけるところまでです。詳細な事業計画に落としこむのは「転」に任せたほうがいい。上位概念化して人を動かすとは、コピーライターの糸井重里さんのように、コピーで人を動かすようなことです。コピーライターというのは、事実を集めつつ、どの「軸」で切ったらインパクト

があるのか、世の中が動くのかを感じとる能力に優れた人たちで、それはまさに「承」に求められる資質です。事実がなければ嘘になりますから、事実を集めることは必須。その事実をもって、世の中を切り取ることができる力が必要です。世界観、つまり「軸」の切り方が上手なら、社員も納得して、近いアイデアや遠いアイデアを考えてくる。遠いアイデアに対して〝いずれそのときがくるからやっておこうか〟とか、うまくいかなかった場合に〝ちょっと早かったな〟といった会話が生まれ、摩擦にもなりません。

本来、「起承」は経営者や役員の仕事です。「転結」はマネジャーでもできる。役員以上の仕事とはビジネス構造を変えられるかではありますが、もし自らできないと思うならば若い人に任せ、その場合、ヒトモノカネを含めてタニマチとなって見守るべきです。役員以上が世界観を語りつつ新規事業やオープンイノベーションをどうするか指し示せたらいいですが、世界観という「軸」がないまま点で語ると、現場が混乱する。オムロンでは私が入社したときから、〝ソーシャルニーズの創造、社会的課題の解決こそがイノベーションだ〟と明確に「軸」が定まっていたので、動きやすい環境でした。

新規事業に必要な「承」人材を作るには、社内の「転」を鍛えて「承」にするのが一番いいと私は考えています。論理的な構築、すなわち「転」をわかった上で、事業全体をコントロールできるグランドデザインを描く。そのような「承」の人材を抱えている会社は強いですよね。だから私は今、「転」を「承」にするためのチャレンジをしています。

ちなみに、「起」を「承」にしようとするのは難しいです。「起」はもともと「軸」を作るとか、グランドデザインを描こうという発想がないので。「起」の人材に説明責任を負わせるよりは、面白いこと言っていてもらうほうがいいと思います（笑）。

日本の会社はこの先、どういう「軸」で会社の構造を変えていくのか、そしてその「軸」をどうマネジメントしていくのかを考えることが必要です。だから私は「軸」と「起承転結」の話をこれまでずっとしてきましたし、今後もどんどん発信していくつもりです。

〝機械に出来ることは機械に任せ、人間はより創造的な分野での活動を楽しむべきである〟との理念に感動して立石電機（現オムロン）に入社。以後、新規事業開発、事業構造改革推進、オムロンソフトウェア代表取締役社長、オムロン直方代表取締役社長、ドコモ・ヘルスケア代表取締役社長を経て現職。現在センシングデータ流通市場（ＳＤＴＭ）の立ち上げ等に取り組む。日本プロジェクトマネジメント協会特別賞受賞、同協会ＰＭマイスター。一般社団法人データ流通推進協議会理事ほか政府・経済団体関連委員会の諮問委員も務める。主な著書に『ここまできた！ モバイルマーケティング進化論』『ＰＭＯ構築事例・実践法』がある。

第六章

家を建てる

好調なビジネスは、
何よりも魅力的なアートである。
――アンディ・ウォーホル（アーティスト）

本章のテーマ

芸術的なビジネスモデルを作る

あなたが創るものには何にでも――たとえば眼鏡にでも――コスト構造がある。その製作には、固定費と変動費がかかる。固定費とは、たとえば工場の賃料や眼鏡の金型のように、眼鏡を何個生産しようとも短期間では変化しない費用を指す。変動費は、フレームやヒンジといった材料費のように、製作によって変動する費用を指す。この固定費と変動費の組み合わせが、ビジネスモデルの骨格となる。ビジネスの世界では利益でコスト構造をまかなえなければ失敗となるが、この固定費と変動費の組み合わせは実に様々だ。世の中にあるビジネスモデルをよく観察し、知識として身につけ、応用していこう。未知のB地点を目指す創造的プロジェクトの場合、その価値を事前に測るのは難しい。直感と想像力をもって価値の創出そのものに焦点を当て、すばらしいビジネスモデルを発明するのだ。

ロスチャイルド家、フレイザー家、ブッシュ家など、古くからある財閥系企業は〝〜家〟と呼ばれ、家名のもとにビジネスが行われている。こうした財閥と二一世紀初頭のテクノロジープラットフォームは、コスト構造で見ると実はそう変わらない。資本主義というアートの形態は変化し、新しい種類のビジネスモデルをもたらしたが、実際にビジネスを施行するための手段は変わっていないのだ。

本章ではプロデューサーの役割をさらに一歩進めて、市場そのものを生み出すケースを見ていこう。市場はあなたが売り出したいと思うプロダクトを入れる「容器」だ。大切な商品が最終的に積み込まれる、名もなき船ともいえる。その容器であり船である市場にも、独自の芸術性がある。

ビジネスにおけるクリエイティビティには二つの種類がある。「手紙を書くこと」と「封筒をデザインすること」だ。「手紙を書くこと」とは、モノを作ることにあたる。モノとは、例えば絵画や本やコンピューター、あるいは眼鏡など。一方、「封筒をデザインすること」とは、そうし

たモノが存在できるシステムそのものを作ることだ。会社のビジネスモデルや、アーティストが生計を立てるための仕事などがこれにあたる。ビジネスモデルの設計は、「封筒」におけるアート的側面といえる。

眼鏡はなぜ高いのか？

二〇一〇年、私はサンフランシスコのカリフォルニア美術大学《カレッジオブアーツ》のデザイン戦略MBAプログラムで経済学を教えはじめた。毎月一回、土曜日に、一コマ八時間の経済学の授業を一学期間で計五回受け持った。授業がある週末はニューヨークから飛行機で往復した。集中的で楽しい経験だったが、中間試験を作る時期になり、いったん休憩に入った。不思議なことに、その時期はすべてのことが、試験にまつわる問いに変換された。古い友人とお茶をしたときもそうだった。友人の姉はワービーパーカーという斬新な眼鏡会社に勤めはじめたばかりだった。

ワービーパーカーは、ペンシルベニア大学ウォートン校ビジネススクールのコンピューターラボから始まった。ある日、未来の創設者の一人、デイブ・ギルボアという学生がMBAのクラスメイトに愚痴をこぼした。飛行機のシートポケットに七〇〇ドルもした眼鏡を置き忘れてきてしまったというのだ。彼のクラスメイト——ニール、ジェフ、アンディの三人——は、デイブに同情した。ニールは「だいたい眼鏡に七〇〇ドルもかかるなんておかしいよ」と言った。その感想が、のちにワービーパーカーの創立に繋がることになる。

ニールはビジネススクールに入学する前、発展途上国の人々に眼鏡を提供する非営利団体、ビジョンスプリングを運営していた。その五年のあいだに、眼鏡工場を見学したこともあった。「工場では、一つの生産ラインで僕たちがバングラデシュで配布する予定の眼鏡を作っていて、すぐ隣の部屋の生産ラインでは、世界最大のファッションブランドで販売する高級フレームを製造していた」。同じ工場で同じ費用で作られているのに、なぜそんなに値段がちがうのか？

ワービーパーカーが眼鏡業界に参入したとき、市場の八〇%はルックスオティカという一企業に独占されていた。一九六一年にミラノで設立された同社は、ほぼ完全な垂直統合型企業で、サプライチェーンの大半を所有し、レイバン、オークリー、プラダなど多くのブランドの眼鏡を製造していた。ルックスオティカの経営戦略は、プラダのようなブランド企業に販売価格の一定の割合を支払うことで、眼鏡フレームのデザインのライセンスを取得し、ブランド製品として高額で販売するというものだった。この戦略が、図らずも価格破壊の新規参入者に門戸を開くことになった。ニールが眼鏡業界の状況を変えたいと考えたのは「経営者の視点から見ればおいしい業界だが、消費者の視点から見れば、あまり魅力的ではない」からだった。

ワービーパーカーは業界のビジネスモデルを分解して組み立て直し、長い年月をかけて複雑化した製造プロセスを再構築した。つまり、「封筒」をデザインし直したのである。まず、ワービーパーカーは社内で眼鏡をデザインし、自社ブランドとして販売することにした。それにより、ライセンス料を節約した。次に、オンラインで顧客に直接販売を始めた。中間業者を通さないことで、販売価格に三〜五回上乗せされる手数料も節約した。

さらに、オンライン販売により業務手順も刷新した。米国で眼科処方による眼鏡を購入する場合、一般的な手順は以下のとおり。まず、顧客が処方箋を持って販売店に行きフレームを選ぶ。次に、販売店が顧客が選んだフレームを工場に送る。工場は処方された度数のレンズを装着してから、眼鏡を販売店に返送する。その後、顧客がそれを引き取りに行く。そこでワービーパーカーは考えた。倉庫にあるものと同じフレームを試着しているなら、顧客が選んだフレームをわざわざ工場に送る必要はないんじゃないか?

実際、ワービーパーカーは、顧客に試着用のフレームセットを郵送することにして、店舗を持たずに創業した。米国では眼科処方レンズの規制は州単位で行われているが、ワービーパーカーは発送拠点のある一部の州（設立当初は主にミネソタ州）の規制に対応するだけですんだ。

さらに共同でCEOに就任したニールとデイブは、ビジネスというツールを慈善活動に役立てたいと考え、「一つの眼鏡を販売するごとに、もう一つを発展途上国に寄付する」ことにした。発展途上国の人々に単に眼鏡を渡すだけでは、その地域で眼鏡を販売する人々の営業妨害になり、地域経済を混乱させてしまう。そこで眼鏡を直接人々に寄付するのではなく、非営利団体に寄付して、その非営利団体が地元の人々を販売員に育成し、彼らが手頃な価格で眼鏡を販売できるようにした。ワービーパーカーは、発展途上国の人々のために仕事を創出しつつ、眼鏡を一つ九五ドル以内の価格で販売したのである。やがて、ワービーパーカーは事業を拡大し、店舗も持つようになった。二〇一五年には、ファスト・カンパニー誌の「世界でもっともイノベーティブな企業」の一位に選ばれた。

物質的リソースの活用

ワービーパーカーのビジネスの軌跡は、私のお気に入りの〝芸術家の資質〟から始まっている。物質的リソースの活用――ある物質の第一の本質に焦点を当てることで、その物質を予期せぬ目的に適応させる能力だ。

アートスクールには物質的リソースの活用があふれていた。材料を買うお金がない？　そんなときは、登校途中にマクドナルドのカップの蓋を拾ってプロジェクターで映し出せば、美しい影が万華鏡のように躍る作品に早変わりする。金曜の午後に、クラスメイトの一人が意気揚々とスタジオに入ってきて、学生センターの奥のゴミ捨て場に椅子がたくさん捨てられていたぞと報告するのは日常風景だ。その椅子はスタジオの家具に変身したり、ときには誰かの作品の一部となったりする。絵画科の主任教授であるブルースは、ちょっとふざけた口調で、アーティストは誰もが料理上手で、料理の素材すらアートの材料にしてしまうと言った。

ロバート・パーシグの古典的名作『禅とオートバイ修理技術』の重要な場面では、主人公がビール缶を使ってバイクを修理できることに気づく。ビール缶が作られた目的を無視して、その本質――変形可能なコーティングされた金属――に目を向けたおかげだ。物質的なリソースを活用するには、モノを見たときに、どんなパーツで作られているのかを理解し、物質を本来の素材として見て、その可能性に気づくことが必要になる。

ビジネス用語に変換すれば、物的リソースの活用は「手紙」と「封筒」のデザインの基礎となる。リソースを活用するということは、ワービーパーカーのように、その業界のほぼ固定された黒字構造の中の空白地帯に気づくことから始まる。いわば新しいビジネスモデルそのものをデザインするプロセスでもある。巨大なビジネスモデルを分解し、そこから効率的な部分を抜き出して、より迅速かつ柔軟に構築する方法を探すのだ。

ビジネスにおける物資的リソースの活用の究極的な理想は、ゴミとして捨てられた何かを宝に変えることだ。ヌートリンシック社（元オベロンFMR社）は、その好例である。同社は現在、動物飼料を製造しているが、それは一風変わった観察から始まった。

工場でさまざまな食料品を生産するとき、廃棄された食物のかけらを含む廃棄水が大量に出る。ほとんどの工場は費用をかけてその廃棄水を処理している。ヌートリンシック社の創設者たちは、人間向けの食品製造においてはゴミとなるその廃棄水が、魚の飼料の成分とよく似ていることに着目した。そこで廃棄水を再利用して魚向けの飼料の生産を始め、やがてさまざまな動物向けの飼料の生産に拡大した。コストセンターをプロフィットセンターへ、ごみを宝に変えたのだ。

固定費と変動費――ウェッジウッドの例

初めて固定費と変動費を区別することを思いついたのは、会計士ではなく、イギリスの陶芸家ジョサイア・ウェッジウッドだった。一七六〇年代、ウェッジウッドは高級品市場でビジネスを繁盛させた。彼の作る陶器を所有することは社会的ステータスになった。ロンドンのショールームには「壺マニア」が押し寄せた。

一七六九年、ウェッジウッドは自分の会社がキャッシュフロー問題を抱えていることに気づいた。事業拡大に伴う多額の設備投資のために、キャッシュ不足に陥っていたのだ。ウェッジウッドは自ら帳簿をチェックして、どこに問題があるのかを調べた。最大のコスト――金型の製作、家賃の支払い、従業員の賃金の支払い――は、ウェッジウッド自身の言葉を借りれば、「時計のように規則的に、製造する商品の量にかかわらず同じ金額がかかる」費用だとわかった。

その調査から、ウェッジウッドは費用には固定費（生産量にかかわらず発生する費用）と変動費（生産量に応じて負担する材料費など）があることに気づいた。それにより、「同じ商品の大量生産」に特化する利点を理解した。

固定費と変動費のバランスを考えることは、損益分岐点の分析で一般的に行われている。損益分岐点とは、固定費を売上でカバーできる変曲点であり、その変曲点を越えれば、損失を負わずに利益を積み上げられる。つまり、ビジネスを継続して運営できる生産の基準ラインのことだ。

損益分岐点を計算するには、「単位あたり貢献利益」と呼ばれる数値と、小学五年生レベルの算数に対する一時的な忍耐が必要だ。単位あたり貢献利益とは、価格と変動費の差額を指す。一つの製品が売れるたびに、あなたのポケットに入る金額であり、固定費の支払いに充てることができる金額である。

損益分岐点を絵画的に考えてみよう。マーケティングの教科書に出てくる「原価・売上・利益」分析をさらに単純化してみる。まず固定費が壁だと想像してほしい。その高さは、必要とされる固定費（家賃、間接費、その他生産量に関係なく支払う費用）の合計額である。次に、単位あたり貢献利益が、一つ分のレンガの高さだと想像してほしい。さて、あなたはスノードームを一個一〇ドルで販売している。また、直接変動費（材料費と梱包費）は一スノードームあたり合計五ドルだとする。この場合、単位あたり貢献利益は、一〇ドルマイナス五ドル、つまり五ドルになる。

固定費が一〇〇ドルの場合、一〇〇ドルの壁を越えられる数の五ドルのレンガが必要になる。（注5）この場合には、二〇個のレンガが必要だ。このビジネスの損益分岐点はスノードーム二〇個で、それ以下しか売れない場合は赤字となり、それ以上売れれば黒字となる。

原価と売上の計算式は、ビジネスモデルにおけるニュートン的真理を表している。固定費は常に目の前に存在する壁である。生産する量が多いほど、レンガの数は増える。販売価格が高いほど、レンガのサイズは大きくなる。より多くのレンガを積み重ねるか、より大きなレンガを作ることで、壁は越えやすくなる。ウェッジウッドの場合、この分析を行ったことで、一七七二年の

（注5）　損益分岐点は、総固定費を単位あたり貢献利益で割ったものになる。損益分岐点（ＢＥＰ）＝総固定費（ＴＦＣ）／（価格—変動費（ＶＣ））

巨大な信用危機の嵐を乗り切ることができた。

固定費と変動費は、ビジネスの構造について多くのことを示している。例えば、グーグルやリンクトインのようなビジネスは、コストのほとんどが固定費である。価格がそのまま単位あたり貢献利益となり、差し引くべき変動費はない。一方、アマゾンのような企業は、流通システムに相当の固定費がかかり、きわめて低い利益で大量の商品を販売している。すなわち、平べったいレンガを大量に積み重ねているのだ。

「不完全」と「もしも」のコスト

ビジネスモデルという「家」をより完全に建てるためには、さらに二つの種類のコスト（取引コストと機会コスト）の組み合わせが必要になる。取引コストは、実際に誰かと取引する際に、商品価格以外にかかるコストのことだ。

リサーチ、契約、監査、調整、手数料、不履行、および切替といったコストが含まれる。これは不完全なコストであり、直接的な費用には含まれない、モノを探し、モノを見て、モノの周りで動き、新しいモノについて学ぶコストである。

取引コストが「不完全」のコストなら、機会コストは「もしも」のコストだ。機会コストは、失われたもう一つの現実に対する、目には見えないコストとなる。ビル・ゲイツがもし大学を卒業していた場合の機会コストは、マイクロソフトが設立されなかったことかもしれない。仕事でパソコンを使用している場合、もしパソコンが一日壊れて使いものにならなければ、その機会コストは一日分の賃金になる。自宅のキッチンで製作したスノードームを販売する場合、その機会コストには、製作時間を使って得られたかもしれない収入や、キッチンを別のことに使った場合に得られたものが含まれる。

こうしたコストのカテゴリーは、ビジネスという宇宙を組み立てるブロックである。現代でもっとも人気のあるビジネスモデルの一つは、ＩＴテクノロジープラットフォームである。その特徴は、リンクトインやイーベイのようにほぼ変動費が発生しない固定費型のビジネスモデルだけでなく、「顧客が商品にたどり着くまでのコストの軽減」が成功の鍵を握っている点だ。

ビンテージのコースターを三週間フリーマーケットを回ってようやく見つけた場合と、イーベイで三分間オンライン検索をして見つけた場合――顧客にかかる労力と時間のコストの差を考えてみてほしい。新しく人を雇うときに履歴書を精査するコストと、リンクトインのデータベースを検索するコストの差は？　これらのビジネスは、そのネットワークを社外に広げている。つまり、参加するユーザーが多ければ多いほど、各ユーザーにメリットが生まれるビジネスモデルだ。

リンクトインや出会い系アプリのＯＫキューピッド、音楽ストリーミングサービスのスポティファイは、コスト構造とネットワークの外部性を組み合わせて、「フリーミアムモデル」と呼ばれるタイプのプラットフォームビジネスを創出した。リンクトインのプラットフォームは、いったん構築されてしまえば、ユーザーを一人追加するコストは微々たるものだ。一方、プラットフォームの価値は、そこに登録ユーザー数が多ければ多いほど上昇する。大部分のユーザーは無料で参加するが、採用担当者など少数のプレミアムユーザーが料金を払って高度な検索にアクセスし、その料金によってプラットフォーム全体をサポートする仕組みとなっている。

イーベイやアマゾンは、ＴＥＤの代表者クリス・アンダーソンが「ロングテール」と呼んだビジネスモデルに属している。理論経済学は、一つの商品を大量生産するように勧めるだろうが、ロングテールビジネスは、驚くほど広範囲の商品を提供することで利益を上げる。二〇〇四年、バーンズ・アンド・ノーブル書店は一店あたり一三万冊の書籍を販売した。一方、同時期のアマゾンの売上の半分以上は、売上上位一三万冊以外の本の販売によるものだった。アマゾンは賃料の高い小売スペースに本を収納する必要がなく、またアルゴリズムによって本を見つけやすくしているため、一つの商品に特化して大量に売るという従来のビジネスモデルではなく、ロングテールで（多種多様な商品を少量ずつ）販売することができる。また品ぞろえの豊富さの魅力を活かすために、ＩＴ技術によって一つのニッチな商品から簡単に別の関連商品を閲覧できるようにしている。

テクノロジープラットフォームの三番目の例は、「超過容量プラットフォーム」だ。民泊仲介サイト、エアビーアンドビーは、ロード《R》アイランド《I》・スクール《S》・オブ・デザイン《D》の同級生、ブライアン・チェスキーとジョー・ゲビアによって設立された。きっかけは、二人がサンフランシスコで共同で部屋を借りたことだった。しばらくしてサンフランシスコでデザイン会議が開催されたとき、市内のホテルがすべて満室だと知った。そこで会議参加者に向けて、部屋の空きスペースを貸し出したところ、一〇〇〇ドルの収入になったのだった。

サンフランシスコのケーブルカーに案内したりして、客人をもてなす体験はとても楽しかった。そこでチェスキーとゲビアは友人のネイサン・ブレチャーチャイクに声をかけて、ウェブサイトの作成を頼んだ。それから自分たちの予備の部屋を、まずは二〇〇八年のテキサス州オースティンのイベント、サウス・バイ・サウスウエストのために、その後、同年デンバーでの民主党全国大会のために貸し出した。

彼らはキャパシティを超えた需要と供給――滞在先を必要としている人と予備の部屋を持っている人――を見つけて、事前審査を経てマッチングさせた。このサービスは当初は友人や家族のネットワークから始まったものだ。

エアビーアンドビーや、カーシェアリングサービスのジップカーのようなケースでは、ＩＴ技術によって従来の手間を省くことで、サービスを分割して販売できるようになった。例えば、従来のレンタカーサービスでは、車を借りるときに最低二四時間はレンタルしなければならなかった。顧客はまずレンタカーの受付デスクに行って、運転免許証を見せて契約書にサインしてから、車のキーを受け取る。一方、ジップカーでは入会時に、まず運転免許証を提示して契約書に署名をする。すると専用のICカードが送付される。あとはインターネットで予約をすれば、ICカードを使ってレンタカーに乗ることができる。利用者にとってはレンタカーの受付に出向く取引コストが不要となり、また企業にとっては顧客対応をする担当者のコストが不要となるため、二四時間という時間の区切りを分割して販売しやすくなったのだ。

仮に、四時間の用事のために二四時間車を借りて一〇〇ドルを支払ったとしよう。もしジップカーで一時間につき一五ドルの料金で四時間だけ車を借りれば、支払いは六〇ドルですみ、四〇ドルの節約になる。原則的には、その車のレンタルを延長し、一時間一五ドルの料金で二〇時間以上借りることもできる。その場合、ジップカーは三〇〇ドルの追加料金を徴収する。またユーザーが七時間レンタルした場合、二四時間の標準レンタル料金一〇〇ドルを超えることになる。

部屋の中のモノからビジネスモデルを想像する

新しいビジネスモデルを構築するにはどうすればいいのか？　手始めに、目についたビジネスモデルを片っ端から徹底的に観察し、それらを頭の中で組み合わせてみるといい。どんな部屋にも、少なくとも数十のビジネスモデルがある――部屋の配線や塗料や家具の製造業者、電気の供給業者、配管工事の請負業者や配送業者など。そこで仲間たちと「部屋の中のモノ」というゲームをしてみよう。各自が部屋の中にあるモノを一つ選ぶ――それはありきたりであればあるほどいい。それからそのモノがどのように作られているのかをみんなに報告するのだ。選ぶモノは、椅子でもいいし、誰かが着ている服でもいい。コンセントカバーやドアの蝶番《ちょうつがい》、難燃性塗料などでもいい。私がプロダクトデザイナーたちとこのゲームをしたときには、可動式テーブルのキャスターに施された亜鉛メッキと、プラスチック製コーヒーカップの蓋の形状の微妙なちがいについて、驚くほど多くの知識を得た。

ビジネスモデルのデザイン能力を高めるためのエクササイズとして、既存のビジネスモデルをミックスしたりマッチングさせたりしたらどうなるのか想像するゲームをやってみるのもいい。ある業界のビジネスモデルを、別の業界に適用してみたらどうなるだろう？　もし石油関連多国籍企業のハリバートンが幼稚園を経営したら？　ばかげた話のようだが、そこにこのゲームの肝がある。ハリバートンは幼稚園の管理者としてどんな強みがあるのか？　第一にハリバートンに関する情報収集が難しいという事実に基づき、ハリバートンは幼稚園児の個人情報を連邦基準に則って保護することに長けていると推測できる。第二に、ハリバートンは米国政府の国家予算七〇億ドルのプロジェクトに単独入札し、落札したと伝えられている（うち同社の利益は四億九〇〇〇万ドル）。ならば、幼稚園教育の政府予算を確保するのにも長けているだろう。第三にハリバートンには過去に会計スキャンダルがあった。若い頃に遊んでいた両親はえてして厳しい規律主義者となるという社会通念に基づけば、ハリバートンは秩序保持にも長けていると考えられる。言うまでもなく、モンテッソーリのカリキュラムや少人数保育はハリバートンの専門知識外だが、人員配置と物流に関してはかなりの専門知識がある。

趣旨はおわかりいただけただろうか。軍事請負産業と幼稚園教育のように、まったく異なる企業の共通点を見つけてみる。あるいは、ファストフード店と産地直送レストランのように、関連事業内での微妙なちがいを比較してみてもいい。ビジネスの内容がかけ離れていればいるほど、共通点をたくさん探すことができる。ビジネスの内容が近ければ近いほど、両社を差別化している微妙なちがいをたくさん探すことができる。

通りを歩いているときに、事業内容は同じだが事業規模が異なるビジネス（スーパーマーケットチェーンとフルーツジュースの屋台など）や、異なる手段で同じ機能を果たしているビジネス

（航空会社と路線バスなど）、同じビジネスモデルを使用してまったく異なる機能を果たしているビジネス（武器の販売とおむつの販売など）を見つけてみよう。こうしたゲームは物質リソースの活用法を考えるための頭の体操となり、頭の中にビジネス形態の百科事典を作成するのに役立つ。

ミッドフィルダー企業

コスト構造の仕組みと損益分岐点を調べれば、そのビジネスが現在はうまくいっていることがわかる。しかし、そのビジネスモデルは今後もうまくいくのだろうか？　希望どおりに収益が拡大していくのかどうか、投資利益を得られるかどうかを知るにはどうすればいいのか？

多くのビジネスモデルは「成長」を目指してデザインされている。しかし、成長するためには二種類の方法がある。一つは「効率化」によってビジネスの規模を拡大する方法。もう一つは、「発明」――アートのプロセスや、新しい形態の実験――を通して成長する方法だ。

ペイパル創業者でベンチャー投資家のピーター・ティールは、自著『ゼロ・トゥ・ワン　君はゼロから何を生み出せるか』の中で、ビジネスはテクノロジーを重視すべきときにグローバリゼーションにばかり気を取られていると主張している。彼はグローバリゼーションを「1からN」

に進むプロセスと定義する。つまり、規模の拡大化である。ビジネスは1を多数に増やす点で優れている。いったん眼鏡をデザインすれば、安く大量に生産することができる。しかし、それを可能にするには、まず「0から1」を作らなければならない。つまり、眼鏡の金型をデザインしなければならないのだ。

　ティールは、二種類の成長の形を二本の軸を使って表している。

　問題は、「1からN」への移行は、「0から1」への移行が起こったあとにしか起こらないという点だ。

　規模の拡大は発明のあとに起こる。

　効率性と発明がどのようにミッションに結びつくかは、サッカーの試合を例にするとわかりやすい。サッカー選手の役割は、相手チームの選手が得点するのを防ぎつつ、自分たちがゴールを決めるために、守備と攻撃をさまざまな形で同時にこなすことである。企業というサッカーのピッチでは、守備とは効率化を表す。ボールをなるべく自陣のゴールから離れた場所に送ることが必要だ。相手チームにゴールを決められることは損失を

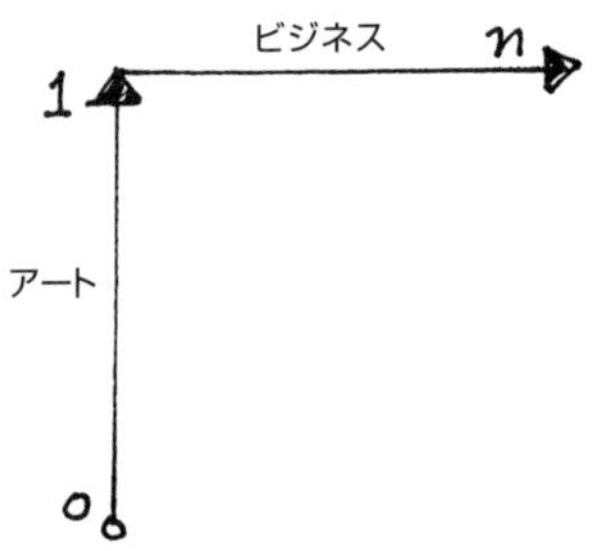

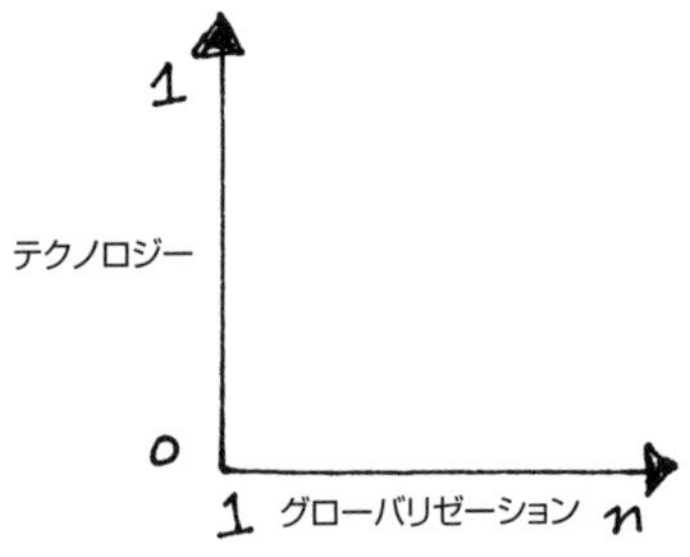

計上することになる。自分のチームが得点を決めることは、企業にとっては利益を計上することであり、使命を重視する組織にとっては、使命を果たすことであり、多くの事業者にとっては、その両方の組み合わせである。ボールを蹴って敵陣に切り込むことは、効率性からアートにシフトすることである。相手のゴールを直接狙うこともできるが、ディフェンダーに阻まれる。ある時点で、純粋な「効率性（守備）」を手放し、得点するための「発明（攻撃）」に切り替える必要がある。

ビジネスにはますます、効率と発明を同時に考えなければならないミッドフィルダー的スタンスが求められている。前述のワービーパーカーは、才能あるミッドフィルダー企業である。数値化できる金銭的価値と、数値化できないが場合によってはより重要な目的を同時に考慮して、総合的に判断を下している。ニールの言葉を引用しよう。

何かを新しく始めたら、こちらで一ポイント、あちらで一ポイントと、必ず利益は減っていくものです。だけど僕は全部でいくら減ったのか、きちんと計算したことは一度もありません。なぜなら、どんなコストであれ、それは才能や生産性、何かを成し遂げようとする意欲に対して配当金を支払っているのだと信じているからです。

ワービーパーカーの成長は、必要なビジネスツールと市場を見極めた上で、ほかに重要なことがあればそれを選択することで起こった。前に進むために、あえて脇道にそれることもする。発展途上国に寄付することで発生する追加コストは、ワービーパーカーの単位あたり貢献利益を縮小させているものの、それでもビジネスモデルはまだ機能している。実際、ボールをまっすぐゴールに向かって蹴っていくよりも、ずっとうまくいく可能性もある。ピッチに立つプレーヤーや、戦略を実行している企業にとっては、サイドへの動きが、はるかに美しいゲームに繋がることもあるのだ。

今日、新たなビジネスモデルの創出はますます厳しくなっている。テクノロジーは多くの人がより広範な分野に手軽に競争市場に参入できるようにした。しかし参入した先に待っているのは、使い古したインフラと、流動性の低い大規模なシステムだ。

それぞれの組織が建てた「家」は、その構造やそこに込められた哲学がどれほどユニークで独創的であっても、市場というより大きな地盤の上に建てられている。そしてその地盤は、ときに家を建てるのにふさわしくないこともある。ビジネスモデルという「家」を建てるときには、市場という地盤を考慮する必要がある。

潜望鏡で観察する

アーティストからよく受ける質問のベスト2は、「作品を売る方法」と「ギャラリーと契約する方法」だ。つまり、お金を稼ぐ方法とサポートを得る方法という、アーティストならではの普遍的な死活問題である。しかし、ギャラリーと契約することだけがゴールではないし、契約できればそれで安泰というわけでもない。アートの世界の上層で成功することは、ハリウッドで成功するのと同じくらい特異なプロセスである。

私はビジネスをアーティストに教えるとき、まずは「潜望鏡での観察」から始めようと勧めている。まず自分のプロジェクトと目的の状況

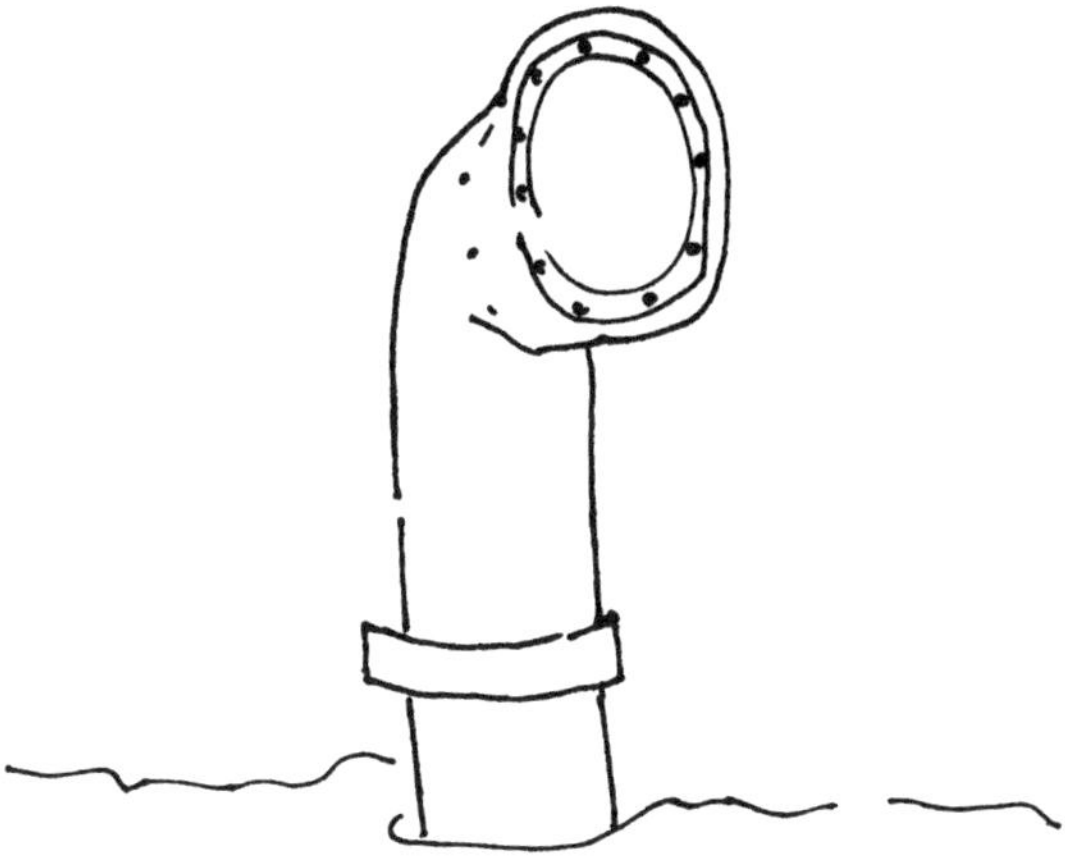

を見て、何が問題なのかを考える。それから潜望鏡で海上を見渡してみると、同じ悩みを抱える同業者たちがいるかもしれない。そうしたアーティストたちが集まって展覧会を開催すれば、参加したアーティスト全員にとって役立つだろう。実際、大きな成功を収めたイギリス人アーティスト、ダミアン・ハーストは、友達と共同で自主企画展を開催することから始めた。その企画展を開かなければ、コレクターのチャールズ・サーチがそこに訪れて、その後のハーストの活動をサポートすることもなかっただろう。また、私の友人のキャロライン・ウーラードは、教育プロジェクトを起ち上げたほかのアーティスト全員に声をかけて会議を開いたことがある。単純なようでいて、そこに参加した人々がどれほど熱心に取り組むかによっては、革命的なステップとなりうる試みだ。

ビジネスシーンでも、製造業者または生産者のグループが共同で市場を作り、成果を上げている。例えば、乳業団体は全国的なキャンペーンを展開している。その目的は、牛乳の潜在需要を掘り起こし、地域の販売店の売上を促進することだ。各販売店は主に担当地域が限定されているため、直接競合することはない。

潜望鏡での観察は、集団行動が必要とされる分野に効果がある。ワークライフバランス、低賃金体系など、あなたが所属する組織・分野ならではの状況の解決に役立つ。また、誰かと共同で開発することによって、独力で取り組んだときよりも、はるかにすばらしいビジネスモデルを構築できるかもしれない。

究極的には、あらゆるビジネスのデザイン原則は、価格と価値を等価にする構造的試みである。価値は幅広く定義できる。これまで見てきたように、創造的プロジェクトの場合はその価値が事前にわからないため、価格の決定が非常に難しい。価値の創造そのものに焦点を当て、それを取り巻くリスクとコスト構造を設計できれば、卓越したビジネスモデルという「家」を建てられるかもしれない。

日本の牽引者
事例6

自分の中に〝美しさ〟の基準を持つということ

一般社団法人アート東京 代表理事
アートフェア東京 エグゼクティブ プロデューサー
artKYOTO 総合プロデューサー
來《き》住《し》尚《なお》彦《ひこ》

ゼロから作り上げる喜びを学んだＴＢＳ時代

ＴＢＳに入社したのは、音楽に携わる仕事がしたかったから。しかし配属されたのは、ラジオの音声エンジニア部門でしたが、音楽番組の制作にどうしても関わりたかったので、当時人気を博していた番組「ザ・ベストテン」のディレクターになりたいと配属の希望を出しました。それから一、二年経った頃、「ラジオの音楽番組の担当だ」と。ラジオにベストテンがあるのかと訊くと、「ない。だからお前にやってほしい」と言われました。そこで初めて、自らラジオ音楽番組制作をスタートさせました。ゼロから作るとはこんなに大変で、こんなに刺激的で、こんなに称賛を浴びるんだと勉強させてもらったのがそのときです。もしもあのとき、「ザ・ベストテン」のディレクターになっ

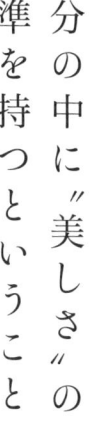

ていたら、今の自分は多分おらず、他人が作り上げた既存のものをさらに大きくするという仕事を淡々とやっていたかもしれません。

音楽番組を担当したことがきっかけで大手芸能事務所とも付き合いができ、所属アーティストの番組プロデュースも手がけました。日本で一世を風靡したアイドルグループの駆け出しの頃、彼らと一緒になってショーを作ったときは、彼らと直接会話しながら、世の中で何がおもしろく、どうしたらおもしろく伝わるかを真剣に考えて演出していきました。その経験を通じて、ビジネスを形作るための知恵や、成功させるための勘が鍛えられたのではないかと思います。どこのボタンをどのように押していったらムーブメントの道筋が作れるか。そういうことを、経験で学んだ最初の体験であった気がします。

一九九六年、ライブハウスの赤坂BLITZを企画することになりました。音声エンジニアだった頃、音楽プロデューサーに憧れて、毎日取引のあった大手レコード会社に通った時期があります。「お前、何しに来てるんだ」とか言われながら用もないのに顔を出していると、そのうちに「これ聴いとけよ」とデモテープを渡され、感想を訊かれるようになりました。家に戻って渡されたテープを一生懸命聴き、翌日には「この曲とこの曲のこのフレーズが好きです」と伝える。すると、「今度コンサート来てみろよ」と言ってくれるようになり、そうこうしているうちに、年間三〇〇本もコンサー

トを観るようになりました。一年に三〇〇本を、二年続けました。一日二本、観終わったら必ずノートの一ページに感想をまとめる。それを自分に課しました。わからなくても書く。なんでもいいから書く。二年で六〇〇本。三年もちゃんとやればそこそこ立派なものになると、なんの根拠もないながら確信のようなものを持って続けました。最初の一ページはアーティストがＭＣで喋ったことをただ書きつけるだけだったのが、どんどん進歩していき、今日のステージはここが良くなかったとか、振り付けが音と合っていないなどといったことを記録するようになっていきました。

このライブハウス構想が立ち上がったとき、たまたま呼ばれて、ライブハウスに対する考えを話してみろと言われたのですが、そうした経験から、ライブハウスはメディアがやるべき事業ではないという考えがもともとありました。ＧＬＡＹが一番はじめに函館でやったコンサートのお客さんが何人だったと思いますか？　たった数人です。伝説の野外ライブをやったバンドの初ライブでさえ。テレビ局がライブハウスを手がける場合、本業の事業との相乗効果を出さなくてはなりません。でもライブは極端な話、一人の客からファンを増やしていくものです。メディアを使うには効率が悪すぎる。一人二人のファンのためにテレビ番組を作ることはないですから。だから放送局がライブハウスを運営するのは大反対だと言いつづけました。つまり考えが全く異なっているのです。社内で反対していたのは僕を含めた二人だけでした。

しかしながら、いよいよＴＢＳがライブハウスを作ろうというタイミングに、局長に呼ばれました。「來住、明日の会議から賛成に回れ、お前をこのライブハウスの担当にする」と言うんです。お前はライブハウスを作ってはいけない課題を知っているんだろう、課題がわかっているなら、課題を見つけたやつが解決するんだ、と。この局長、ものすごく頭がいいなと思いましたよ。つまり、答えを見つけるには、課題を見つけなければならない。課題を先に見つけて解決すれば、プロジェクトは成功すると教えられたのです。翌日から賛成派に回ったわけですが、そのとたんに、皆からいじめられました（笑）。昨日まで反対していたのにふざけるな、お前の言っていることは薄っぺらい、と厳しく言う人もいました。けれども、やると決めたからいいやと。そうやって赤坂ＢＬＩＴＺが誕生しました。

エンターテインメントの世界からアートの世界へ

二〇〇八年、ＴＢＳ時代には赤坂サカスという街のプロデュースを手がけました。そんななか、外資系投資銀行から、赤坂サカスでアートフェアを開催したいという相談が舞い込みました。そのとき初めて、アートギャラリーが一堂に会しアートの展示販売をする見本市、アートフェアというものの存在を知りました。まずは毎年ロンドンで開催されている〝フリーズ〟というアートフェアに行き、それから海外のフェアを

いろいろ回り、自分で勉強しました。今までエンターテインメントの世界でやってきたことをアートフェアの分野でも応用できる、そんな根拠のない自信がありました。

アートフェアで作品を取引されるアーティストの気持ちを理解したくなり、しばらく自分でも創作活動に励みました。作ったのは〝行灯《あんどん》〟、英語では〝Ａｎｄ Ｏｎ（そしてこれから、の意）〟。日本の伝統工芸である西陣織や友禅染と行灯を組み合わせたモダンな照明作品を作りたかった。それを海外に持っていって売ったりもしたのですが、制作や販売をしてみて改めて認識したのが、自分は決してアーティストではなく、プロデューサーだということでした。自分の進むべき道は、プロデューサーとして、どうやって素材をおもしろくするかを考えることだと自覚したのです。

二〇一三年に開催されたアートフェア東京は、会期四日間における作品の売上が四億八〇〇〇万円ほどでした。これをどう工夫すれば、世界一のアートフェアである〝アート・バーゼル〟に追いつくか。それに挑戦してみたいというプロデューサーとしての血が騒ぎました。アートフェア東京には二〇一五年に参画し、売上高一〇億二〇〇〇万円だったのが、四年後には三〇億円ほどまで成長しました。

アートフェア東京をビッグビジネスに育てる

フェアを大きくしていくために行った施策の一つは、東京ガールズコレクションという若い女性たちのファッションショーとのコラボです。皆、大反対でした。なぜエスタブリッシュされた客のためのアートフェアが、若い女性向けのファッションイベントとコラボレーションするのか、と。ですが、東京ガールズコレクションには三万人の観客がいます。その中に一パーセントかもしれないが、お金持ちの家の子がいると考えました。一〇〇人いれば上々。お金持ちの一〇〇人の家にはきっとアートがありアートに親しんでいて、彼女たちはいつかアートを買う可能性があります。その一〇〇人に、若いうちからアートを買ってもらう。それがアートマーケットを大きくすることに繋がると考えたのです。ファイナルファンタジーというゲームを手がけた天野喜孝さんの作品をアートフェア東京で展示し、一方で、天野さんの作品を友禅染で着物に仕立て、東京ガールズコレクションで香里奈さんに着てもらった。それをテレビ番組のクルーが追いかけて、番組にする。そうやって、ファッションがアートと繋がっていると気づかせる。マーケットというのは広げるばかりでなく、既に存在しているものの一部を切り取り、別のマーケットに持っていくこともできると気づいたのです。

もう一つは、大使館の巻き込みでした。アートフェア東京が爆発的に拡大した理由はそれです。僕がこの世界に入ったとき、フェアの後援大使館は一四カ国でしたが、それを一一七カ国に増やしました。これも皆、最初は反対しました。「大使が来ても、

日本の牽引者
事例6

アート作品なんて買わないのではないか」と言われました。

大使のお役目というのは二つあると思います。自国の産業や文化を日本に持ってくること、そして、日本の産業や文化を自国に持って帰ることです。そして、大使には日本に住む自国の友達がたくさんいます。フェアの来場者数が劇的に増えたわけではないけれど、属性が変わりました。つまり、来場者数に占める外国人そして富裕層の構成比を増やしたのです。二〇一九年にはアートフェア東京と関連する国際展、World Art Tokyoの参加大使館三一カ国の大使が、参加アーティスト全員とひな壇に並んで記念撮影するまでになりました。日本の修学旅行みたいですみません、なんて言いながらやったのですが、大使が全員おもしろいと言って喜んでくれました。すると、各国のお墨付きがもらえた。国内外のアーティストを大使がサポートするようになったり、同じ国の出身のコレクターを連れてくるようになったり、いろいろな部分で効果が現れてきました。アートを日常的に売買するところでは先輩の外国人たちがフェアに集まれば、そのライフスタイルが可視化され、売上増に繋がるだろうという目論見でした。

フェア初日にはオープニングパーティーを行います。海外のフェアでは、コレクターである客はパーティーでは握手し合って、一緒にアート作品を見て回り、僕はこの作品をこう考えるとか、どの作品が好き、というように、一〇人いたら一〇人それぞれが持論を展開します。アートについて語り合うことがコミュニケーションになっている。パーティーを通じ、アートについて語るエッジの利いた人々と知的なカルチャーシーンを生み出していく。そこからネットワークが生まれ、アートという文化がマネタイズされて市場が形成されていくんです。それと同じものを日本でも作って、フェアの売上を三〇億円に育て上げていきました。

アートフェア東京の事業をプロデューサーとして拡げていくにあたり、TBSを退社して今のポジションに就きました。安定していたサラリーマンを辞めるときに特に不安はありませんでした。経済的にも、会社員時代にリスク分散していたし、バランスの良いポートフォリオも描けていた。そして何よりも、それまでに積み上げてきた経験があったから、怖いことは何もありませんでした。

人生の折り返し地点で気づいた〝美しい〟ことの大切さ

今、人生の折り返し地点に来ている気がします。マラソンで折り返し地点を過ぎると、自分の後ろを走る選手とすれ違いざま、彼らの顔が見えますよね。それが見えるようになったのです。すれ違って、あそこは水たまりがあるから気をつけろよ、くねくねしているから注意しろよ、あそこは坂道だからがんばれよ、と後輩たちに言っている自分がいることに気づいた。自分のゴールを目指すのも大切だけれど、もう一つ

重要なのは、どうやって後輩たちと過ごすか、様々なことを教えられるか、そう考えるようになりました。折り返し地点というのはちょうど、ゴールが見えることと後輩たちと目を合わせられるようになるターニングポイント。明治大正期の政治家、後藤新平の言葉のとおり、「金を残して死ぬのは下。事業を残して死ぬのは中。人を残して死ぬのが上だ」ということを、近頃よく考えるようになりました。

今は、自分のゴールはといえば、何か偉業を成し遂げるという壮大なものでなくてもいいと思っています。大事なのは、ゴールの絵の大きさよりも、自分で作ったミッションを自分で達成すること。僕には、なんの理由もなく、一つのことをしばらくのあいだ突き詰める癖があるのですが、それをやりつづけることをミッションにしています。何もないのに毎日レコード会社に通い詰めたり年間三〇〇本のコンサートを観たりしたことも同じです。アイドルグループとの番組を担当していたときには週三回、出社前に早朝ダンスレッスンに通いつづけ、赤坂ＢＬＩＴＺを担当していた頃から今日まで、毎週のように作詞をしています。そして、何かに没頭したら、しばらくしてからそれを俯瞰してみる。今、僕がいる四階のオフィスの窓枠から毎日俯瞰して見るのは外の空の景色です。景色は日々ちがいますが、実はそれを構成している要素の中で可変なものは三つほどしかありません。雲の動き、陽の光、空の色――けれどもその三つの組み合わせは何通りあるでしょう？　数千万、数億通りある。つまり、俯瞰することとは、その分野で押さえておかなければならない重要なことを、それほど多くはないけれどもしっかりと見極めるとも言えます。よく視野が狭いという言い方をしますが、実際に人間に見えるものは多くなく、視野を広げればいいという話ではありません。本当に見なくてはいけないものを見極められるかのほうが大切ではないか。ちゃんとものを見ろ、と言っても見られない人が多いのは、何を見ていいかがわかっていないから。視野は狭くてもいい。没頭するのも構わない。けれども、その中で押さえるべき点は何かを考えることが大切だ、と後輩たちには常に問いかけています。

そして、もう一つ後輩たちによく話すのが、何が〝美しい〟かを考えようということです。最後は美しいものが勝つ、美しいものは絶対正しいと信じています。だから、様々な企画を立てるときも、本当にこれは美しい企画なのだろうかと自問自答します。これは正しい、これは正しくないという判断ではなく、これは美しい、これはあまり美しくない、という判断の中で物事を決め、道を切り拓いていく。それが今必要とされているのかもしれません。美しさがわからなければ、まずは自分の主観で、好きか嫌いかの声を出してみる。アートシンキングというのは、ひょっとしたら、何か新しいものを「0－1」で作り出すことではなく、美しいものとそうでないものを見分ける、二進法の「0、1」かもしれない。0が美しくないもの、1が美しいもの。その道がどち

日本の牽引者
事例6

らかを考えながら進み、道を拓いていくことかもしれません。自分の中で0か1かの答えを探す。自分の中にあるアーティストの要素やアート性を探すことが、人生で一番美しい旅と言ってもいいかもしれません。

一九八五年、株式会社東京放送（現株式会社東京放送ホールディングス）入社。コンプレックスライブ空間「赤坂BLITZ」（一九九六年オープン）を企画立案し、支配人に就任。赤坂サカス推進部部長として、エンターテインメント施設と都市の共生をテーマに、複合エンターテインメント空間「赤坂サカス」（二〇〇八年オープン）の企画立案、プロデュースを行う。二〇一五年に一般社団法人アート東京代表理事就任。国内最大級の国際的アート見本市「アートフェア東京」、二〇一九年には「artKYOTO」をプロデュース。内閣府、外務省、経済産業省、厚生労働省、文化庁、観光庁、各自治体及び駐日各国大使館と連携し、芸術文化を通じた国際交流の場を創出。多くのメディアを巻き込み、国内外に広く情報発信するなど、日本のアートシーンの発展に寄与。またアートを軸に分野横断的で国際的な交流を生み出す活動を行う。

第七章

全体を見渡す

私は人生を愛している。ずっと愛してきた……
しかし、私は人生が美しいから愛しているわけではない。
美しさは衣服のようなものだ。私の愛はそれよりも深い。
私は裸のままの人生を愛している。その醜ささえ、美しく思える。
実のところ、それを醜いとは思っていないのだ。
なぜなら、人生の悪徳は美徳よりもしばしば高貴であり、
啓示に近いとさえいえるからだ……
成功したあとに、より大きな失敗に向かって進もうとしない人々は、
精神的な中産階級である。成功に立ち止まることは、
価値のない自分に妥協した証拠である。
彼らはさぞかし小さな夢を抱いていたにちがいない！
――ユージン・オニール（劇作家）

本章のテーマ

現代の複雑さの中で問いを発する

レオナルド・ダ・ヴィンチは究極のゼネラリストとして、自ら問いを発し、灯台の照らす先を見つめて、知力とスキルをもって一人で前進した。しかし今の時代、複雑なプロジェクトを手がけるのは個人ではなく、チームであることが多い。教育は専門化され、特性は細分化し、情報があふれている中では、個人がオープンエンドな大きな問いを持つことは難しくなっている。その個人が集まったときに、どのように会話し、まとめれば、全員でダ・ヴィンチ一人のようなゼネラリストになれるだろうか？ 今、大学はその実験室のようになっている。大学内で異分野を繋いだり、行ったり来たりすることで、学生たちは大きな問いを生み出し始めている。そして、これからの個人の役割とは、他人がつけた肩書きを固持することではなく、自らの意志で道を開拓し、自分自身の輪郭を描き出すこと。どんな分野についても、自分なりの問いを発する力を得ることである。

草むらの中で過ごし、灯台の問いの示す方向に進んだあと、リスクを管理するツールを使って家——ビジネスそのもの——を建てた。ビジネスモデルは、その中に創造的プロジェクト（商品・サービス）という「手紙」を入れるための「封筒」であり、ビジネスモデルの構築もまた創造的プロセスだと認識した。そして、そのあいだもずっと広角レンズで世界を見渡すよう心がけた。こうした一連の流れを総括するために、レオナルド・ダ・ヴィンチが抱いた問いに立ち返り、もし彼が現代人だったら、何をしているかを考えてみよう。

ダ・ヴィンチの人生の風景は現代とは異なっている。彼は自分で名付けた草むらの中で過ごした。灯台そのものを作り、その問いの光の照らす先に向かって進んだ。究極のゼネラリストであるダ・ヴィンチは、人間の理解の最前線に

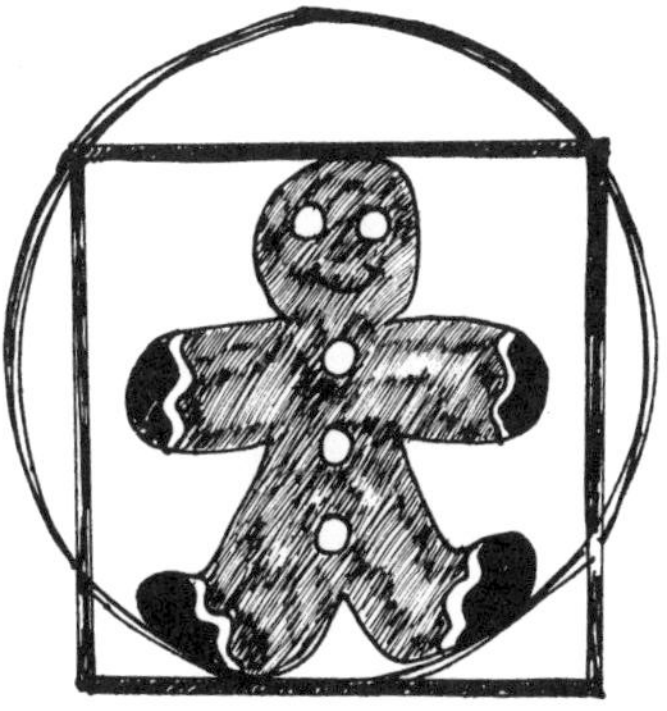

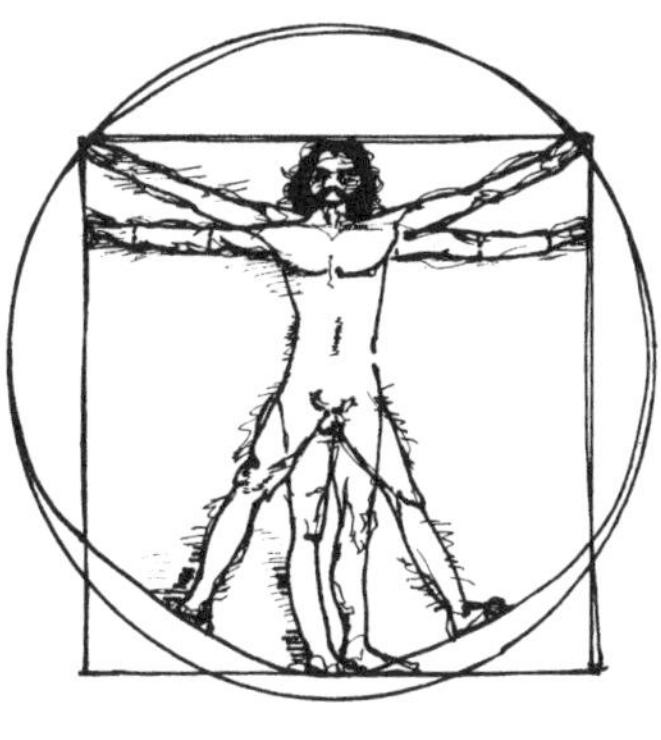

いた。彼の知力は、人類の知識が増えるスピードと一致した。彼は知るべきことを発見し、その知識を深め、また新たに知るべきことを発見した。

ダ・ヴィンチはアーティストというカテゴリーに高いハードルを設置した。それが本書の最後の灯台の問いとなる。コラボレーションとテクノロジーの力を借りて、私たちで一丸となって現代のレオナルド・ダ・ヴィンチを作り出すにはどうすればいいのか？　ダ・ヴィンチの時代よりも広大なB地点の世界では、何が必要とされるのか？

まずは都市を変えるために、巨大なビルディングの再生に取り組んだアーティストたちの物語を見てみよう。

ジンジャーブレッドマンvsウィトルウィウス的人体図

クリストファー・マイナーは、イェール大学のアートスクールでMFAを取得し、ニューヨークの有名ギャラリーと契約している文字どおりのアーティストだ。二〇〇九年、芸術評論家のケン・ジョンソンはニューヨーク・タイムズ紙で彼のことをこう評している。「現代では本物のアートと呼べるものはそう多くはないが、クリストファー・マイナーが生み出す、すばらしく人間的で、おかしみがあり、一見難解なようでいて単純なビデオは、その例外だといえるだろう」

そのクリスの最新のアートプロジェクトは、ビデオではなく、クロスタウンという建造物だ。テネシー州メンフィスの約一四万平方メートルもの巨大なショッピング施設を、都市と芸術を融合した施設に再開発するプロジェクトである。この事業でクリスとタッグを組んだのは、メンフィス大学のルネサンス・バロック美術史准教授であるトッド・リチャードソンだ。

一九二〇年代、シアーズ・ローバック社が地域ショッピングセンター兼カタログ販売の配送センターとして全国展開した一〇店舗の一つが、シアーズ・クロスタウンだった。当時は、ローラースケートを履いた従業員がコンクリートの通路を走って見つけた商品が、荷物シュートから階下の荷造り担当者に送られて出荷されていた。一九六五年には、一日四万五〇〇〇件ものカタログ注文商品を出荷できる、アマゾン級の

倉庫と配送の拠点だった。しかし、一九九三年の閉鎖以来はずっと放置され、ペンキのはげた空母サイズのモニュメントと化していた。ほかの地域の配送センターの多くは閉鎖後に改装され、別の用途に再利用された。ボストンの配送センターは映画館、店舗、病院などを収容したビルに再開発された。シアトルの配送センターは、スターバックスの世界本社となっている。

旧クロスタウンを再開発できれば、ダウンタウンとその他の地域を繋げ、メンフィスという都市の生活を劇的に変えられるかもしれない——クリスとトッドはそう考えた。フェデックスと北米最大の自動車部品販売チェーン、オートゾーンの世界本社という屋台骨はあるものの、メンフィスは米国で四番目に危険な都市にランクされ、毎年住民一〇万人あたり一五〇〇件の凶悪犯罪が発生していた。

プロジェクトに着手するにあたって、クリスとトッドは役割分担を明確にした。クリスはクロスタウンの目玉となるアートセンター、クロスタウン・アーツを担当した。トッドは地元の企業や行政のリーダーたちと交渉し、リニューアル後の新しいテナントパートナー(学校や医療施設や住宅プロバイダーなど)を募った。また不動産専門家のチームと協力して、財務モデルの設計に取りかかった。

クリスとトッドは、クロスタウン・アーツのビジョンを全七六ページのマニュアルにまとめた。クリスは、住居部分で暮らすアーティストやランチスポットを探している地元のビジネスマンに食事を提供するオーガニックカフェを作りたいと考えた。そのカフェがアートセンターのもっとも重要な部分――巨大な空母のような施設にとって、プライスレスなもてなしの場――となると信じていた。一方、財務チームは当初、カフェ経営は悪手だ、もっと安価なサンドイッチを提供できる飲食専門業者にカフェの運営を外注したほうがいいと考えた。ビジネスの観点からすると、フードビジネスの素人が飲食店経営に手を出すのは、面倒で手間のかかることだからだ。しかし、クリスは、ビニールで包装されたサンドイッチではなく、愛情を込めて手作りされた食べ物にこだわりつづけた。クリスの芸術的なビジョンが、ダ・ヴィンチの『ウィトルウィウス的人体図』のように完璧で全体的なものだとすると、財務コンサルタントはそれをありきたりなクッキー型に押し込み、「ジンジャーブレッドマンクッキー」として販売するほうを勧めたのである。

その一方で、どれだけすばらしいビジョンがあっても、財務モデルが成り立たないかぎり実現することはできない。クリスとトッドには財務チームが必要であり、その助力がなければ、彼らのビジョンは夢物語にとどまるしかなかっただろう。財務チームと協力するためには、ビジネスとして話をし、数字で説明する必要がある。チームが〝イエス〟や〝ノー〟と言える余地を残しておかなければならない。

自治体は企業よりも複雑で融通が利かず、企業は個人や少人数のグループよりも複雑で融通が利かない。クロスタウン・プロジェクトの場合は、巨大な建物を再開発したアーティストは、一人の人間ではなく、協力して取り組むチームだった。参加したメンバーやチームだけでなく、そのプロセスそのものがアーティストだったのである。

ゼネラリストのすすめ

プロジェクトに必要なスキル、情報、作業方法は、レオナルド・ダ・ヴィンチのゼネラリスト的なアプローチに学ぶべきところがある。しかし、教育の構造やアートのあり方がまるで異なる現代にいたとしたら、ダ・ヴィンチはどのように作品を描いただろうか。

ダ・ヴィンチの時代以降、学問は分野の数が増えて細分化されてきた。一一世紀にイギリスのケンブリッジ大学には一一の学科があった。一八世紀には一三になった。現在、ケンブリッジ大学には六七もの研究分野がある。

同時に、情報のデジタルデータ量も爆発的に増加している。二〇一〇年当時、グーグルのCEOだったエリック・シュミットは、現代人は二日ごとに、人類の歴史の黎明期から二〇〇三年までに生み出した情報と同じ量の情報を生み出していると語った。二〇〇三年には、全世界の企業が保管するデジタルデータの総量は、マイクロソフトの試算によれば、〇・〇〇五ゼタバイトだった。それが二〇一三年までには、四・一ゼタバイトまで増加した。インターナショナル《I》データ《D》コーポレーション《C》は、世界のデータ量は二〇二〇年には四〇ゼタバイトを超えると予測している。

ゼネラリストになることは「個人競技」に参加するというよりも、興味の対象が共通する個人が対話してコラボレーションしていく「団体競技」だといえる。

問いを発する力

一九二〇年代、画期的な商品が米国でヒットした。色の塗られていない線画とパレットがセットになった趣味の絵画キットだ。区切られた線画には番号が振られ、付属のパレットの絵の具の番号と対応している。一九五三年には、ペイントバイナンバーという絵画キット（平均小売価格は二ドル五〇セント）が、全米で八〇〇〇万ドルの売上を記録した。一九五四年には、アメリカの家庭で絵を描くといえば、自分でオリジナルな絵を描くよりも、キットで絵を塗ることを指すようになった。

番号で色を塗りわけるという絵画キットの手法は、一方では創造的であり、何かを作りたいという人々の欲求を満たしているといえる。他方では、絵画キットは趣味をマニュアル化した商品だともいえる。ウィリアム・L・バード・ジュニアは、スミソニアン博物館の国立アメリカ歴史博物館で絵画キットの展覧会を開催するにあたり、このキットを「おとな文化の商業化と機械化のメタファー」と表現した。文化は機械化される過程で文化ではなくなり、産業になる。クリエイティビティは、モノを売るための装飾として使用されている。

二〇〇九年秋、イェール大学の元英語教授ウィリアム・デレズウィッツが、ウエストポイントにあるアメリカ陸軍士官学校の新入生の前でスピーチをした。彼はその講演内容を『Solitude and Leadership（孤独とリーダーシップ）』というタイトルで出版した。

その本の中で、デレズウィッツは「学校でも家でもエリート大学に入学するための課題にひっきりなしに追われているせいで、優秀な学生たちが技術官僚《テクノクラート》になっている。本来ならば、リーダーになるには孤独に自分の思考と向き合う必要があるが、それができていない」と述べている。彼の教え子の一人は、そうした若者たちを「優秀なる羊たち」と名付けた。彼らは「ワールドクラスの優等生である。目標を設定してやれば達成する。テストをすれば見事な点数でパスする」。自分たちは、質問に答えることはできても自らから問いかけることのできない官僚型リーダー世代を育てているのではないか――デレズウィッツはそう危惧している。自ら問いかける能力は、誰の中にも存在する。問題はその能力を使っているかどうかだ。

ウィリアムズ大学美術史教授マイケル・ルイスも、同様の心配をしている。彼は試験を出すとき、無味乾燥で分析的な設問ときまぐれな設問のどちらかを学生に選択させている。例えば、「ルネサンスから一九世紀までの記念碑的階段建築の発展について論じよ」と「ゲティスバーグの戦いでミード指揮官が寝坊をしてしまい、南北戦争で南軍が勝利した。あなたが新しい首都建築の責任者となったら、どの建築家を選び、どんな指示を与えるか述べなさい」というように。

二五年間の教員生活の中で、学生たちの選択の傾向は、自由な発想を問う設問から、無味乾燥で義務的な設問に変化してきたという。彼はこう書いている。

今日の学生は昔の学生よりも自制心が強くなっています。社会性が高く、愛想もいい。そんな学生を教えることは喜びでもありますが、一方で、彼らはリスクを冒そうとしません。小さなテストのふざけた設問ですら避けて通ろうとするのです。

問いを発することができること、あるいはオープンエンドな大きな問いに反応できることは、B地点を発明するためにもっとも必要な資質だ。教育とは、頭に知識を詰め込むことではなく、自分自身を創造することである。解析すべき情報量が増え、ますます細分化する世界において、広範な問いを発することは、さらに難しくなっている。

ゲティスバーグの戦いの設問のように物事をオープンエンドに広げていく視点と、階段建築の歴史設問のように物事を突き詰めていく視点を融合することが大切だ。

私たちは誰もがゼネラリストであり、同時に何らかの独創性も併せ持っている。アイデンティティを確立することは、デザインやエンジニアリングではなく、アートの領域なのだ。

帰ってきたアートとサイエンス

スタンフォード大学は、シリコンバレーの多くのスタートアップの発祥の地であり、有名なハッソ・プラットナー・デザイン研究所（通称、Dスクール）の本拠地でもある。二〇〇六年、同大学はデザインとアントレプレナーシップだけでなく、アートの研究も推進すると発表した。現在のスタンフォード・アート研究所は、大学全体の取り組みである〈スタンフォード・チャレンジ〉から生まれた。〈スタンフォード・チャレンジ〉とは、人間の健康、環境、K－12（ケースルートゥエルブ）教育（五歳から一八歳までの無償教育）、国際研究、アートの五つのテーマに基づくプラットフォームである。

別のプロジェクトにもスポットを当てて見てみよう。二〇一〇年から二〇一二年にかけて、スタンフォード大学では、学士課程のカリキュラムを総合的に検討することを目的とした「学士教育研究委員会」を開いた。同委員会の共同議長を務めたのは、生物学のスーザン・マコーネル教授。マコーネル――ここからはスーと呼ばせてもらおう――は、神経生物学者であると同時に熱心な自然保護写真家でもある。ニューロンの神経回路形成に関する研究をしている。

スーの委員会は、現在の学士課程カリキュラムでは一般教養の教育目標が達成されていないと結論づけた。委員会が提出した報告書には、スーの謙虚で好奇心旺盛な口調でこう書かれていた。
「今回ヒアリングした学部の教員たちは、この結果を皮肉まじりに学生のせいにしていましたが、原因は学生よりも私たち教員にあります」

この結果、大学は一般教養の従来のプログラムを廃止し、幅広い教育目標を掲げたカリキュラムに変更した。学生は「審美／解釈研究」「社会調査」「科学的分析」「形式推論／定性推論」「多様性探求」「道徳／倫理的推論」「創造的表現」、計七つの分野からそれぞれ一つか二つの講座を選んで受講する。最後に「創造的表現」という分野があることに注目してほしい。つまり、スタンフォード大学の学部生全員が、何かを創作する講座を受講するということだ。

さて、アート構想の一環として、二つのプログラムが開発された。一つは、スーと作家のアンドリュー・トッドハンターが担当する〈大学四年生《シニア》向けリフレクション〉という理系のプログラム。もう一つは、スタンフォード・アート研究所が提供するアート構想の〈上級《オナーズ》プログラム〉である。スーとアンドリューの〈シニアリフレクション〉は、プロセスとしてのアートシンキングと、テーマとしてのサイエンスを繋ぎ合わせたプログラムだ。〈オナーズプログラム〉は、アートとサイエンスを同時に学術的に研究する。

〈シニアリフレクション〉は、これまでに七五人以上の学生が受講した。学生たちは一年をかけて、科学的研究に関連したアートプロジェクトの開発に取り組み、毎週のセミナーで仲間とともにワークショップを行う。〈シニアリフレクション〉のプロジェクトは、努力と方法論によって採点される。つまり、結果ではなく、プロセスが評価されるということだ。「いい成績がつかなくて、学生たちが困惑して途方に暮れるところを見るのが好きなんです」とスーは語る。

一方、〈オナーズプログラム〉では、プロジェクトの芸術的価値が評価の対象となる。このコースに申し込むには指定の成績を取得する必要があり、それらの申請者の中から選ばれた学生だけが受講できる。学年末のプロジェクトは専門家たちによって審査され、優秀者は表彰を受ける。二〇一四年、ジョーダン・ブライアンという四年生が、〈オナーズプロジェクト〉の一環で音楽視覚化ソフトウェアを開発した。完成には数学的難問の解決を要した。彼はその解決策を論文にまとめ、数学という学問の針を一つ前に進めた。ただ数学に囲まれているだけで数学を究められるとは限らない。アートを通じて数学の理解が深まることもあるのだ。

〈シニアリフレクション〉の場合、理系の学生はサイエンスよりもアートの部分をより難しく感じるが、壁にぶつかってそれを乗り越える経験を誇りに思うようだ――スーはそう分析する。

スー自身がハーバード大学の学部生だった頃、彼女の知り合いはみんなアート系の科目を専攻していたという。スーは絵を描くのが大の苦手だったが、その中の一つのコースを選択し、毎週四苦八苦しながら受講した。最後の授業のテーマは自転車だった。スーは「とにかく夢中になって自転車のスポークだけを描いた」という。それを見た担当の教授は彼女にこう言ったそうだ。

「ようやくしっかり見ることができたね」。

そこには、アーティストであることの本質――鋭い観察眼と独創的な心の受容性――がある。

ロード《R》アイランド《I》・スクール《S》・オブ・デザイン《D》の元学長、ジョン・マエダがかつて言ったように、アート作品は凧《たこ》のようなものなのだ。風はいつも吹いているが、凧があがることで初めて風の存在を知ることができる。

アーティストであることは、リベラルアーツ教育の基本だ。固定されたA地点の世界は、点数と物差しと従順さで満ちている。B地点の世界を創造する人々は、まず世界を観察することから始めて、そこから出発するのだ。

スタンフォードのアート構想は、STEMからSTEAMへのムーブメントを反映したものだ。STEMは小学校教育において科学（Science）、技術（Technology）、工学（Engineering）、数学（Math）の四分野を強化しようという運動であり、それにアート（Art）を加えたものがSTEAMである。二〇一三年、ジョン・マエダはサイエンティフィック・アメリカン誌でアートとサイエンスについてこう述べている。「アートもサイエンスも、どちらも私たちの前に置かれた大きな問いに挑もうとしている。〝何が本当なのか？　なぜそれが重要なのか？　どうすれば社会を前進させられるのか？〟どちらも深く、時にさまよいながらその答えを探し求めている」

スタンフォード大学の二つのプログラムは、どちらも研究分野間での対話と統合の重要性を指摘している。つまり、大学全体をレオナルド・ダ・ヴィンチの頭脳のように扱い、異分野を繋いだり横断したりする経路を切り開くような学習方法を推進しているのだ。

異なる分野を接続することは、人間の頭脳のアルゴリズムの基本である。スタンフォード大学のキャンパスでは、人工知能センターのディレクターを務めるフェイ・フェイ・リーという女性が、人間の頭脳と同じことをAIに行わせている。コンピューターに画像を認識させ、その過程で、接続ネットワークを構築するのだ。例えば、コンピューターに猫を認識させるには、ノードが二四〇〇万、パラメータが一億四〇〇〇万、コネクションが一五〇億が必要になる（幸いなことに、インターネット上には猫好きがたくさんいる。リーは六万二〇〇〇匹の猫の画像をクラウドソーシングで軽々と集めることができた）。人間の頭脳が一台のコンピューターを凌駕《りようが》する分野もある。また、情報量が多すぎてコンピューターのほうが長けている分野もある。そして多くの場合、大きな問題を解決するには、より多くの頭脳が一緒に取り組む必要がある。

スラッシュキャリア

「どんな仕事をしているんですか？」というおなじみの質問がある。職業的アイデンティティは、他人を理解するときや自分が何者かを理解するときの大きな手がかりとなる。しかし、たとえ服装や商売道具で想像がついたとしても、実際の肩書きは区別がつきづらくなっている。

マーシ・アルボハーは、その著書の中で「スラッシュキャリア」という現象を取り上げた。スラッシュキャリアとは、「教師／（スラッシュ）サックス奏者」や「弁護士／（スラッシュ）牧師」というような複数のキャリアを持つ人々のことを指す。女優兼モデルや医師兼研究者といったスラッシュを必要としないキャリアの組み合わせは、時代によって移り変わる。レオナルド・ダ・ヴィンチは芸術家アンドレア・デル・ヴェロッキオの弟子として六年間の修業を終えたあと、芸術家だけでなく医師や薬剤師も所属する職業組合《ギルド》に入った。医師兼芸術家は、現代の感覚ではスラッシュが必要な組み合わせだろう。

自分の職種と完全に一致する個人的アイデンティティを持つ人――徹頭徹尾エコノミストであるとか、骨の髄まで刑務所長だとか――はほとんどいない。一方、実際の仕事とは関係なく、ある職業らしい雰囲気をまとう人というのもいるものだ。経口避妊薬の開発に尽力し、小説家でもあった博学な発明家カール・ジェラッシは、彼の妻にとっては化学者だった。妻はジェラッシのことを「あなた《ダーリン》」の代わりに「化学者《ケミスト》」と呼び、例えば、ジェラッシの小説の原稿を読み終えたときに、「ケミスト、これはいいわ」などと言っていたという。

肩書きとしての「アーティスト」は、とりわけ悩ましい。大勢が名乗り、少数が認められ、基本的に誰にでも開かれているカテゴリーだ。

カール・ジェラッシが化学者《ケミスト》であるように、クロスタウン・プロジェクトのクリストファー・マイナーは、本物のアーティストだ。自らの手で家を建て、週末にはミシシッピ川でNASAの科学者たちのコスチュームをテーマにしたサマーキャンプを開いてしまうような破天荒な人物でもあるが、そんなクリスにも、ものすごく平凡な部分もある。彼はシンプルに価値のあることをやろうとしているだけなのだ。

では、化学者や保険計理人といった実際の肩書きではなく、自分の「象徴《メタファー》」を作るとしたらどうだろう？　あなたのメタファーを作る――それは、他人に押しつけられた肩書きをそのまま受け入れるのではなく、知識を横断して自らの道を開拓することでもある。

自分のメタファーをデザインする

メタファーを作る目的は、あなたの簡潔な説明文をあなた自身で考えてみることにある。あなたは誰かの測定対象でもなければ、マーケティングの人口統計データでもない。役職があなた自身を表すわけでもない。雪の結晶のように二度と再生できない「一瞬のあなた」を融合させたもの――それがあなたという人間なのだ。メタファーを考える目的は、あなたの輪郭を描くことにある。

手始めに、あなたの人生というアルバムからもっとも印象的なスナップショットの何枚かを思い浮かべてみよう。誰かがあなたの短い伝記を作るとしたら、そこにはどんなエピソードが加えられるだろうか？　例えば私の妹ならば、自分の結婚式で自らバンド演奏に合わせて歌ったこと。

兄の結婚式で、スライディングさながらに見事にブーケをキャッチしたこと。あとで妹にその話を振ると、「そういう競技なのかと思ってた」と答えたこと。根っからの「リードボーカル」と「アスリート」気質――それが妹のメタファーだ。一方、私は人前で歌うことが恐ろしく、カラオケにも行かない。私自身のメタファーは「ブリッジ」――物事を繋ぐもの――だと思っている。

スナップショットの逸話が思い浮かばない場合には、自分で自分にインタビューをしてみよう。意表をつく質問をして、あなた自身の思わぬ側面を引き出してみるのだ。

・もし映画のキャラクターにならなければならないとしたら、誰の役を選ぶ？　その理由は？
・あなたがやりたいことを車の機能に例えるとしたら？　アイデアや熱意でエンジンを回転させる、エンストした車を後ろから押して動かす、そもそも車よりも自転車や飛行機のサイズのほうがしっくりくる？
・あなたがすごく幸せだったのはどんなとき？
・最後に大きな達成感を覚えたのはいつのこと？　それはなぜ？
・もしも面倒なプロジェクト――パーティや理事会、新製品発表会など――を準備する責任者になったらどうする？　まずは綿密な計画を立てる？　代行してくれそうな専門家に電話する？　ほかの誰かに任せる？　ストレスを感じる？　ぎりぎりまで先延ばしにする？
・あなたって○○だね、と他者からよく言われる単語は？　一○人のグループで、誰かがあなたのことを三語で――それもほかの九人には当てはまらない言葉で――説明しなければならないとしたら、その人はまずどんな単語を挙げると思う？

・明日、なんでも好きなことができるとしたら何をする？　ただし、誰かの役に立つことでなければならないとしたら？

為替レートの視点から、あなたのメタファーの側面について考えることもできる。自分にとって慣れ親しんだエリアを少しはずれたところで何かをすると、余分なエネルギーがかかる。例えるなら、あまり有利ではない為替レート――エネルギーの通貨単位が安く、アウトプットの通貨単位が高いレート――で両替をするようなものだ。逆に、楽にできる物事は――エネルギー高・アウトプット安の場合には――同じ成果を得るのに、半分の労力で済んだりする。

あなたにとって、本当に辛くてたまらないのはどんな活動だろうか？　たやすく取り組めて、没頭できるのはどんな活動だろうか？　それはあなたが何を好きなのかという指標になる。好きなことは、時間をかけて取り組むうちに、あなたにもっとも適した活動となりうる。

職場でメタファーテストをやってみるのもいい。ビジネス開発の仕事をしている友人のマーガレットには、スティーブという同僚がいる。しかし、マーガレットとスティーブの類似点は仕事内容だけだ。スティーブは新規の大口顧客を獲得するのが得意で、大きな獲物を仕留める「ハンター」のように、顧客を説き伏せる。一方、マーガレットは大勢の人を見回すと、すぐに彼女の助力を必要としている個人顧客を見つけることができる。彼女は「庭師」なのだ。

大企業で働く別の友人サムの場合、所属するプロダクトマーケティングチームのメンバーを見ると、「農民」が多くて、「漁師」はほとんどいないと感じるそうだ。「庭師」のマーガレットのように、土地を耕して不確実さを乗り越えられる人は多いけれど、大きなリスクを取って釣り糸を海に投げる人はほとんどいない。サムの同僚には「冒険者」よりは「守護者」のほうが多いということだ。

自分自身のメタファーを築くことは、究極的には、「自分のアイデンティティを築くアーティスト」になるということでもある。あなたの意欲の源となるもの、あなたの問題解決方法、あなたの知っていること、学んでみたいと思っていること——それらをすべてまとめて、一つのメタファーという作品を創造することなのだ。

メタファーの作成は、私たち一人一人は唯一無二であり、特別な存在であるという基本的な信念に基づいている。たとえあなたが誰にでもできる仕事に就いていたとしても、あなたはあなたらしい方法で、ほかの人とはちがったやり方でその仕事に取り組んでいる。なぜなら、それはあなたという存在のあり方に繋がることだからだ。灯台の問いと向き合ったり、ホールライフアプローチで仕事に取り組んだりする能力に、あなたらしさを加えれば加えるほど、あなたの所属する組織も世界も成功に近づくのだ。

ユニバーサルコンセント

現代は、専門知識という大きな海を隔てた向こう側とこちら側で、意思疎通を図る必然性が増えている。そんな世界で、さまざまな知識に通じていて、異分野の人々と意思疎通が図れる能力――それが対話スキルである。これは異分野の知識体系そのものを習得するという意味ではなく、その業界で流通する正式な「手法」を理解するということだ。例えば、弁護士にとっての正しい手法とは、ロジカルな議論であり、化学者にとっては科学的手法である。脚本家にとっては物語の構造かもしれない。

丸い穴には丸い形のブロックをはめて、四角い穴には四角いブロックをはめて遊ぶ型はめ立体《シェイプ》パズル《ソーター》という子どものおもちゃがあるが、私たちが目指すべきは、丸でも四角でもどんな穴も通れる「ビー玉」になることだ。あるいは、どんなプラグでも差し込める「ユニバーサルコンセント」に。そうすれば、あらゆる分野から情報を受け取ることができるようになる。

神経科の医師だった私の父は、いつも楽しそうに専門分野の話をしていた。もし生涯をかけて研究した病気である多発性硬化症とは何かと尋ねられたら、父は「樹皮にトラブルを起こした木のような病気」と答えるだろう。神経細胞は木のように見えるし、多発性硬化症はミエリンにできた傷痕に見える。ミエリンとは、ニューロンという木の幹を包む断熱材のようなものだ。

　素粒子物理学や循環器系や人工知能について、人はどれくらい知ることができるだろうか？　私たちを専門分野に招き入れてくれる人たちを支持しよう。自らの専門知識を説明するときに、いきなりトップギアで走り始めるのではなく、ローギアやセカンドギアにスピードを落として対話しようとしてくれる人たちを。異なるフィールドに人々を招き入れることは、教育と同じくらい親切で寛大な行為である。そうしたホスピタリティがあってこそ、複雑で大きな問題に取り組むときにさまざまな分野の専門家を集めることも可能になる。哲学者クワメ・アンソニー・アッピアが言ったように、「新しい思考が生まれるスペースはあるが、それは誰か一人の頭の中ではない」のである。

アダム・スミスはアーティストだった

　経済学の父アダム・スミスは、今でこそ「経済学者」として知られているが、彼が経済学という分野を創設するまでは経済学者なるものは存在すらしなかった。その意味では、スミスは経済学という未知のB地点の分野を創造したアーティストだといえる。

　アダム・スミスは、一七七六年の著作『国富論』によって経済学の基礎を築いた。しかし、

『国富論』を発表するまでは、彼は道徳哲学者だった。『Adam Smith as a Person（人としてのアダム・スミス）』という卓越したエッセイの中で、エコノミスト誌の創設編集者であるウォルター・バジョットは、スミスのことを「人類の中でもっともビジネスとはほど遠い人物の一人」と述べている。スミスは「内気なスコットランド人の大学教授で、本の虫で、抽象的な概念に夢中になっていた。いかなる商売もしたことがなく、したところで六ペンスすら稼げなかっただろう。驚くほどぼんやりした人物だったのだ」という。あるとき、スミスが書類に署名を求められたことがあった。彼は自分の名前を書くかわりに、すぐ上の欄に書かれていた誰かの署名をそっくりそのまま書き写した。またあるときには、魚市場の露店主から、こんなところで着飾っているなんてどうかしてると言わ

アーティストとしてのアダム・スミス

れ、うつけ者扱いをされたこともある。四歳の頃には、流れ者に誘拐されたこともある。スミスの伝記作家のジョン・レイは、そんな幼少期のエピソードを挙げながら、「たぶん、アダムなら流れ者としてもやっていけただろう」と語っている。

A地点の世界では、アダム・スミスは経済学の創始者となるような人物にはとても見えなかった。彼が『国富論』の二〇年前に書いた『道徳感情論』は、商売ではなく「同情」、つまり他人の立場に立って想像する能力の重要性を説いた本だった。スミスは社会の接着剤としてのイマジネーションと共感の重要性を主張した。『国富論』を書き始めたとき、彼は経済学について書こうと思ったわけではなく、人類の進歩の歴史を書こうとしていた。まさに壮大なプロジェクトだった。バジョットは次のように書いている。

『国富論』は、アダム・スミスの頭の中では、せいぜい書こうとしていた多くの本のうちの一冊か、大作の一部にすぎなかった……彼は人類の進歩だけでなく、個人の進歩についても触れたいと考えていた。人間がそれぞれ（彼の考えによれば）ほとんど能力のない状態で生まれてきて、多くの偉大な能力を獲得するに至った経緯を書きたかった。どのようにして人間は——人類という種として、あるいは個人として——現在のように進歩したのか？　その問いの答えを見つけたかったのだ。

スミスはたまたま重商主義という国家ぐるみの富の買いだめの時代に、灯台の問いに取り組んでいた。当時は、裕福な国になるためには、国民が所有する富を国境の内側に貯めておかなければならないというのが一般的な考え方だった。そんななかで、スミスは貿易の利点を挙げ、貿易によってすべての社会がさらに裕福になると主張した。その過程で、彼は市場という社会科学についても述べた。

現在私たちが生きているB地点の世界を作ったという意味で、彼はアーティストだった。システムとしての経済学の基礎は、かつて発明されたものであり、再び発明される可能性もあるということだ。

現代社会の抱える問題

スミスのように自分自身の問いを選んだら、どれだけ風変わりでも突拍子がなくてもかまわないから、それについて取り組んでみてほしい。実際にアーティストである必要も、理想主義者である必要もない。失敗するリスク、まだ実証されていないことに挑むリスクを冒すことは、のちに「当たり前」となるB地点の発明に繋がる道だ。

私たちの人間性の礎は、モノを創造する力にある。ある意味、この世の目に見えるものすべてがアートだといえる。私たちの誰もがアーティストであり、ビジネスパーソンであり、同時に誰もが一市民でもある。環境問題、奨学金ローンの問題、医療費の高騰、選挙資金制度の改革など、私たちが知恵を出し合って答えなければならない大きな問題はたくさんある。

環境について考えるときには、環境活動家であり作家でもあるビル・マッキベンのように、「地球の温度が二度上がった世界がどうなるのか」を問いかける方法もある。科学者たちは、石油会社が原油の埋蔵量をすべて採掘した場合、気温の上昇の可能性は二度以上になると試算している。しかし、その埋蔵量がもたらす将来の収入は、すでに石油会社の株価に織り込まれている。地球温暖化と企業評価について試算されたこうしたデータと向き合い、集合的なイマジネーションを駆使して問題解決に近づくにはど

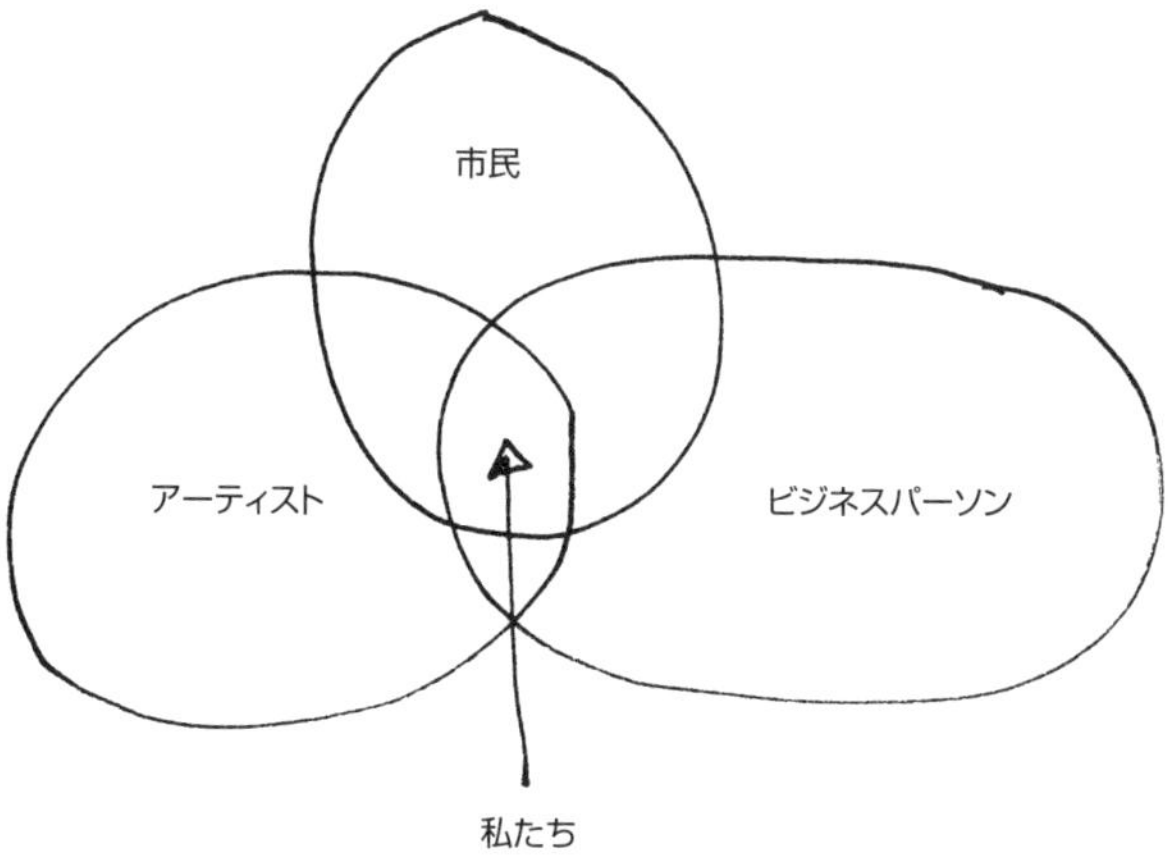

うすればいいのだろうか？

テクノロジーは現代に発明されたもっとも偉大な分野だが、同時に重大な問題も引き起こしている。拡張可能なテクノロジーを重要視する一方で、拡張不可能なものを保護するためにはどうすればいいのか？　少数派の利益を保護するメカニズムを基盤とするはずの民主主義国家において、アルゴリズム的に学習して考えるＡＩに確率を計算させて最大公約数的利益を永続させる試みが始まったら、どうなるだろうか？

一方、テクノロジーはこれまで不可能だった大衆の力を集約する手段も提供している。利益の拡散および集中の問題は、大勢の小さな行動を繋ぎ合わせるテクノロジーの力によって再びバランスを取り戻すことができるだろう。

人間性の礎は、モノを創造する力にあり、究極的には、誰もがモノの作り手である。私たちはいつも何かを生み出している。友情を、生活を、過ちを、試みを、修繕を、計画を、スケジュールを、赤ちゃんを、本を、カードを、写真を、橋を、キャンペーンを、議論を、努力を、経験を、イベントを。そしてアートを。

現代に生きる私たちは、ゼロからのスタートを切ることはめったにない。なかなか前進しないこの世界を、少しずつ望ましい方向に引っ張ろうとしているだけだ。

それでも、データベースや税制の設計者、消防士や教師、警官や店員、自動車修理業者、カスタマーサービス担当者、図書館司書や煉瓦作業員、コンクリートから階段を作る方法を知っている人々、犬をおとなしく座らせて写真のポーズを取らせることのできる人々、子どもたちの転校もいとわずに新しい都市で新しい仕事を始める人々、自分自身が未完成でまだ習慣のしがらみに囚われていない人々——そうした人々の作るモノには、創造的なアートのきらめきがはっきりと見える。

クロスタウンの船出のとき

二〇一五年二月二一日。旧シアーズ・クロスタウンがオープンしてから八八年が経った翌日に、新生クロスタウンが着工式を行った。クリストファー・マイナーとトッド・リチャードソンの二人が巨大な廃墟を見上げて、ここで何ができるだろうと考えてから、五年の月日が流れていた。その間、彼らは廃墟の向かい側に事務所を構え、地元の慈善家、銀行、公務員から支援を受け、専門家を集めた大規模なチーム——大勢の人々の手と頭脳を集めて作ったチーム・ダ・ヴィンチ——を結成した。そのチームには、建築家、デザイナー、エンジニア、市民のリーダー、さらには神学博士も加わった。トッドは、美術史風に例えれば、フィレンツェ大聖堂のドームを建築したグループと同じような雑多なメンバーを集めていた。

着工式が近づくにつれ、メンフィスは不穏な空模様となった。気温は急激に氷点下まで下がり、歩道は凍りついた。当日、私はニューヨークから飛行機でメンフィスに向かった。最後の三〇分間、機体はみぞれと乱気流のトンネルの中で不吉に揺れつづけた。無事に着陸したときには、思わず涙が出そうになった。

家から一歩も出たくなくなるような天候にもかかわらず、クロスタウンの門出を祝う気持ちが人々を集わせていた。これから再生への道を歩むその建物は、骨組みがむき出しになり、窓もほとんど取り払われていた。クロスタウンの事務所の後ろには結婚披露宴用の大規模なテントが二つ設置され、メンフィスの人々が、老若男女問わず続々と入場していた。テントの外では、赤と青のゴルフ用の大きな傘をさした陽気なアーティストのクリスが、人々をじっと見つめていた。

トッドは式典を始めるために立ち上がると、このプロジェクトをスタートさせた問いの話をした。それは、「こんなことができたらクールじゃない?」という基本的かつ普遍的な形の問いだった。

クリスとトッドは、ホールライフアプローチでプロジェクトに着手した。自分の人生を幅広い視野でとらえ、トッドは大学教授として、クリスはアーティストとして、それぞれの仕事を続けながら、プロジェクトを進めた。彼らは、灯台の問いに導かれながら、草むらの中を通って、多くの人々の支援を得て、着工式までたどり着いた。新しいクロスタウンには、アートセンターや医療施設、学習施設、住居ができる。都市での新たな暮らしを提案し、ランチやおしゃべりを楽しめる憩いの場となる。

クリスとトッドたちは、アートと産業のあいだの深い谷に立っていた。二〇一二年、彼らはビジョンと財政的現実のすり合わせを開始し、新生クロスタウンのテナント候補を募り、改修資金を集めるために行政や金融機関に働きかけた。クロスタウン・プロジェクトは、二〇種類以上の公的および私的資金源から二億ドルを調達した。サントラスト銀行は融資団の幹事となり、八〇〇〇万ドルを優先債務として貸しつけた。サントラスト・コミュニティキャピタルは、新市場税額控除制度を通じて五六〇〇万ドルを融資した。ゴールドマン・サックス・アーバンインベストメント・グループは、歴史的建造物税控除制度を通じて三五〇〇万ドルの投資を行い、メンフィス市は一五〇〇万ドルを寄付した。メンフィス市長のA・C・ウォートンは「これほど大規模なプロジェクトを推し進めようとすると、青信号が灯ることは多くない。というより、赤信号だらけになる」と言った。それでも、彼らはやり遂げた。五年の準備期間を経て、このプロジェクトは「突拍子もない話」から、パワーショベルで地面を掘り起こす段階に突入した。

空洞のクロスタウンは雨の中でどっしりとたたずんでいた。風にはためくテントの下では合唱とブラスバンドの演奏が始まり、市と郡のそれぞれの首長たちと、あちこちから集まった人々が地元の誇りを持って語り合っていた。

彼らが築いたものは、一つの建物だけでなく、コミュニティ全体だったといえる。銀行と自治体、そして医療施設から地元の大学まで広範囲に及ぶテナントパートナーたちが、共同で大型プロジェクトを軌道に乗せた。着工式は終点であり始点でもある。多くの取り組みの集大成でもあり、新たなプロセスのスタートでもある。「僕たちはどこかに道があるはずだという希望を失ったことはなかった。ただその道を探せばいいだけだと信じていた」とトッドは言う。彼らがしたことは、「前方を光で照らして、見えるところまで歩き」、そこからまた同じことを繰り返す——ただそれだけだったのだ。

日本の牽引者
事例7

アートとビジネスの結節点は〝自分ごと〟にある

株式会社スマイルズ
代表取締役社長
遠《とお》山《やま》正《まさ》道《みち》

世の中の90%のまだない暗闇に、チャンスは眠る

アートというのはまさに、今の時代に必要とされる「新しい価値を自分で生み出す・コンテクストを創る」ということ。情熱を重ね、自分で手を動かして具現化し、世の中に提示することです。ひと言で言うと、それは〝自分ごと〟。その一点に集約されます。よくビジネスパーソンがアートを眺めてセンスを磨くというようなことがありますが、私はビジネスがアートから学ぶべきは、自分が当事者であると改めて気づくことだと思っています。

私は今見えているものや触れられるもの、言語化できるものは世の中の10%だけで、残りの90%はまだない暗闇、そこに価値が無限に眠っていると考えています。そして、今見えている10%、前例や常識、そしてルールといったものは、むしろ障害になりうる。まだ見えていない90%の暗闇に「こんな感じ」と楔《くさび》を打ちつけて形にしていくことの先駆者がアーティストだと思うのです。

例えば、彫刻家が大きな石の塊から、自分だけが見えている像をノミと金槌で掘り起こして一つの形を仕上げていくように、アーティストというのは手探りしてノミを打ちながら、さらには思考を加えて、最終的に形にしていく。ビジネスにもそういったやり方は昔からあり、何も新しくはないのですが、今はそれがあまり見られません。

高度経済成長期、バブルなどを経て様々な価値観が共存する今の日本の主役は〝経済〟であり、経済の主役は企業および大きな産業＝大企業であるというのが昭和の時代から続いてきました。その時代に何が起きていたかというと、マーケットが先行、拡大していたので、そこに供給をはめこんでさえおけば売れる時代だったのです。実際に〝作れば売れる〟なんて言葉がありました。その時代にいろいろな会社ができて、現存する主たる業態や人事制度なども、ほとんどその頃に原型が作られたわけです。

しかし現在は、需要と供給というわかりやすいルールがガラッと逆転してしまいました。今は地球規模でモノが増えすぎて需要が減り、みんなが「もういらない」となってしまっている。だから、まったくルールが変わっているわけです。かつては、需要がそこにあったから市場の声を聞くというマーケティングが有効でした。しかし今は、市場に訊いても過去の答えしか出てこず、お客様が未来を占ってくれるわけでもない。ではどうすればいいのかというと、90％のまだない暗闇の部分に何か価値を見いだし、具現化して世の中に提示していかなければならないのです。それは新たな価値の創造なのでなかなか大変ですが、それが求められていると思います。

マーケティング病からプロジェクトの時代へ

今は個人も企業も〝マーケティング病〟みたいなものにかかってしまっています。でもこれからは、需要と供給が逆転する。供給過多の時代になると、組織として人を抱えきれなくなり、これからは〝プロジェクトの時代〟になっていくでしょう。小さくとも大きくともプロジェクトを組成して、実現したら解散して……これを繰り返し積み重ねていくのが組織になると思うのです。映画でいうと、その都度必要なテーマを掲げて、監督・プロデューサー・女優・ヘアメイクを集めて、終わったら一度解散し、次は未来派時代劇でいこう、みたいなノリです。それを企業がずっと監督・女優・スタイリストを雇って定年まで抱えこむなんてことはできないわけです。会社ですらどんどん解体が進む時代が来たら、ビジネスパーソンは仕事を待っているだけではなく、自ら仕掛けることを一人一人がやらなければならなくなります。

しかも今は、ひと昔前のようにリスク背負って脱サラして家族の人生をどーんと抱えなくても、複業など、もう少しグラデーションのある働き方もできる。だから個人の価値で何か課題やテーマを見つけて、自ら動いて形にしていくことを、下手くそでもかまわないからやってみる。そして、何か小さくてもいいから成功すると、自信や評判、ブランドになっていく。会社に一〇〇人いたら一〇〇人が従来型の分業をしながらやっていく方法もあるけれど、仕事の半分は、個人がユニークネスを発揮し、仕掛けていくプロジェクトを重ねられると、組織や会社にとって強みになっていくのではなかろうかと思います。

とはいえ、そうしたあり方は今に始まったことではなく、江戸時代から多分そうなのです。江戸時代というのは、インターネットも車もないから、自分の周辺＝手の届く範囲で何かしら自分なりの産業を作っていたわけです。クリエーション・営業・製造・物流・品質管理・人事・全部やって、そもそもの課題、テーマ、何がやりたいか、何が求められているかを、当たり前に一人一人がちゃんとやって生きていました。

これは私の勝手な感覚ですが、当時は、奉行といった今で言うサラリーマンのような人は一割くらいで、あとはみんな、商人や農民などの自ら手を動かす人たちだったのではないかと思います。昭和はそれが逆転して、サラリーマンや役人のような人が八割で商人が二割くらいになった。けれどもこれからはまた戻って、サラリーマンのように誰かにお金を与えてもらえる人は二割くらいになり、あとの八割は自分なりに技術を駆使して、自ら何をやるべきかの着想を発揮する。そして小さくてもいいから手を動かして、価値を世の中に提供していく時代になるのではないかと。時にはその二割側の奉行に片足だけ入れたり、必要に応じて出たり入ったりして。そして企業側は、外のイケてる商人を抱えこもうとする時代になるのではないかなと思います。

　そういう意味で言うと、アーティストは、自分のやるべきことを考えて、自ら手を動かして世に問う人たちです。大企業を前提とした今の社会からは社会不適合者のように言われ、そんな中でもがきながら、強い意志で自分の作るべきものを練りに練る。そして、自分の技を持って、何度も返り血を浴びながら世の中に提示していくことで、あるとき突然スターになったりするかもしれない。つまり〝自分ごと〟の権化のような人たちなのです。

　だからといって、アーティストをそのままビジネスに引きこむというわけにもいかない。彼らが長けているのはアートを作るまで。作ったあと、売るのは画商やギャラリストだったりするのです。例えばインスタレーション作品で言えば、アーティストが創造者としてできる範囲は実はとても少なく、やらなければならないことの中で多くを占めるのは、展示するスペースの大家との交渉、賃貸借契約、原状復帰、そのための借り入れなど、本来美大では教えてくれないようなことだったりします。それならば売れるための作品を……と言ってアーティストがマーケティングを始めると、価値を失いますよね。アーティストがビジネスの世界に来るのもありかもしれませんが、ビジネスの人が自分の中に価値・ときめき・発見・今までの経験や夢みたいなものを持っていて、それを始めるというのもありだと思うのです。アートが一番素晴らしいかというと、そこはビジネスパーソンのほうが長けていたりすることもある。

これからは請負のサラリーマンだけでもアーティストだけでも作れない、次なる領域が出てくると思います。それを、ビジネス側から攻めるかアート側から攻めるかの問題であって、そこにルールはありません。

良い楔はその先の可能性を引き出す

私は今〝The Chain Museum〟(ザ・チェーン ミュージアム)というプロジェクトを手がけています。もともとスマイルズという会社の原点が私のアート作品の個展だったこともあり、自らは作家だと思っています。スープストックトーキョーの次に何をやろうかと考えたとき、スマイルズの作家としてのコンテクストは〝ビジネス〟だと。我々はスープのチェーン店をやっていますが、チェーン店とアートってまったく相容れない真逆の概念なので「これは面白そうだ」と思って、それならばいっそのこと〝ミュージアム〟と言ってしまおうということで、The Chain Museumという言葉が生まれました。そして、まだない90%の暗闇の中に、The Chain Museumという言

葉だけまず置いてみたのです。

それが約二年前のことで、そこにはいろいろな価値のほのかな香り、予感だけが漂っていました。アートとはそういうもので、なんの実態もないような平面や立体についてなんとか自分も納得し、人の腑にも落ちてもらうために、コンテクストをつけたり、技術で驚かせたり、美しいという感情に寄せてみたりするのです。〝いいアート〟は、それに触れる人との良い関係性を導き出すもの。十人十色の触れ方があるわけですが、歴史的背景などの文脈を踏まえているとか、作家らしさを持っているとか、そこから鑑賞者に〝いい夢を見させてあげる〟のがいいアートだと思っています。

そして、ビジネスの世界にも、「何かここにきっと可能性があるに違いない」とピンとくるアントレプレナー（起業家）の〝美しきひらめき〟みたいなものがあります。ピンときたら90％のところにまず楔を打ってみる。どんな価値があるかや、どんなビジネスになるかまでいかなくても、そこに地球の未来やビジネスの領域、個人の情熱、チームの意義などを良い意味で引き出す可能性を感じられれば、良い楔の打ち方ができています。まだ何も実態はないのに、未来を感じさせるようなもの。それが、今はあまりにもないと思うのです。方法論ばかりで、いい夢を見させてくれない。だから、私はまだない90％の暗闇の中に楔を打ち込むような仕事をあと三つ四つやって、残り四〇年ほどの余生を楽しみたいなと思っています。

サラリーマンをやりながら、そういったことを二つ三つやってみる。それで少し手応えを感じられたら、会社にその事業を買ってもらって堂々と昼からやる。会社もそういう提案を望む下地ができれば、最初に生み出すところにも目を向け始める。そうやってお互いの認識が変われば、非常に有機的な、価値を大事にする働き方の未来が見えてくるのではないでしょうか。

抽象的で説明できない概念こそ、未来を語る

スマイルズがなぜアートを起点としたビジネスなのか、そのきっかけは私が商社マン一〇年目に開催した絵の個展にあります。そこからスープストックトーキョーが生まれました。その個展は、私の初めての意思表示でもあった。大学卒業後に三菱商事に入社し、三三歳まで楽しく過ごしてきた自分が、初めて上司にも家族にも誰にも頼まれていない、「自分がやる」と言わないと始まらないこと、しかも「なんで？」と訊かれても答えられないことをやったのです。サラリーマンが絵の個展で出世するかというとまったくそんなことはないし、アーティストとして会社を辞めてデビューするかといえばそんなつもりもないのに、なぜかやったわけです。

私はこの合理的な理由が見つからないことをやったことが良かったと思っています。なぜなら合理的な説明は合理的な説明で潰されてしまうからです。まだない90％の暗

闇に楔を打つときには、「ここに、そのほのかな光見える？」なんて説明できないし、ときめいただけでしかない。だからこそ突破できた気がしていて、そのときの経験があって、スープストックトーキョーが生まれた。逆に10％のほうに目が向いていたら、一ミリも動かせなかったと思います。

10％の、世の中にすでにある何かを紡いでやっていくのもいいですが、残りの90％の領域で、心から情熱が持てる何かや、「ちょっとこれ見てよ」と襟首をつかんででも他人に見せたくなるような〝自分ごと〟がプクっと生まれてきて、それがビジネスや生活と重なっていったら最高なわけです。

アートはノミとトンカチと筆があれば完結しますが、ビジネスは一人じゃ完結しない。チームを組んで、それぞれの弱いところを補いながら、チーム一人一人が〝自分ごと化〟しながらやっていくことが大事です。

新しいビジネスなんて、ちっともうまくいかないものです。そのうまくいかないときに、「なぜやっているのか」に必ず戻る。アートで言えばその作品の〝コンテクスト〟みたいなもの、ビジネスで言えば〝理念〟が重要です。理念に立ち返ってみると、シンプルに当初やりたかったことに戻って幅広く考えられるようになり、救いになるのです。その逆がマーケティングで、うまくいかないときに外に理由を探そうと新聞記事を引っ張り出してきても〝自分ごと化〟にはつながらず、失敗したときのヒリヒリ感のようなものを突破していけない。

アートとビジネスの結節点は〝自分ごと〟と捉えることだと冒頭で述べましたが、ビジネスのほうでそれが抜け落ちると、自分は何に価値を感じて、なんでそれをやっているのかということに目を凝らして、耳を澄まさないといけなくなる。そこは、非常に言語化しづらいものですから。食で言うと、私は〝メニューに表れない価値〟という言い方をします。食材の産地や価格など必要な情報はメニューに書いてあります。でも本当に大切なのは、なぜオーナーがこの店を始めたのかや、シェフが苦労しながら修業してきたこと。お客様も栄養補給のために来ているわけではなく、誰と、どのような時間を過ごすのかが大事なのです。そういった、メニューには出ていないような美味しさや感動が〝自分ごと化〟されて、お客様はお金を支払うわけです。しかし、それはとても抽象的です。ビジネスはどうしても具体的な数値や言語に収斂《しゅうれん》してしまい、抽象的な部分はなかなか表現し難い。

抽象的で説明しづらいことに意味があると皆わかっているのに、言語化できないために価値を共有できないのです。アートは抽象的なことばかりやっていて、言語化できず「こんな感じ」で説明する。反対に、ビジネスはメニューのような具体的なことばかりやっている。だからお互いが乗り合って、アートはもっと言語化や、通じやすくする工夫をしたほうがいいかもしれないし、ビジネスは「これは本来なんなのか」を、

もっと的確に内部で共有して、お客様にも鋭く伝えることが必要かもしれない。アートにも欠落感はあり〝秘密兵器〟になるわけではないので、お互いのピースの足りないところを上手に合わせることが、90％のまだない闇の中にある、これからのビジネスには必要なのかもしれません。

一九六二年、東京都生まれ。慶應義塾大学商学部卒業後、八五年、三菱商事株式会社入社。二〇〇〇年に株式会社スマイルズを設立、代表取締役社長に就任。現在、「Soup Stock Tokyo」のほか、ネクタイ専門店「giraffe」、セレクトリサイクルショップ「PASS THE BATON」、ファミリーレストラン「100本のスプーン」やコンテンポラリーフード&リカーショップ「PAVILION」、海苔弁専門店「刷毛じょうゆ 海苔弁山登り」を展開。「生活価値の拡充」を企業理念に掲げ、現代の新しい生活の在り方を提案している。近著に『成功することを決めた』（新潮文庫）、『やりたいことをやるというビジネスモデル-PASS THE BATONの軌跡』（弘文堂）がある。最近では、もっともシンプルな結婚の在り方「iwaigami」、小さくてユニークなミュージアム「The Chain Museum」、アーティストを支援できるプラットフォーム「ArtSticker」などをスタート。

原　注

引用文

「僕がアーティストに」: Vik Muniz, Keynote Lecture for the Symposium "International Museum Education Institute: Focus Brazil—Pedagogy, Art, Participation," Museum of Modern Art, New York. July 22, 2011.

序章　命を救うことvs命を救う価値のあるものにすること

P21「理想的な気づきを」: Joseph Beuys, "Every Man an Artist: Talks at Documenta V," in Joseph Beuys: The Reader, edited by Claudia Mesch and Viola Michely (Cambridge, MA: MIT Press, 2007), 189. (Taken from an interview and recordings made by Clara Bodenmann-Ritter visiting Beuys's project at Documenta V, Office for Direct Democracy.)

P24「二〇〇八年一月一七日、」: Tom Symonds, "The Mystery of Flight 038," BBC News, January 24, 2008, http://news.bbc.co.uk/2/hi/uk_news/england/london/7208126.stm.

P24「のちに、航空専門家の」: Nick Parker, Jamie Pyatt, Alex Peake, and Virginia Wheeler, "Wing and a Prayer," Sun, January 18, 2008, 4–5.

P24「平凡な人々が」: Ben Webster, "First Officer Hailed as Hero for Nursing Stricken Boeing to Safety After Both Engines Fail," Times (London), January 19, 2008, 8.

P26「作家のダニエル・ピンクは、」: The HBR Editors, "Breakthrough Ideas for 2004," Harvard Business Review, February 2004, 2; Daniel H. Pink, "The MFA Is the New MBA," Harvard Business Review, February 2004, 11–12.

P26「投資家のジム・クレイマーは」: James J. Cramer, "Analyze This," New York, March 14, 2004, 18.

P28「一九二六年、」: MaryKate Cleary, " 'But Is It Art?' Constantin Brancusi vs. the United States," Inside/Out: A MoMA/PS1 Blog, July 24, 2014, accessed September 14, 2015, http://www.moma.org/explore/inside_out/2014/07/24/but-is-it-art-constantin-brancusi-vs-the-united-states/.　台所用品の輸入関税は40%だったのに対し、美術品は免税であった。ブランクーシはアメリカ政府を訴え、勝訴した。

P28「一九七四年、」: "Joseph Beuys: Actions, Vitrines, and Environments, Room 4," Tate.org.uk, accessed September 14, 2015, http://www.tate.org.uk/whats-on/tate-modern/exhibition/joseph-beuys-actions-vitrines-environments/joseph-beuys-actions-4. The work is called I Like America and America Likes Me, 1974.

P29「定期的に著作として」: このエッセイはもともと、1935年にハイデッガーが行った講義であった。彼は1950年と60年に出版し、1976年に亡くなった。

P29「アート作品とは、」: Martin Heidegger, "The Origin of the Work of Art," in Basic Writings, edited by David Farrell Krell (New York: HarperPerennial, 1993), 143–206. See essay overall, including the passage "Whenever art happens—that is, whenever there is a beginning—a thrust enters history; history either begins or starts over again" (201).

P31「一九四二年、」: Joseph A. Schumpeter, Capitalism, Socialism, and Democracy, 3rd ed. (1942; reprint, London and New York: Routledge, 2008), 81–86.

P32「エコノミスト誌は、」: "Thanksgiving for Innovation," Economist Technology Quarterly, September 21, 2002, 13. "In this scheme of things, innovation accounts for any growth that cannot be explained by increases in capital and labour. ...Governments worship at the altar of innovation these days for good reason. Far from being simply some missing factor in the growth equation, innovation is now recognized as the single most important ingredient in any modern economy—accounting for more than half of economic growth in America and Britain. In short, it is innovation—more than the application of capital and labour—that makes the world go round."引用としては古めだが、私がアートスクール時代に読んで影響を受けたのはまさにこの記事だった。

P32「同誌の考察どおり、」: "Thanksgiving for Innovation," Economist, September 21, 2002.

P33「一七七六年の著作」: Adam Smith, An Inquiry into the Nature and Causes of the Wealth of Nations, Books I–III, edited by Andrew Skinner (1776; reprint, New York and London: Penguin Classics, 1999), 109–10.【『国富論』大河内一男 監訳、中央公論新社 他】

P34「二つ目は、」: Leonard E. Read, "I, Pencil: My Family Tree as Told to Leonard E. Read," Library of Economics and Liberty, December 1958, accessed September 1, 2015, http://www.econlib.org/library/Essays/rdPncl1.html.

P34「経済学者ミルトン・フリードマンの」: Milton Friedman, "Power of the Market," Free to Choose, PBS, 1980, accessed September 1, 2015, https://www.youtube.com/watch?v=R5Gppi-O3a8. (See "the magic of the price system" at 1:58.)

P34「人気ファッションブランド、」: Seth Stevenson, "Polka Dots Are In? Polka Dots It Is!," Slate, June 21, 2012,

https://www.slate.com/culture/2012/06/zaras_fast-fashion-how-the-company-gets-new-styles-to-stores-so-quickly-.html. See also Nelson M. Fraiman, Medini Singh, Carolyn Paris, and Linda Arrington, "Zara," Columbia Business School Teaching Case, 2010.

P36「ミハイ・チクセントミハイは、」: Mihaly Csikszentmihalyi, Creativity: The Psychology of Discovery and Invention (New York: HarperCollins, 1996), 8.【『クリエイティヴィティ　フロー体験と創造性の心理学』浅川希洋志監訳、須藤祐二・石村郁夫訳、世界思想社】

P36「チクセントミハイが説明した」: Ibid., 7.

P37「あのスターバックスでさえ、」: "About Us," Starbucks.com, accessed February 2, 2015, http://www.starbucks.com/about-us/company-information.

第一章 広角レンズで見る

P39「人間はなんでも」: Robert A. Heinlein, Time Enough for Love (New York: Ace Books, 1988), 248.【『愛に時間を』矢野 徹訳、早川書房】

P41「北カリフォルニアに」: "Folks," Fogarty Winery, accessed October 8, 2015, http://www.fogartywinery.com/folks. ワイナリーはフォガティの趣味で、ワイン醸造者マイケル・マルテラとのパートナーシップにより1978年に設立された。商業生産は1981年に開始したため、ワインボトルには「Est. 1981」と記されている。

P42「現在でも毎年三〇万人の」: "Dr. Fogarty," Fogarty Institute for Innovation, accessed September 3, 2015, http://www.fogartyinstitute.org/people/

P42「授業中に教室の」: Thomas Fogarty, interview by author, December 12, 2011.

P42「フォガティによれば、」: Ibid.

P42「フォガティは中学二年生」: Ibid.

P42「当時、彼はまだ一三歳」: Jim Quinn, "Hall of Fame Interview: 'Failure Is the Preamble to Success,' " Invention & Technology Magazine, Winter 2004, accessed October 8, 2015, http://www.inventionandtech.com/content/"failure-preamble-success"-0. 13歳というのは、中学2年生のときに働きはじめたというフォガティの記憶による推定年齢である。記述によっては12歳から15歳の幅がある。

P42「時給一八セントで」: David Cassak, "The Inventor's Inventor: An Interview with Tom Fogarty," In Vivo: The Business and Medicine Report, February 2003, 27–28.

P42「そこで薬用石鹸と」: Thomas Fogarty, interview by author, December 12, 2011.

P43「眼科手術用の」: Thomas Fogarty, interview by author, December 12, 2011.

P43「なんだこれ?」: Ibid.

P43「ジャック・クランリーという」: Quinn, "Hall of Fame Interview."

P43「フォガティは実質的に」: Thomas Fogarty, interview by author, December 12, 2011.

P43「これよりマシな」: Cassak, "The Inventor's Inventor," 28.

P44「完成品を七、八ドルで」: Ibid.; Brown, David E. Brown, Inventing Modern America: From the Microwave to the Mouse (Cambridge, MA: MIT Press, 2002), 12.

P44「また母親専属の便利屋」: Brown, Inventing Modern America, 12.

P44「フォガティと友人は、」: Cassak, "The Inventor's Inventor," 28.

P44「フォガティの記憶によれば、」: Quinn, "Hall of Fame Interview."

P45「手術用ラテックス手袋の」: Cassak, "The Inventor's Inventor," 29.

P45「ほかにも二、三種類」: Ibid.

P45「一九五九年、」: Eileen Tram, Executive Assistant to Dr. Thomas J. Fogarty, email to author, October 31, 2014. Based on Eileen Tram conversation with Dr. Fogarty that day. See also "Profile: Thomas Fogarty," Vascular News, May 4, 2006, accessed September 3, 2015, http://www.vascularnews.com/vn-archives//profile-tom-fogarty/. このプロフィールには1956年から60年の医学部在籍を含むフォガティの人生のタイムラインが掲載されている。

P45「私はいつも毛ばりを」I'd always tied flies": Brown, Inventing Modern America, 15.

P46「接着というデザイン課題の」: "Dr. Fogarty," Fogarty Institute for Innovation, accessed September 3, 2015, http://www.fogartyinstitute.org/people/

P47「二匹の若い魚が」: David Foster Wallace, "David Foster Wallace on Life and Work," adapted from a commencement speech given by David Foster Wallace to the 2005 graduating class at Kenyon College, Wall Street Journal, September 19, 2008, accessed January 24, 2015, http://online.wsj.com/articles/SB122178211966454607.

P47「そのとき、増田は」: Richard E. Nisbett, The Geography of Thought: How Asians and Westerners Think Differently ...and Why (New York: Free Press, 2004), 89.【『木を見る西洋人 森を見る東洋人 思考の違いはいかにして生まれるか』村本由紀子訳、ダイヤモンド社】

P48「泡」: Ibid., 90.

P48「池みたいな」: Ibid. See also Takahiko Masuda and Richard E. Nisbett, "Attending Holistically vs. Analytically: Comparing the Context Sensitivity of Japanese and Americans," Journal of Personality and Social Psychology (2001) : 922–34, accessed September 3, 2015, https://www.ualberta.ca/~tmasuda/index.files/Masuda&Nisbett2001.pdf.

P50「彼はイタリア国土の」: Dave Lavinsky, "Pareto Principle: How to Use It to Dramatically Grow Your Business," Forbes.com, January 20, 2014, accessed February 2, 2015, http://www.forbes.com/sites/davelavinsky/2014/01/20/pareto-principle-how-to-use-it-to-dramatically-grow-your-business/.

P50「ニスベットが指摘して」: Richard Nisbett, "The Geography of Thought," New York Times, April 20, 2003, accessed January 25, 2015, http:// www.nytimes.com/2003/04/20/books/chapters/0420-1st-nisbe.html?src=pm&pagewanted=2.

P51「ジム・レーヤーと」: Jim Loehr and Tony Schwartz, The Power of Full Engagement: Managing Energy, Not Time, Is the Key to High Performance and Personal Renewal (New York: Free Press, 2003) .【『メンタル・タフネス 成功と幸せのための4つのエネルギー管理術』青島淑子訳、CCCメディアハウス】

P53「一つの活動から別の活動に」: Ibid., 7–8.

P56「我々が生きる広大な」: Jean Paul Richter, trans., The Notebooks of Leonardo da Vinci—Complete (1888, reprint: Seattle, WA: Pacific Publishing, 2010) , sec 1215, 219.

P57「人生に不意の来客や」: Will Rosenzweig, interview by author, August 22, 2014.

P59「同社の創業初期に、」: Ernest Gundling, The 3M Way to Innovation: Balancing People and Profit (Tokyo: Kodansha International, 2000)【『3M・未来を拓くイノベーション』アーネスト・ガンドリング・賀川洋共著、講談社】, 56–57. See also Virginia Huck, Brand of the Tartan: The 3M Story (New York: Appleton, 1955) , 133–38.

P61「〈20%ルール〉は、」: Kaomi Goetz, "How 3M Gave Everyone Days Off and Created an Innovation Dynamo," Fast Company, February 1, 2011, http://www.fastcodesign.com/1663137/how-3m-gave-everyone-days-off-and-created-an-innovation-dynamo.

P61「その運営費を賄う」: Ryan Tate, The 20% Doctrine: How Tinkering, Goofing Off, and Breaking the Rules at Work Drive Success in Business (New York: HarperBusiness, 2012) , 15–17.【『20%ドクトリン サイドプロジェクトで革新的ビジネスを生みだす法』、田口未和訳、CCCメディアハウス】

P61「彼は一九九〇年代に」: Ibid., 18.

P61「グーグルのキーワード検索の」: Ibid., 27.

P62「その語句にマッチした」: Ibid.

P62「改良型ポルノフィルターは、」: Ibid., 25.

P62「僕はあの頃、」: Paul Buchheit, The Technology Blog, July 30, 2014, accessed October 10, 2014, http://paulbuchheit.blogspot.com /2014/07/the-technology.html.

P63「次の一〇のカテゴリー」: 創造的活動を分類するというアイデアは、本書の草稿を読んでくれた創造力豊かな友人サブリナ・モイルとの会話を通じて生まれた。ここで彼女の貢献に感謝したい。

P64「経営学者アルフレッド・D・チャンドラーは、」: Geoffrey G. Jones, "Remembering Alfred Chandler," Working Knowledge, Harvard Business School blog, June 15, 2007, accessed September 6, 2015, http://hbswk.hbs.edu/item/remembering-alfred-chandler. See Alfred D. Chandler Jr., Strategy and Structure: Chapters in the History of the Industrial Enterprise (Cambridge, MA, and London: MIT Press, 1962) .【『組織は戦略に従う』有賀裕子訳、ダイヤモンド社】

P65「飢饉救済のための」: Tracy McVeigh, "Stars of 2014 Recreate Band Aid Spirit as Musicians Unite to Help Ebola Victims," Guardian, November 15, 2014, accessed September 6, 2015, http://www.theguardian.com/music/2014/nov/15/-sp-band-aid-30-do-they-know-its-christmas.

P65「ONEキャンペーン」: 2002年、ボノ、ボブ・ゲルドフ、ジェイミー・ドラモンド、ルーシー・マシュー、ボビー・シュライバーは、DATA (debt, AIDS, trade, Africa) という団体を共同で創立した。2004年、今度はそのDATAが、ほかの10の貧困救済慈善団体と共同で『ONEキャンペーン』を創立した。"ONE History," ONE Campaign website, accessed September 6, 2015, http://www.one.org/international/about/one-history/.

P65「バラク・オバマ候補は」: David Talbot, "How Obama Really Did It," MIT Technology Review, August 19, 2008, accessed September 6, 2015, http://www.technologyreview.com/featuredstory/410644/howobama-really-did-it/.

P66「作家ミラン・クンデラが」: Milan Kundera, The Book of Laughter and Forgetting (1978; reprint, New York: HarperPerennial, 1996) , 225–26.【『笑いと忘却の書』西永良成訳、集英社】

P66「二〇一五年、」: William Langewiesche, "Meet the Two Men Who Free-Climbed Yosemite's Perilous Dawn Wall," Vanity Fair, April 2015, http://www.vanityfair.com/culture/2015/03/free-climb-yosemite-dawn-wall-tommy-caldwell-kevin-jorgeson.

P66「自称〝シリコンバレーの」: Roger von Oech, Ph.D., A Whack on the Side of the Head: How to Unlock Your Mind for Innovation (New York: Warner Books, 1983), 5.【『頭にガツンと一撃』城山三郎訳、新潮社】

P68「二〇一二年、」: Kenneth Chang and Jeremy Zilar, "NASA's Curiosity Rover Successfully Lands on Mars," The Lede blog, New York Times, August 5, 2012, accessed September 6, 2015, http://thelede.blogs.nytimes.com/2012/08/05/curiosity-is-set-toland-on-mars/.

P68「きわめて耐久性の高い」: "Tyvek® Brand, Dupont.com, accessed September 6, 2015, http://www.dupont.com/products-and-services/fabrics-fibers-nonwovens/protective-fabrics/brands/tyvek.html.

P68「キノコから作られた」: Golda Arthur, "Making Houses Out of Mushrooms," BBC News Magazine, August 30, 2014, accessed September 6, 2015, http://www. bbc.com/news/magazine-28712940.

P68「南部に暮らす人々は、」: "Harper Lee," interview, in Counterpoint, edited by Roy Newquist (New York: Simon & Schuster, 1964), 407.

P71「スコットランド人のイラストレーター、」: Alexandra Alter, "Grown-Ups Get Out Their Crayons," New York Times, March 29, 2015, accessed July 22, 2015, http://www.nytimes.com/2015/03/30/business/media/grown-ups-get-out-their-crayons.html?_r=0.

P72「社会心理学者アブラハム・マズローは、」: Abraham H. Maslow, "A Theory of Human Motivation," Psychological Review 50, no. 4 (July 1943): 370–96.

P72「ヨーロッパの資産家たちは」: Jean Sorabella, "The Grand Tour" in Heilbrunn Timeline of Art History (New York: Metropolitan Museum of Art, 2000), accessed October 8, 2015, http://www.metmuseum.org/toah/hd/grtr/hd_grtr.htm.

P72「グーグル社の人事部長ラズロ・ボックは、」: Laszlo Bock, "The Biggest Mistakes I See on Resumes, Part 2: Your Top 8 Questions," LinkedIn, January 26, 2015, https://www.linkedin.com/pulse/biggest-mistakes-i-see-resumes-part-2-your-top-8-questions-bock.

P73「ビートルズは」: AP, "Beatles Original for 90G," New York Post, September 20, 2015, 3.

P74「まずは気づくことから」: Tate, The 20% Doctrine, 17.【『20%ドクトリン』既出】

P75「私の座右の銘は、」: Brené Brown, "O's Experts Will Now Take Your Makeover Questions," O, The Oprah Magazine, September 2014, 124.

P76「あるいは弟のオービルが」: "Orville Wright," Biography.com, accessed February 2, 2015, http://www.biography.com/people/orville-wright-20672999; David McCullough, The Wright Brothers (New York: Simon & Schuster, 2015), 22–25, 27–30.

P76「その後の三年間を」: National Park Service, "Theodore Roosevelt and Conservation," http://www.nps.gov/thro/learn/historyculture/theodore-roosevelt-and-conservation.htm.

P78「ローマ教皇フランシスコは、」: Pope Francis, "Pope's Prayer Intentions for June Focus on Europe and Jobs Crisis," transcript, Vatican Radio, May 27, 2014, accessed September 3, 2015, http://en.radiovaticana.va/news/2014/05/27/pope's_prayer_intentions_for_june_focus_on_europe_and_jobs_/1101048.

P78「教皇自身、」: Robert Draper, "How Francis Is Remaking Rome," New York Post, September 20, 2015, 8. See also David K. Li, "Pope Francis Worked as Nightclub Bouncer," New York Post, December 3, 2013, accessed September 20, 2015, http://nypost.com/2013/12/03/pope-francis-i-worked-as-a-bouncer/.

P78「先延ばしにすること」: Tom Sachs, interview by author and award acceptance speech, Louise Blouin Creative Leadership Summit, September 23, 2015. This list appeared as "10 Bullets for the WSJ," Wall Street Journal, September 24, 2011, accessed January 25, 2014, http://www.wsj.com/news/interactive/TomSachsLttr102911. See also tenbullets.com. ある賞の受賞パーティで『Ten Bullets for the WSJ』を朗読したあと、そのコピーを著者に提供してくれたトム・サックスに感謝を。

P79「一九二九年、」: Ferris Jabr, "Why Your Brain Needs More Downtime," Scientific American, October 15, 2013, http://www.scientificamerican.com/article/mental-downtime/.

P80「二〇一二年に」: Mary Helen Immordino-Yang, Joanna A. Christodoulou, and Vanessa Singh, "Rest Is Not Idleness: Implications of the Brain's Default Mode for Human Development and Education," Perspectives on Psychological Science 7 (2012): 352. このタイトルは1894年のジョン・ラボックの著書『The Use of Life』からとられている。

P80「当初の不安をよそに、」: Leslie A. Perlow and Jessica L. Porter, "Making Time Off Predictable—and Required," Harvard Business Review, October 2009, https://hbr.org/2009/10/making-time-off-predictable-and-required.

P81「BCGは二〇一四年時点で」: Ibid.

P82「一に患者、二に患者、」: Thomas Fogarty interview by author.

P83「その器具を製造しようとする」: Cassak, "The Inventor's Inventor," 30.

P83「フォガティは二〇社に」: Ibid.

P84「新しいことの多くは、」: Ibid.
P84「私のことを」: Thomas Fogarty interview by author.

第二章 草むらの中で

P95「どんな人生でも、」: George Orwell, "Benefit of Clergy: Some Notes on Salvador Dali," in All Art Is Propaganda: Critical Essays, compiled by George Packer, introduction by Keith Gessen (New York: Mariner Books/ Houghton Mifflin Harcourt, 2009), 210.

P97「一九四九年、」: Charles J. Shields, Mockingbird (New York: St. Martin's Griffin, 2006), 15. 【『『アラバマ物語』を紡いだ作家』野沢佳織訳、柏書房】

P97「ブリティッシュ・エアウェイズの」: Ibid., 20.

P97「彼女がすごいことを」: Ibid., 22. Spoken by Louise Sims, wife of the saxophonist Zoot Sims. The fuller quotation: "Here was this dumpy girl from Monroeville. We didn't think she was up to much. She said she was writing a book and that was that."

P98「出版が決まっても」: Ibid., 14.　リッピンコット社のリーの担当編集者はテイ・ホホフ。

P98「リーダーズダイジェスト社から」: Ibid., 12.

P98「彼女、ハーパー・リーは、」: Shields, Mockingbird, 182, 199.

P98「それまで二五〇人もの」: Newquist, ed., Counterpoint, 13, 15, 17. What he interviewed them about: 13. Location mostly at the Plaza: 15. For WQXR: 17.　著者はこの詳細を確認するためハーパー・リーの弁護士、トーニャ・カーターに問い合わせたが、返信がなかった。

P98「私は『アラバマ物語』が」: Ibid., 405.

P99「完成後に大きな賞を獲得する」: Shields, Mockingbird, 186.

P101「一九七一年、」: Edward E. Jones and Richard E. Nisbett, The Actor and the Observer: Divergent Perceptions of the Causes of Behavior, (New York: General Learning Press, 1971).

P103「創造初期の作品に」: Ricardo Prada, interview by author, at Google X, August 25, 2014. See also Ricardo Prada, "Hi There," Ricardoprada.com, and Bryn Smith, "Getting Hired: How to Score a Job at Google X, the Secret Lab Behind Glass and Self-Driving Cars," Core77, January 21, 2014, accessed September 6, 2015, http://www.core77.com/posts/26282/Getting-Hired-How-to-Score-a-Job-at-Google-X -the-Secret-Lab-Behind-Glass-and-Self-Driving-Cars.

P104「アイデアが良いか悪いか」: Ricardo Prada, interview by author, at Google X, August 25, 2014.

P104「彼らは、人生という」: Carol S. Dweck, Ph.D., Mindset: The New Psychology of Success (New York: Ballantine, 2006), 4.【『マインドセット「やればできる!」の研究』今西康子訳、草思社】

P106「作品に執拗にしがみついていると、」: Leonardo da Vinci, Leonardo on Painting, selected and translated by Martin Kemp and Magaret Walker (New Haven, CT: Yale University Press, 1989), 203. Kemp's concordance with other sources: BN 2038 28r (R530), Urb 131v-132r (McM 440).

P108「ダ・ヴィンチは〝博識だから」: Michael J. Gelb, How to Think Like Leonardo da Vinci (New York: Dell, 2000), 167.『ダ・ヴィンチ 7つの法則』ウィリアム・リード・リードくみ子訳、中経出版】See also Kenneth Clark, Catalogue of the Drawings by Leonardo da Vinci in the Collection of His Majesty the King at Windsor Castle, 2 vols. (New York: Macmillan, 1935); Leonardo da Vinci: An Account of His Development as an Artist (Baltimore: Penguin Books, 1939).

P108「疑いようもなく世界で」: Gelb, How to Think Like Leonardo, 50.

P108「独創性はもろい。そして」: Ed Catmull, with Amy Wallace, Creativity, Inc.: Overcoming the Unseen Forces That Stand in the Way of True Inspiration (New York: Random House, 2014), 131.　【『ピクサー流 創造するちから　小さな可能性から、大きな価値を生み出す方法』石原薫訳、ダイヤモンド社】

P109「メディアモンクスは、」: Wesley ter Haar, presentation to NEW INC members, MediaMonks office, September 11, 2015.

P110「ライト兄弟の兄ウィルバーは」: McCullough, The Wright Brothers, 208.

P110「ところが実際には、」: Arthur George Renstrom, Wilbur & Orville Wright: A Reissue of A Chronology Commemorating the Hundredth Anniversary of the Birth of Orville Wright, August 19, 1871, U.S. Centennial of Flight Commission and NASA: Monographs in Aerospace History, no. 32, September 2003, NASA publication SP -2003-4532, 7.

P112「エルヴィス・プレスリーは、」: Joel Williamson, Elvis Presley: A Southern Life (New York: Oxford University Press, 2014), 30, 128. エルヴィスは音楽で「不可」をもらったと言っているが、別の資料によれば「C」評価だったという。See also "Elvis Presley: Biography," Sun Records, http://www.sunrecords.com/artists/elvis-presley.

P112「人気トーク番組の名司会者」: David Zurawik, "From Sun Magazine: Oprah—Built in Baltimore," Baltimore Sun,

May 18, 2011, accessed September 6, 2015, http://www.baltimoresun.com/entertainment/bs-sm-oprahs-baltimore-20110522-story.html
P112「フェデックスのCEO」: "Fred Smith: An Overnight Success," Entrepreneur, October 8, 2008, accessed September 6, 2015, http://www.entrepreneur.com/article/197542.
P112「マイケル・ジョーダンは、」: Bob Cook, "The Reality Behind the Myth of the Coach Who Cut Michael Jordan," Forbes, January 10, 2012, accessed http://www.forbes.com/sites/bobcook/2012/01/10/the-reality-behind-the-myth-of-the-coach-who-cut-michael-jordan-in-high-school/.
P112「絵本作家ドクター・スースの」: NPR Staff, "How Dr. Seuss Got His Start 'On Mulberry Street,' " NPR Books, January 24, 2012, accessed September 6, 2015, http://www.npr.org/2012/01/24/145471724/how-dr-seuss-got-his-start-on-mulberry-street.
P112「フレッド・アステアは」: "Fred Astaire: Biography," Biography.com, accessed September 6, 2015, http://www.biography.com/proformer/fred-astaire.
P112「スティーブン・キングの」: Lucas Reilly, "How Stephen King's Wife Saved 'Carrie' and Launched His Career," Mental Floss, October 17, 2013, accessed September 6, 2015, http://mentalfloss.com/article/53235/how-stephen-kings-wife-saved-carrie-and-launched-his-career.
P113「Gメールの開発者ポール・ブックハイトは、」: Paul Buchheit, The Technology blog, July 20, 2014, http://paulbuchheit.blogspot.com/2014_07_01_archive.html.
P113「『Painting as a Pastime（娯楽としての絵画）』という」: Christopher Klein, "Winston Churchill's World War Disaster," History in the Headlines, May 21, 2014, accessed September 6, 2015, http://www.history.com/news/winston-churchills-world-war-disaster. The essay "Painting as a Pastime" was first included in Sir Winston Churchill, Amid These Storms (New York: Charles Scribner's Sons, 1932). Published as a stand-alone book: Winston S. Churchill, Painting as a Pastime (New York: McGraw-Hill, 1950 and New York: Cornerstone Library, 1965).
P114「当時、チャーチルが」: Josephine Sykes, Monica Halpin, and Victor Brown, "Sir Winston Churchill: A Biography," Churchill College, Cambridge University, accessed September 6, 2015, https://www.chu.cam.ac.uk/archives/collections/churchill-papers/churchill-biography/.
P114「チャーチル自身の言葉を借りれば、」: Winston Churchill, "Their Finest Hour" (speech, House of Commons, London, England, June 18, 1940), accessed December 4, 2015, http://www.winstonchurchill.org/resources/speeches/233-1940-the-finest-hour/122-their-finest-hour.
P114「アレクサンダー・グラハム・ベルは、」: History.com Staff, "Alexander Graham Bell Patents the Telephone," "This Day in History," A+E Networks 2009, accessed September 7, 2015, http://www.history.com/this-day-in-history/alexander-graham-bell-patents-the-telephone.
P114「ルース・ハンドラーは、」: "Ruth Handler" (obituary), Economist, May 2, 2002, accessed September 7, 2015, http://www.economist.com/node/1109674. ルース・ハンドラーは1916年生まれ。バービー人形の発売は1959年。
P114「ルイーズ・ブルジョワは」: Holland Cotter, "Louise Bourgeois, Influential Sculptor, Dies at 98," New York Times, May 31, 2010, accessed September 7, 2015, http://www.nytimes.com/2010/06/01/arts/design/01bourgeois.html?_r=0. このエキシビションはニューヨークMoMAでの1982年の回顧展であった。
P114「ベーブ・ルースも」: "Babe Ruth," actor listings on the Internet Movie Database, accessed September 7, 2015, http://www.imdb.com/name/nm0751899/?ref_=fn_nm_nm_1#actor.
P114「レイモンド・チャンドラーが」: Carolyn Kellogg, "The Reading Life: Happy Birthday to Me—and Raymond Chandler," Los Angeles Times, July 17, 2011, accessed September 7, 2015, http://articles.latimes.com/2011/jul/17/entertainment/la-ca-raymond-chandler-20110717.
P115「デヴィッド・サイドラーが」: "David Seidler Profile," Telegraph, February 28, 2011, accessed September 7, 2015, http://www.telegraph.co.uk/culture/film/oscars/8352445/David-Seidler-profile.html.
P115「一九〇四年後半には、」: Virginia Huck, Brand of the Tartan: The 3M Story (New York: Appleton-Centry-Crofts, 1955), 4, 16, and 23 (error in founding the mine, 16; 1901 share price, 4; whiskey quotation, 23). See also Ernest Gundling, The 3M Way to Innovation: Balancing People and Profit (Tokyo: Kodansha International, 2000), 50.
P115「ニューヨーク株式市場で」: 2015年9月19日の3M社の時価総額は870億ドルであった。https://www.google.com/finance?q=NYSE%3AMMM&ei=naf9Vem2Gs7KmAHE-Z7wBg.
P116「〝I'm Feeling Lucky〟」: Thomas L. Friedman, "If Larry and Sergey Asked for a Loan...," New York Times, Week in Review, October 26, 2008, 15, http://www.nytimes.com/2008/10/26/opinion/26friedman.html?_r=0.
P118「二年間もひたすら」: Tate, The 20% Doctrine, 23.
P118「二〇一五年、第四六回」: Author correspondence with Lauren Doll, New York Road Runners, January 22, 2016. See also: Nicole Lyn Pesce, "26 New York City Marathon Facts from Its New City Museum Exhibit," Daily News,

October 20, 2015, accessed January 24, 2016, http://www.nydailynews.com/life-style/26-facts-newyork-city-marathon-article-1.2403391; and "Going Green" Making Strides for the Environment," New York Road Runners, accessed January 24, 2016, http://www.tcsnycmarathon.org/about-the-race/going-green-making-strides-for-the-environment.

P119「参加ランナーは二〇〇〇人。」: Ron Rubin, Anything for a T-Shirt, 45, 47.

P119「俳優のジェームズ・アール・ジョーンズ」: Ibid.

P119「二〇一三年に六四歳で」: "Diana Makes History," Diana Nyad website, accessed October 9, 2015, http://www.diananyad.com.

P119「ゲーリー・ムールケという名の」: Ibid., 23; and "History of the New York City Marathon," TCS New York City Marathon, accessed October 9, 2015, http://www.tcsnycmarathon.org/about-the-race/marathon-facts/history-of-the-new-york-city-marathon#sthash.UbWLRq7S.dpuf. "Winners were given inexpensive wristwatches and recycled baseball and bowling trophies. The entry fee was $1 and the total event budget was $1,000."

P119「タートルネックと股引という」: Rubin, Anything for a T-Shirt, 19.

P119「一周走るごとに」: Ibid.

P120「一九七四年、」: Thich Nhat Hanh, The Miracle of Mindfulness, translated by Mobi Ho, translator's preface by Mobi Ho (1975; reprint, Boston: Beacon Press, 1987), vii–viii. 【『〈気づき〉の奇跡　暮らしのなかの瞑想入門』池田久代訳、春秋社】

P121「その中でティク・ナット・ハンは」: Ibid., 4.

P121「そのハリスの言葉を」: Dan Harris, 10% Happier (New York: It Books, 2014), xiv. 【『10% HAPPIER　人気ニュースキャスターが「頭の中のおしゃべり」を黙らせる方法を求めて精神世界を探求する物語』桜田直美訳、大和書房】

P122「この一〇年間」: David Gelles, "A C.E.O.'s Management by Mantra," New York Times, March 1, 2015, Business, 1 and 6, http://www.nytimes.com/2015/03/01/business/at-aetna-a-ceos-management-by-mantra.html?_ r=0. And author correspondence with Ethan Slavin, Aetna, January 19, 2016. See also "Ten Big Companies That Promote Meditation," OnlineMBA, February 1, 2012, accessed October 8, 2015, http://www.onlinemba.com/blog/10-big-companies-that-promote-employee-meditation/.

P122「医療保険会社エトナの」: Gelles, "A C.E.O.'s Management by Mantra." The article was adapted from Gelles's book Mindful Work: How Meditation Is Changing Business from the Inside Out (Boston: Eamon Dolan Books/Houghton Mifflin Harcourt, 2015). 【『マインドフル・ワーク「瞑想の脳科学」があなたの働き方を変える』デイヴィッド・ゲレス著、岩下慶一訳、NHK出版】

P123「三カ月後、ヨガまたは」: Ibid.

P123「トマ・ピケティの著書」: Ibid.

P123「リネハンが作成した」: "Dr. Marsha Linehan, Founder," Linehan Institute, accessed September 20, 2015. Also see Marsha M. Linehan, DBT Skills Training Manual, 2nd ed. (New York and London: Guilford Press, 2015).

P124「マインドフルネスの専門家である」: Tara Brach, Radical Acceptance: Embracing Your Life with the Heart of Buddha (New York: Bantam, 2004).

P125「一九六一年には有名作家の」: Amy Whitaker, "The Obscure Early Lives of the Artists."

P125「別のところへ行こうとしている途中に、」: Lloyd Steven Seiden, ed., A Fuller View: Buckminster Fuller's Vision of Hope and Abundance for All (Studio City, CA: Divine Arts, 2011), 137. See also the R. Buckminster Fuller Collection, Stanford University Libraries, for recordings of Fuller's lectures and interviews, accessed December 7, 2015, https://library.stanford.edu/collections/r-buckminster-fuller-collection.

第三章 灯台の光が照らす先へ

P137「万全の努力で臨んだ」: Roger Bannister, The First Four Minutes, 50th Anniversary Ed. (1955; reprint, Stroud, Gloucestershire: Sutton, 2004), 164.

P140「一九五四年五月六日。」: Ibid., 161, 167.

P140「一八六〇年代、」: Sir Montague Shearman, Athletics (1887; London: Longmans, Green, 1898), 107, 115. Chinneryのレースについての説明(115)。ハーフマイルの記録は1872年(107)から2分を切っている。1マイル3分台への期待が高まっていたと考えられる。

P140「一九四〇年代には、」: Ibid., 31. Sydney Wooderson は1937年8月に1マイル4分6秒4の世界新記録を更新。

P140「四分一秒四の世界記録が」: "The World Record for the Mile Run," MAA.org, accessed October 9, 2015, http://www.maa.org/sites/default/files/images/upload_library/3/osslets/100multiParameterAnimation/mile_record_scatter.html.

P141「紳士淑女のみなさん、」: Ibid., 225.

P141「オーストラリア人のジョン・ランディも、」: A.A.P., "Landy Now Through the 'Barrier,' " Examiner (Launceston, Tasmania), June 23, 1954, http://trove.nla.gov.au/ndp/del/article/96270699. バニスターの5月6日のレースから46日目の1954年6月21日。ランディはフィンランドのトゥルクで3分58秒の記録を出した。そのレースでは、バニスターの友人でペースメーカーのクリス・チャタウェイがランディと対戦し、ランディに40メートルほど遅れてゴールした。ランディは記録を残せたのはチャタウェイのおかげだと彼を称えた。

P141「一九三〇年代に活躍した」: Laura Hillenbrand, Unbroken (New York: Random House, 2010), xvii–xviii.

P143「八歳の頃は、」: Ibid., 16–17.

P143「一〇歳の頃は」: Ibid., 17.

P143「破裂弾が家に落ちて」: Bascomb, The Perfect Mile, 14.

P144「一一歳のとき、」: Bannister, The First Four Minutes, 19; and Bascomb, The Perfect Mile, 14.

P144「その翌年、一二歳で」: Bannister, The First Four Minutes, 20–21.

P144「一九四五年、」: Bascomb, The Perfect Mile, 15.

P144「一九四六年の秋に」: Ibid.; Bannister, The First Four Minutes, 27, 29. 106 not finding an attendant: Bannister, The First Four Minutes, 31, 32.

P144「一九三〇年代に活躍した」: Dylan Cleaver, "Athletics: Lovelock Enigma Continues," New Zealand Herald, May 17, 2009, accessed October 9, 2015, http://www.nzherald.co.nz/sport/news/article.cfm?c_id=4&objectid=10572837

P144「それからグラウンドキーパーは」: Bannister, The First Four Minutes, 33.

P145「ロンドンのアールズ・コート近くの」: Bascomb, The Perfect Mile, 105–6.

P145「彼はその精神こそが、」: Graham Tanner and Laurence Chandy, "The History of the Oxford University Athletic Club," 90, http://www.ouccc-oldmembers.co.uk/OUAC-History-Sep11.pdf. タナーは1976～2007年にOxford University Athletic Clubのコーチで、チャンディーは2001～02年にその会長であった。この歴史の記録ははじめタナーが行い、その後チャンディーに引き継がれた。

P146「平日は毎日昼休みになると、」: Bascomb, The Perfect Mile, 106.

P146「前年のヘルシンキ・オリンピックは、」: Ibid., 138.

P146「彼は二カ月間、」: Bannister, The First Four Minutes, 138–39.

P146「登頂成功のニュースは、」: Ibid., 200.

P146「人間の精神への挑戦だった。」: Ibid., 144.

P147「ブラッシャーが一周目と」: Bascomb, The Perfect Mile, 203–4. 実際のレースでは、ブラッシャーは最初の2周半のペースメーカーを務め、チャタウェイはそこから4周目の途中まで務めた(220–24)。

P147「バニスターはラストスパートの」: Brian Oliver, The Commonwealth Games: Extraordinary Stories Behind the Medals (London: Bloomsbury, 2014), 164.

P147「後年バニスターが」: Malcolm Boyden, "3:59.4 Sir Roger Bannister Documentary," BBC Radio Oxford, May 9, 2014, 16:50–17:40 minutes, http://www.bbc.co.uk/programmes/p01ysrsq.

P147「運命のレース前日の」:The First Four Minutes, 160–61.

P147「レース当日の」: Ibid., 161.

P148「その途中で移送船が」: Bascomb, The Perfect Mile, 170–71.

P148「もし今日が君にとって」: Ibid., 216.

P148「その日の午後、」: Bannister, The First Four Minutes, 163–64; Bascomb, The Perfect Mile, 215.

P149「一度フライングしたものの、」: Bascomb, The Perfect Mile, 218–19.

P149「レースの一部始終を」:"First Four-Minute Mile-HQ (Roger Bannister: 1954)," AthletixStuffChannel, YouTube, accessed October 9, 2015, https://www.youtube.com/watch?v=wTXoTnp_5sI.

P149「トラックの中央から」: Harry Wallop, " 'I Gave It Everything': Sir Roger Bannister Marks 60 Years Since His Record," Telegraph, May 3, 2014, http://www.telegraph.co.uk/sport/othersports/athletics/10803219/I-gave-it-everything-Sir-Roger-Bannister-marks-60-years-since-his-record.html.

P150「後年バニスターは、」: Bannister, The First Four Minutes, 165.

P150「最後の一〇〇メートルを」: Ibid., 166.

P150「バニスターはゴールテープを」: Roger Bannister, "Twin Tracks (excerpt)," Telegraph, March 30, 2014, http://www.telegraph.co.uk/sport/10731234/RogerBannister-The-day-I-broke-the-four-minute-mile.html.

P150「両親が試合後に」: Bascomb, The Perfect Mile, 219, 224; Boyden, "3:59.4 Sir Roger Bannister Documentary," at 8:20 minutes.

P155「WIRED誌の記事や」: Levy, "Prophet of Privacy," Wired, November 1994, http://archive.wired.com/wired/archive/2.11/diffie_ pr.html.

P155「一〇歳のときに初めて」: Steven Levy, Crypto: How the Code Rebels Beat the Government—Saving Privacy in

the Digital Age (New York: Penguin, 2001), 36. 【『暗号化 プライバシーを救った反乱者たち』斉藤隆央訳、紀伊國屋書店】

P155「ニューヨーク市立大学の教授だった」: Ibid., 7.

P156「ディフィはやる気のない」: Ibid., 8.

P156「ディフィがMITを卒業した」: Ibid., 9.

P156「スタンフォード大学でも、」: コンピュータサイエンス学部が創設されたのは1965年1月だが、それ以前にも数学部には1961年からコンピュータサイエンス学科があり、1962年には「スタンフォード人工知能プロジェクト」が始まっている。"Department Timeline," Stanford Computer Science Department, Stanford University School of Engineering, accessed September 7, 2015, http://www-cs.stanford.edu/timeline.

P157「その職を選んだのは、」: Levy, Crypto, 9. See also "Whitfield Diffie: 2011 Fellow Award Recipient," Computer History Museum, accessed September 7, 2015, http://www.computerhistory.org/fellowawards/hall/bios/Whitfield-Diffie/.

P157「試験的ネットワークARPANETは、」: Levy, Crypto, 20. See also: "ARPANET Launch the World's First Packet-Switched Wide Area Computer Network," Centre for Computing History, accessed, September 7, 2015, http://www.computinghistory.org.uk/det/5613/ARPANET-launchthe-world-s-first-successful-packet-switched-wide-area-computer-network/. For an excellent general history of ARPANET, see: Roy Rosenzweig, "Wizards, Bureaucrats, Warriors, and Hackers: Writing the History of the Internet," American Historical Review, December 1998, 1530–52, accessed January 25, 2016, http://www.pne.people.si.umich.edu/PDF/ahrcwreview.pdf.

P157「NSAはIBMのような企業に」: Levy, Crypto, 14–15.

P157「のちに彼はこう語っている。」: Ibid., 19.

P158「それは彼の妻メアリー・フィッシャーに」: Ibid., 36.

P158「ダットサン510に」: Ibid., 24–25.

P158「その様子は、同行していた」: Ibid., 25.

P158「あるとき、ディフィはIBMの」: Ibid., 30–31.

P159「はっきり覚えているのは、」: Levy, "Prophet of Privacy."

P161「シーグラムビルのロビーで」: Letter from Miss Louise Florencourt to the author, February 24, 2015. Also from a conversation at Andalusia on September 26, 2009.

P163「緩和ケアの介護士ブロニー・ウェアは、」: Bronnie Ware, The Top Five Regrets of the Dying: A Life Transformed by the Dearly Departing (Carlsbad, CA: Hay House, 2012).【『死ぬ瞬間の5つの後悔』仁木めぐみ訳、新潮社】

P164「ソフトソープは、ミネソタ州」: Steven Greenhouse, "Minnetonka's Struggle to Stay One Step Ahead," New York Times, December 28, 1986, accessed September 7, 2015, http://www.nytimes.com/1986/12/28/business/minnetonka-s-struggle-to-stay-one-step-ahead.html.

P165「しかし、公共トイレ向け商品を」: Kurian Tharakan, "Tiny Softsoap's Unconventional Strategy to Win Against the Industry," Duct Tape Marketing, September 29, 2012, accessed September 7, 2015, http://strategypeak.com/softsoaps-unconventional-strategy/.

P166「巨大な販路と物流機能を」: For related general strategies regarding vertical integration, see John Stuckey and David White, "When and When Not to Vertically Integrate," Sloan Management Review, Spring 1993, 71–83.

P166「ミネトンカ・コーポレーションの時価総額よりも」: Adam M. Brandenburger and Barry J. Nalebuff, "The Right Game: Use Game Theory to Shape Strategy," Harvard Business Review, July–August 1995, 66.

P166「ソフトソープは、当時の一億二〇〇〇万ドル」: Greenhouse, "Minnetonka's Struggle to Stay One Step Ahead."

P167「二〇〇四年、」: Bannister, The First Four Minutes, 201.

P168「アマチュアという言葉さえ、」: Ibid., 210.

第四章 ボートを作る

P179「あらゆる物事は」: Sir William Gurney Benham, Cassell's Book of Quotations (London: Cassell, 1907), 628. Underlying citation: Cicero, De Finibus 5, 21, 68.

P182「一九九五年、」: 厳密には1,076,390平方フィート(10万平方メートル)の布と9.7マイル(15キロメートル)の青いポリプロピレンロープだった。"Wrapped Reichstag," official website of Christo and Jeanne-Claude, accessed September 7, 2015, http://christojeanneclaude.net/projects/wrapped-reichstag?view=info#.Ve23vs4boZY.

P182「七五〇三本のオレンジ色の」: "The Gates," official website of Christo and Jeanne-Claude, accessed September 7, 2015, http://christojeanneclaude.net/projects/the-gates#.Ve24a84boZY.

P182「その代わりに、」: Jeanne-Claude, "Most Common Errors," official website of Christo and Jeanne-Claude, 1998, accessed December 5, 2015, http://christojeanneclaude.net/common-errors.

P182「一九五八年、」: "Wrapped Cans and Bottles," official website of Christo and Jeanne-Claude, accessed September 7, 2015, http://christojeanneclaude.net/projects/wrapped-cans-and-bottles?view=info#.Ve25U84boZY.

P182「一九六二年には」: "Wrapped Objects, Statues and Women," official website of Christo and Jeanne-Claude, accessed September 7, 2015, http://christojeanneclaude.net/projects/wrapped-objects-statues-and-women#.Ve25ms4boZY.

P183「これらの記念碑的作品を」: "Wrapped Reichstag," http://christojeanneclaude.net/projects/wrapped-reichstag?view=info#.Ve23vs4boZY, and "The Gates," http://christojeanneclaude.net/projects/the-gates#.Ve24a84boZY.

P183「二〇一三年一一月七日、」Vindu Goel, "Twitter Prices Its Initial Offering at $26 Per Share," New York Times, November 6, 2013, accessed September 7, 2015, http://www.nytimes.com/2013/11/07/technology/twitter-prices-ipo-at-26-a-share.html?pagewanted=all&_r=0.

P183「上場初日の終値は」: David Gelles, "So Far, So Good for Twitter," Dealbook, New York Times, November 7, 2013, accessed September 20, 2015, http://dealbook.nytimes.com/2013/11/07/twitter-shares-surge-in-a-smooth-start-to-trading/?_r=0.

P183「ツイッター社の共同創業者の」: Ryan Mac, "Who Owns Twitter? A Look at Jack Dorsey, Evan Williams and the Company's Largest Shareholders," Forbes, October 4, 2013, accessed September 7, 2015, http://www.forbes.com/sites/ryanmac/2013/10/04/who-owns-twitter-a-look-at-jack-dorsey-evan-williams-and-the-companys-largest-shareholders/.

P183「ツイッター社は二〇一三年の」: Stephen Gandel, "Twitter's Shady Accounting," Fortune, October 8, 2013, accessed September 20, 2015, http://fortune.com/2013/10/08/twitters-shady-accounting/. ツイッター社は調整後EBITDAを発表した。これは、税引前利益に支払利息と減価償却費と特別損益を加算したもので、同社は従業員向けのストックオプションも利益に調整して会計処理を行った。

P184「それでも、ツイッター社は」: Richard Costelo, "Twitter: Form S-1 Registration Statement," U.S. Securities and Exchange Commission, 12-14 and F-30, accessed September 7, 2015, http://www.sec.gov/Archives/edgar/data/1418091/000119312513390321/d564001ds1.htm. See also Gretchen Morgenson, "Earnings, Without All the Bad Stuff," New York Times, November 9, 2013, accessed September 7, 2015, http://www.nytimes.com/2013/11/10/business/earnings-but-without-the-bad-stuff.html.

P185「経済学者ハリー・マーコウィッツは、」: Ibid., and Harry M. Markowitz, "Prize Lecture: Foundations of Portfolio Theory," Nobelprize.org, December 7, 1990, accessed April 4, 2016, http://www.nobelprize.org/nobel_prizes/economic-sciences/1990/markowitz/lecture.

P187「フィナンシャル・タイムズ紙の」: "Books," Mrs Moneypenny, accessed October 9, 2015, http://www.mrsmoneypenny.com/books.

P187「ロジャー・バニスターは」: Bascomb, The Perfect Mile, 106.

P187「公開鍵暗号の発明者」: Levy, Crypto, 34–35.

P188「ニューヨークシティマラソンの発起人」: Rubin, Anything for a T-Shirt, 12–13.

P188「ディフィは車で大陸を」: Levy, Crypto, 25.

P188「ディフィの思考に重要な」: Ibid., 22.

P188「時価総額三〇〇億ドルで」: Susanna Kim, "Meet People Who Were CEOs Living in Their Parents' Homes," ABCNews, November 13, 2014, accessed September 7, 2015, http://abcnews.go.com/Business/ceos-founders-lived-parents/story?id=26888490.

P188「ニューヨークシティマラソンの発起人の」: Rubin, Anything for a T-Shirt, 22, 26.

P192「美術史家たちは、」: This date comes from Jack Wasserman, Leonardo (New York: Harry N. Abrams, 1975), 144. He cites Vasari. The dates also appear in the timeline of Leonardo's life in Ludwig Goldsheider, ed., Leonardo da Vinci, 3rd ed. (New York: Oxford University Press, 1948), 21.

P192「『アンギアーリの戦い』を題材とする」: Jane Roberts, "The Life of Leonardo," in Martin Kemp and Jane Roberts, Leonardo da Vinci, with a preface by E. H. Gombrich (London: Hayward Gallery, 1989), 35.

P192「最初に発注されたのは」: Ibid., 34.

P192「一五〇四年五月四日付の」: "Contract for the Battle of Anghiari, May 4, 1504," in Leonardo on Painting, edited by Martin Kemp, selected and translated by Martin Kemp and Margaret Walker (New Haven, CT: Yale University Press, 1989), 270.

P192「ダ・ヴィンチの手記によれば、」: William Arthur Shaw, The History of Currency, 1252 to 1894 (New York: Putnam, and London: Clement Wilson, 1896), 301–9, accessed September 7, 2015, https://books.google.com/books?id=GrJCAAAAIAAJ&pg=PR3&dq=The+History+of+ Currency,+1252-1894+by+WIlliams+Arthur+Shaw&hl=en&s a=X&ved=0CB8Q6AEwAGoVChMI0MuH4cjlxwIVh52ACh 1VEQVc#v=onepage&q=The%20

History%20of%20Currency%2C%20 1252-1894%20by%20WIlliams%20Arthur%20Shaw&f=false. See also Julian Abagond, “Money in Leonardo’s Time,” Abagond, May 10, 2007, accessed September 7, 2015, https://abagond.wordpress.com/2007/05/10/money-in-leonardos-time/.

P192「この契約によって、」: Carmen C. Bambach, et al., eds. Leonard da Vinci, Master Draftsman (New Haven, CT, and New York: Yale and Metropolitan Museum of Art, 2003), 234.

P192「もしダ・ヴィンチが」: Jane Roberts, “The Life of Leonardo,” 35, and Bambach, Leonardo, Master Draftsman, 19.

P193「五〇年以上のちに、」: Ibid.

P194「ヘンダーソンは「ポートフォリオの構成は、」: Martin Reeves, Sandy Moose, and Thijs Venema, “BCG Classics Revisited: The Growth Share Matrix,” BCG Perspectives, June 4, 2014, accessed September 7, 2015, https://www.bcgperspectives. com/content/articles/corporate_strategy_portfolio_management_ strategic_planning_growth_share_matrix_bcg_classics_revisited/.

P199「サン・マイクロシステムズの」:Andreas von Bechtolsheim, Oral History with William Joy, interviewed by Daniel S. Morrow, in conjunction with the 1999 MCI WorldCom Information Technology Leadership Award for Innovation, March 18, 1999, San Francisco, 8, accessed February 1, 2015, http://www.cwhonors.org/archives/histories/BechtolsheimandJoy.pdf.

P199「一九七三年、」: Ibid., and author correspondence with Andy Bechtolsheim, January 20, 2016.

P200「やがて一九九八年には、」: “#40 Andreas von Bechtolsheim & Family,” in “The Richest People in Tech,” Forbes, accessed September 7, 2015, http://www.forbes.com/profile/andreas-von-bechtolsheim/. See also Michael Knigge, “Von Bechtolsheim: I Invested in Google to Solve My Own Problem,” Deutsche Welle, August 12, 2009, accessed September 7, 2015, http://dw.com/p/J7do.

P200「二〇社から断られて」: Cassak, 30.

P200「スターは一九六〇年に」:Nicholas T. Kouchoukos, MD, “Dr. Albert Starr: A Historical Commentary,” Society of Thoracic Surgeons, 2014, accessed September 7, 2015, http://www.sts.org/news/dr-albert-starr-historical-commentary.

P201「フォガティの窮状を聞いた」: Cassak, “The Inventor’s Inventor,” 30.

P201「そのロイヤリティは」: “Dr. Fogarty,” Fogarty Institute for Innovation, accessed September 7, 2015, http://www.fogartyinstitute.org/people/

P202「一九七三年、」: Amy Whitaker, “Ownership for Artists,” in The Social Life of Artistic Property (Hudson, NY: Publication Studio, 2014), accessed September 7, 2015, http://www.thesociallifeofartisticproperty.com/webVersion/ownership-for-artists/index.html.

P202「タクシー王の美術品コレクター、ロバート・スカル」: Patricia Cohen, “Artists File Lawsuits, Seeking Royalties,” New York Times, November 2, 2011, page C1.

P202「彼には作品の所有権が」: Lindsay Pollock and Philip Boroff, “Crichton’s $29 Million Jasper Johns Flag Boosts Christie’s Sale,” Bloomberg.com, May 12, 2010. See also Whitaker, “Ownership for Artists.”

P202「作家には本が売れるたびに」: Whitaker, “Ownership for Artists.”

P203「施行三〇年間で」: Judith Prowda, “Assessing Artists’ Resale Rights Legislation,” New York Law Journal, January 23, 2012, 1. See also Jori Finkel and Mike Boehm, “Sam Francis Foundation Sues Nine Galleries for Artist’s Royalties,” Los Angeles Times, November 2, 2011, accessed August 14, 2012, http://articles.latimes.com/2011/nov/02/entertainment/la-et-artists-royalties-20111102/2.

P206「ブラッツ人形の一つ、」: “ABC Nightly News Report: Bratz vs. Barbie,” December 23, 2006, accessed February 2, 2015, https://www.youtube.com/watch?v=lIdlHcZmniI.

P207「ロビン・シックが自作曲の」: Ben Sisario and Noah Smith, “ ‘Blurred Lines’ Infringed on Marvin Gaye Copyright, Jury Rules,” New York Times, March 10, 2015, accessed September 7, 2015, http://www.nytimes.com/2015/03/11/business/media/blurred-lines-infringed-on-marvin-gaye-copyright-jury-rules.html. See also Prowda, Visual Arts and the Law, 80, for a discussion of George Harrison’s 1969 song “My Sweet Lord,” which was found to copy Ronald Mack and The Chiffons’ 1963 song “He’s So Fine” but not to be infringing.

P208「二〇〇〇年、」: Nicholas O’Donnell, “No Infringement in Cariou v. Prince— Second Circuit Plays Art Critic and Finds Fair Use,” Art Law Report, April 25, 2013, accessed September 7, 2015, http://www.artlawreport.com/2013/04/25/no-infringement-in-cariou-v-prince-second-circuit-plays-critic-and-finds-fair-use/downloadcase; http://www.google.com/url?sa=t&rct=j&q=&esrc=s&source=web&cd=1&ved=0CCAQFjAA&url=http%3A%2F%2Fcyber.law.harvard.edu%2Fpeople%2Ftfisher%2Fcx%2F2013_Cariou.docx&ei=ldWhVImPDI_7gwS_lIPYCg&usg=AFQjCNEK55PbxXbXQdikpGKP9CjA7qC_1Q&sig2=2CYmRNuD3TlBelvnCYPK5w&bvm=bv.82001339,d.eXY.　サザビーズアーツカレッジ芸術法学部のジュディス・プラウダに感謝する。

P208「彼はその写真集の」: Patrick Cariou v. Richard Prince, United States Court of Appeals, Second Circuit, 714 F.3d 694 (2013), accessed September 7, 2015, http://cyber.law.harvard.edu/people/tfisher/cx/2013_Cariou.pdf.

P209「裁判では違法と適法の」: Brian Boucher, "Landmark Copyright Lawsuit Cariou v. Prince Is Settled," Art in America, March 18, 2014, http://www.artinamericamagazine.com/news-features/news/landmark-copyright-lawsuit-cariou-v-prince-is-settled/.

P209「プリンスは問題の作品数点を」: Brian Boucher, "Richard Prince Wins Major Victory in Landmark Copyright Suit," Art in America, April 25, 2013, http://www.artinamericamagazine.com/newsfeatures/newsrichard-prince-wins-major-victory-in-landmark-copyrightsuit/.

P212「製薬業界では、」: Filgrastrim and Pegfilgrastrim, respectively. "Royalty Pharma Acquires a Portion of the Memorial Sloan-Kettering Cancer Center's US Royalty Interest in Neupogen.Neulasta," January 22, 2004, accessed September 7, 2015, http://www.royaltypharma.com/royalty-pharma-acquires-a-portion-of-memorial-sloan-kettering-cancer-centers-us-royalty-interest-in-neupogen-neulasta; author email correspondence with Alexander von Perfall, February 5, 2015. ロイヤルティ・ファーマ社会長のローリー・リッグスは著者の元同僚である。

P213「ビットトレントの手数料は、」: Author interview with Matt Mason, then chief content officer for BitTorrent, January 12, 2015.

P213「二〇一五年、」: Evie Nagy, "Most Creative People 2015, #11, Matt Mason, Chief Content Officer, Bittorrent," Fast Company, June 2015, accessed September 7, 2015, http://www.fastcompany.com/3043911/most-creative-people-2015/matt-mason.

P213「ショーンは自分の音楽コレクションを」: 著者は2014～15年にショーン・モス＝パルツへのインタビューを行った。Christopher Hall, Casey Alt, Lê Qu´y Quô´ c Cuòng, and Sean Moss-Pultz, "Bitmark: A Decentralized Property System," https://bitmark.com/bitmark.pdf. 著者は、少量のビットマーク株式の保有を公表している。See also Josh Constine, "Monegraph Uses Bitcoin Tech So Internet Artists Can Establish 'Original' Copies of Their Work," TechCrunch, May 9, 2014, accessed September 7, 2015, http://techcrunch.com/2014/05/09/monegraph/.

P214「つまり、そのデータ認証システムが」: Hall, Alt, et al., "Bitmark: A Decentralized Property System."

P214「友人のビジネスが」: Division of Trading and Markets, "Jumpstart Our Business Startups Act: Frequently Asked Questions About Crowdfunding Intermediaries," Securities and Exchange Commission, February 5, 2013, accessed September 7, 2015, https://www.sec.gov/divisions/marketreg/tmjobsact-crowdfundingintermediariesfaq.htm. JOBS法は、2012年4月5日から270日以内に、実際の運用に必要な施行規則案を策定し、署名して法を成立させるよう求めているが、本書執筆時点ではまだ策定されていない。

第五章 創造を導く

P227「マネジメントとは職人技であって、」: Donald R. Keough, The Ten Commandments of Business Failure (New York: Portfolio/Penguin, 2008), 111.【『ビジネスで失敗する人の10の法則』山岡洋一訳、日本経済新聞出版社】

P231「彼は健やかな子どもを」: Adam Phillips, Winnicott (Cambridge, MA: Harvard University Press, 1988), 31. "[H]is work, in a sense, initiates a comic tradition in psychoanalysis."

P232「その幻想から、」: D. W. Winnicott, The Maturational Processes and the Facilitating Environment: Studies in the Theory of Emotional Development, edited by M. Masud Khan (Madison, CT: International Universities Press, 1965), available at http://www.abebe.org.br/wp-content/uploads/Donald-Winnicott-The-Maturational-Processand-the-Facilitating-Environment-Studies-in-the-Theory-of-EmotionalDevelopment-1965.pdf; The International Psycho-Analytical Library (London: Hogarth Press and the Institute of Psycho-Analysis, 1965), 64:1–276. See "The Theory of the Parent-Infant Relationship" (1960), beginning on 37.

P232「ウィニコットは「本当の自己だけが」: James F. Masterson, The Narcissistic and Borderline Disorders (New York and London: Brunner-Routledge, 1981), 104.【『自己愛と境界例　発達理論に基づく統合的アプローチ』富山幸佑・尾崎新訳、星和書店】

P233「ダリオは社員の失敗を」: John Cassidy, "Mastering the Machine," New Yorker, July 25, 2011, accessed July 29, 2015, http://www.newyorker.com/magazine/2011/07/25/mastering-the-machine.

P233「「安心できる環境」という概念は、」: Winnicott, "The Theory of the Parent-Infant Relationship," in Winnicott, The Maturational Process and the Facilitating Environment, 44–45, 47–48.

P235「二〇〇三年に死亡した」: Adam Gopnik, "Last of the Metrozoids," New Yorker, May 10, 2004, 90.

P236「現在活躍中の画家リサ・ユスカベージは、」: Finkel, "Tales from the Crit."

P237「彼は「私の役割は、」: Finkel, "Tales from the Crit."

P238「ピクサーの社長エド・キャットムルは、」: Laura Montini, "'Brain Trust': The Stellar Creative Process Designed by Pixar," Inc.com, June 4, 2014, accessed July 1, 2015, http://www.inc.com/laura-montini/how-pixar-s-creative-

process-has-evolved.html.

P238「ピクサーの賞を総なめにした」: Catmull, with Wallace, Creativity, Inc., 90.

P238「乱暴な言い方だが、」: Ibid., 91.

P239「誰かが崖っぷちで」: Author interview with Ed Epping.

P241「エヴァに捧げられたその作品」: Veronica Roberts, "Converging Lines: Eva Hesse and Sol LeWitt," from the catalog Converging Lines: Eva Hesse and Sol LeWitt (New Haven, CT: Yale University Press, 2014), 13. ソルとエヴァの友情について詳しい話をしてくれたヴェロニカ・ロバーツに感謝する。

P241「そのときの決断は、」: Ibid., 13.

P242「僕は君なら絶対大丈夫だと」: Ibid., 18.

P244「小説家ゴア・ヴィダルの」:Gore Vidal,"Gore Vidal Quotes: 26 of the Best," Guardian, August 1,2012, accessed September 21, 2015, http://www.theguardian.com/books/2012/aug/01/gore-vidal-best-quotes.

P245「そんなドクターに対して、」: Catmull, with Wallace, Creativity, Inc., 98.

P245「ドクターの監督作品」: Pete Docter, Inside Head (Pixar, 2015), http://www.imdb.com/title/tt2096673/.

P245「公開から一〇日間で」: http://www.boxofficemojo.com/movies/?id=pixar2014.htm, accessed July 1, 2015: $90.4 million opening weekend, second place.

P246「制作開始から三年目を」: Lisa Miller, "How Inside Out Director Pete Docter Went Inside the 11-Year-Old Mind," Vulture.com, June 16, 2015, accessed August 11, 2015, http://www.vulture.com/2015/06/pete-docter-pixar-inside-out.html.

P246「こうして彼は映画の核を」: Lisa Miller, Vulture.com, June 16, 2015. See also Andy Greenwald, "Grantland Q&A: Talking with Director Pete Docter About Pixar's Terrific 'Inside Out,'" Grantland.com, June 19, 2015, accessed September 7, 2015, http://grantland.com/hollywood-prospectus/pixar-inside-out-pete-docter-podcast-andy-greenwald/; and Brooks Barnes, "'Inside Out,' Pixar's New Movie From Pete Docter, Goes Inside the Mind," New York Times, May 20, 2015, accessed September 7, 2015, http://www.nytimes.com/2015/05/24/movies/inside-out-pixars-new-movie-from-pete-docter-goes-inside-the-mind.html.

P247「映画のプロデューサーは、」: Lynda Obst, Sleepless in Hollywood: Tales from the NEW ABNORMAL in the Movie Business (New York: Simon & Schuster, 2013).

P248「その一年半前に、」: Borys Kit, "The Actor Turned Down 'Magnum, P.I.,' Choosing Small Roles like the Lead of 'Dallas Buyers Club' in His Impressive Tapdance to Stay on the New A-List," Hollywood Reporter, September 11, 2013, accessed August 11, 2015, http://www.hollywoodreporter.com/news/dallas-buyers-club-matthew-mcconaughey-625407.

P248「彼に頼んだところ、」: O'Hara, EmpireOnline.com. See also "Rachel Winter, Producer," Cast and Crew: Dallas Buyers Club, http://www. focusfeatures.com/film/dallas_buyers_club/castncrew?member=rachel_winter, and "Robbie Brenner, Producer," Cast and Crew: Dallas Buyers Club, http://www.focusfeatures.com/dallas_buyers_club/castncrew?member=robbie_brenner.

P248「また、ブレナーは」: O'Hara, EmpireOnline.com.

P249「マコノヒーはやつれた」: Craig Borten and Melisa Wallack, Dallas Buyers Club, directed by Jean-Marc Vallée (Santa Monica, CA: Focus Features), DVD, 2014. See also A. O. Scott, "Taking on Broncos and a Plague: Matthew McConaughey Stars in 'Dallas Buyers Club,'" New York Times, October 31, 2013, http://www.nytimes.com/2013/11/01/movies/matthew-mcconaughey-stars-in-dallas-buyers-club.html.

P249「彼が目標の一八キロの」: E! Online, http://www.eonline.com/news/365424/skinny-matthew-mcconaughey-dishes-on-hisshocking-weight-loss (38 pounds); Julie Miller, "Matthew McConaughey Considering Releasing His Dallas Buyers Club Weight-Loss Diary to the Public," Vanity Fair, February 18, 2014, http://www.vanityfair.com/hollywood/2014/02/matthew-mcconaughey-dallas-buyers-club-weight-loss-diary (47 pounds); Theo Merz, "Should I Try the Matthew McConaughey Diet?," Telegraph, February 6, 2014, http://www.telegraph.co.uk/men/active/10616932/Should-I-try-the-Matthew-McConaughey-diet.html (38 pounds).

P249「財政を立て直すために、」: Producer's Guild of America (PGA East) Screening Q&A, October 23, 2013, AMC Loews Lincoln Square 13, New York.

P249「実は、この映画では」: Ibid.

P249「四〇〇万ドル程度の」: Ibid.

P249「全世界で五〇〇〇万ドル以上の」: http://www.boxofficemojo.com/movies/?id=dallasbuyersclub.htm.

P250「オブストが言うように、」: Obst, Sleepless in Hollywood, 37, interviewing Peter Chernin, who estimates that the DVD business accounted for half of movie profits.

P250「特に室内空気汚染の」: "Acumen Makes First Cookstove Investment with BURN Manufacturing," Acumen blog,

June 11, 2015, http://acumen.org/blog/acumen-makes-first-cookstove-investment-with-burn-manufacturing/.

P251「しかしながら、」: Ibid.

P252「森林を保護したいという思いは、」: Author interview with Peter Scott, BURN Manufacturing CEO, August 12, 2015.

P252「二〇一四年に」: Ibid.

P253「また燃料となる」: "Acumen Makes First Cookstove Investment with BURN Manufacturing."

P254「ノースカロライナ大学チャペルヒル校の」: Frederick Brooks Jr., The Mythical Man Month: Essays on Software Engineering (1975; Reading, MA: Addison Wesley Longman, 1995), 8.【『人月の神話』滝沢徹・牧野祐子・富澤昇訳、ピアソンエデュケーション／丸善出版】

P255「顧客に欲しいものを」: この引用はしばしばヘンリー・フォードによるものとされるが、真偽についての議論は多い。See Patrick Vlaskovits, "Henry Ford, Innovation, and That 'Faster Horse'" Harvard Business Review, August 29, 2011, https://hbr.org/2011/08/henry-ford-never-said-the-fast/; "Henry Ford's Quotations," Henry Ford Blog, March 12, 2013, http://blog.thehenryford.org/2013/03/henry-fords-quotations; and http://quoteinvestigator.com/2011/07/28/ford-faster-horse/.

P258「ブルックスは「マイルストーンは」: Brooks, The Mythical Man Month, 154.

P260「ハーバード・ビジネス・スクールの教授で」: Karen Christensen, "Thought Leader Interview: Chris Argyris," Rotman Magazine, Winter 2008, 13, accessed September 21, 2015, https://www.rotman.utoronto.ca/-/media/Files/Programs-and-Areas/Rotman%20Magazine/Thought%20Leader%20Articles/ThoughtLeader_Argyris.pdf.

P264「前述した画家のリサ・ユスカベージも、」: Thomas Gebremedhin, "Good World to Be In: Interview with Lisa Yuskavage," Daily blog, Paris Review, April 29, 2015, http://www.theparisreview.org/blog/2015/04/29/good-world-to-be-in-an-interview-with-lisa-yuskavage/. 「初めてニューヨークに来たとき、個展を開いたの。学生時代に温めていたたくさんのアイデアをまとめたものだったけれど、これがとんだ大失敗だった。売れなかったというわけじゃないの。でも、オープニングパーティの会場に入ったとたん、こんなのはいやだって思ったのよ。私にとっては大失敗だった。そのあと一年間、絵を描かなかった……その個展は私の感じたものがどこにも表現されていなかった。まるでうわべを取り繕った偽の私が描いたものみたいだった。こうすべきだと考えたものを猿真似しようとしていただけ。私は労働者階級の出身だし、言葉遣いも悪い。ものすごいエネルギーがあるけど、それをアートに変えられるってことを知らなかった。アートっていうのは上品な人たちのものだと思っていたから。それで、私もそんな人たちになろうとした。だからベレー帽をかぶって、気取ってみたりしていた。偽者で、詐欺師だった。それ以外にどうしたらいいのか、わからなかった」

P265「幸いにも、僕たちは失敗した」: David A. Garvin, "How Google Sold Its Engineers on Management," *Harvard Business Review,* December 2013, https://hbr.org/2013/12/how-google-sold-its-engineers-on-management.

P268「ロンドンのテート美術館の」:Said by Nicholas Serota in a strategic planning meeting, summer 2000. With permission.

P269「創造的作品を完成させることについて」: Anthony Doerr, interview by the author, August 18, 2015.

P269「〝コスチューム〟という名詞に」: Anthony Doerr, "Costume Drama," Real Simple, October 2014, 58. Author interview with Anthony Doerr, August 18, 2015.

P269「日々、失敗の連続だ……」: Doerr, Real Simple, 59.

第六章 家を建てる

P283「好調なビジネスは、」: Andy Warhol, The Philosophy of Andy Warhol (From A to B and Back Again) (1975; reprint, London: Penguin Books, 2007), 88. 【『ぼくの哲学』落石八月月訳、新潮社】See also Natasha Degen, ed., The Market (Cambridge, MA: MIT Press, 2013), 184.

P286「ワービーパーカーは、」: Anne Freedman, "Making Waves on Their Own Ship," Wharton Magazine, Winter 2012, http://whartonmagazine.com/issues/winter-2012/making-waves-on-their-own-ship/.

P287「ニールは「だいたい眼鏡に」: Maureen Callahan, "The Right Frame of Mind," Vanity Fair, October 2012, accessed September 7, 2015, http://www.vanityfair.com/style/2012/10/warby-parker-glasses-frames.

P287「工場では、一つの」: Neil Blumenthal interview with author, February 26, 2013.

P287「一九六一年にミラノで」: Halah Touryalai, "Ray-Ban, Oakley, Chanel or Prada Sunglasses? They're All Made by This Obscure $9B Company," Forbes, July 2, 2013, accessed September 7, 2015, http://www.forbes.com/sites/halahtouryalai/2013/07/02/ray-ban-oakley-chanel-or-prada-sunglasses-theyre-all-made-by-this-obscure-9b-company/.

P287「ニールが眼鏡業界の」: Neil Blumenthal interview with author, February 26, 2013.

P289「二〇一五年には、」: Max Chafkin, "Warby Parker Sees the Future of Retail," Fast Company, March 2015, accessed September 21, 2015, http://www.fastcompany.com/3041334/most-innovative-companies-2015/warby-parker-sees-the-future-of-retail.

P290「ビール缶が作られた目的を」: Robert M. Pirsig, Zen and the Art of Motorcycle Maintenance: An Inquiry into

Values (New York: HarperTorch, 2006).【『禅とオートバイ修理技術』五十嵐美克訳、早川書房】

P290「ヌートリンシック社(元オベロンFMR社)は、」: "Company Overview of Nutrinsic Inc.," Bloomberg Business, accessed October 9, 2015, http://www.bloomberg.com/research/stocks/private/snapshot.asp?privcapid=36826619. See also Bob Rosenberry, "Oberon FMR: The 'FMR' Stands for Fish Meal Replacement," Shrimp News International, June 17, 2011, accessed October 9, 2015, http://www.shrimpnews.com/FreeReportsFolder/FeedsFolder/OberonFMR62011.html.

P291「ロンドンのショールームには」: Jane Gleeson-White, Double Entry: How the Merchants of Venice Created Modern Finance (2011; New York: W.W. Norton, 2012), 137 (quoting Wedgwood)【『バランスシートで読みとく世界経済史』ジェーン・グリーソン・ホワイト著、川添節子訳、日経BP社】

P291「ウェッジウッド自身の言葉を」: Ibid., 137–38.

P294「ウェッジウッドの場合、」: Richard B. Sheridan, "The British Credit Crisis of 1772 and the American Colonies," Journal of Economic History, June 1960, 161–86.

P296「二〇〇四年、」: Chris Anderson, "The Long Tail," Wired, October 2004 (expanded into a book in 2006), http://archive.wired.com/wired/archive/12.10/tail.html?pg=3&topic=tail&topic_set=.

P297「民泊仲介サイト、」: Christine Lagorio-Chafkin, "Brian Chesky, Joe Gebbia, and Nathan Blecharczyk, Founders of AirBnB," 30 Under 30: 2010, Inc.com, July 17, 2010, accessed October 9, 2015, http://www.inc.com/30under30/2010/profile-brian-chesky-joe-gebbia-nathan-blecharczyk-airbnb.html.

P300「第二に、ハリバートンは」: Mark Gongloff and Andrew Stein, "Halliburton Job Bigger Than Thought," CNN Money, May 7, 2003, accessed September 21, 2015, http://money.cnn.com/2003/05/07/news/companies/halliburton_iraq_con/.

P300「言うまでもなく、モンテッソーリの」: See also Halliburton's annual financial statement, Form 10-k, 2014, accessed September 21, 2015, https://www.sec. gov/cgi-bin/viewer?action=view&cik=45012&accession_number=0000045012-15-000040&xbrl_type=v#.

P301「ペイパル創業者でベンチャー投資家の」: Peter Thiel with Blake Masters, Zero to One: Notes on Startups, or How to Build the Future (New York: Crown Business, 2014), 7–8. 【『ゼロ・トゥ・ワン 君はゼロから何を生み出せるか』関美和訳、NHK出版】

P303「何かを新しく始めたら、」: Neil Blumenthal interview with author, February 26, 2013.

P305「実際、大きな成功を収めた」: Katherine Markley, "25 Years of YBAs," artnet News, June 19, 2013, https://news.artnet.com/market/25-years-of-ybas-52819.

P306「各販売店は主に担当地域が」: このトピックを深めたい方には、次の書籍を推薦したい。競争と協調を組み合わせた経営戦略についての本である。Adam Brandenburger and Barry Nalebuff, Co-opetition (New York: Crown, 1996).【『コーペティション経営 ゲーム論がビジネスを変える』嶋津祐一・東田啓作訳、日本経済新聞社】

第七章 全体を見渡す

P321「私は人生を愛している。」: Eugene O'Neill, "To Malcolm Mollan, December 1921," in Selected Letters of Eugene O'Neill, edited by Travis Bogard and Jackson R. Bryer (1988; reprint, New York: Limelight Editions, 1994), 160.

P321「成功したあとに、」: Eugene O'Neill, "Eugene O'Neill's Credo and His Reasons for His Faith," New York Tribune, February 13, 1921, B1, accessed through ProQuest Historical Newspapers, New York Tribune (1911–1922).

P324「クリストファー・マイナーは、」: Christopher Miner, Mitchell-Innes & Nash, accessed February 2, 2015, http://www.miandn.com/artists/christopher-miner/works/1/.

P324「二〇〇九年、芸術評論家のケン・ジョンソンは」: Ken Johnson, "Art in Review: Christopher Miner, 'Easter for the Birds,' " New York Times, February 13, 2009, http://query.nytimes.com/gst/fullpage.html?res=9C05E0D81331F930A25751C0A96F9C8B63.

P325「そのクリスの最新のアートプロジェクトは、」: "Eyesore Cured in Memphis," Construction Equipment Guide, Southeast Edition, August 18, 2015, http://www.constructionequipmentguide.com/Eyesore-Cured-in-Memphis/25998/. このビルディングの建築規模は、改装前は約14万平方メートル。改装後は中庭部分を加えて、約10万平方メートルになる。

P325「一九六五年には、」:"Amazon Before Amazon," Crosstown Concourse blog, May 18, 2015, http://crosstownconcourse.com/amazon-before-amazon.

P326「ボストンの配送センターは」: Thomas Bailey Jr., "'Founding Partners' Commit to Lease Most of Memphis' Sears Crosstown Building," Memphis Commercial Appeal, August 19, 2012, accessed October 8, 2015, http://www.commercialappeal.com/business/founding-partners-commit-to-lease-mostof-memphis-sears-crosstown-building-ep-514683878-323870221.html. ランドマークセンターと呼ばれるボストンのビルディングは2000年に完成した。

P326「シアトルの配送センターは、」: Lee Moriwaki, "Old Sears Named Starbucks Headquarters," Seattle Times, June 7, 1997, http://community.seattletimes.nwsource.com/archive/?date=19970607&slug=2543322.

P326「メンフィスは米国で四番目に」: "The Ten Most Dangerous U.S. Cities," Forbes, accessed October 8, 2015, http://www.forbes.com/pictures/mlj45jggj/4-memphis/.

P327「クリスの芸術的なビジョンが、」: Christopher Miner, interviews with author, spring and summer 2011. Todd Richardson, correspondence with the author, October 13, 2015.

P329「一九五三年には、」: William L. Bird Jr., Paint By Number (New York: Princeton Architectural Press in association with Smithsonian Institution, National Museum of American History, 2001), 3.

P329「ウィリアム・L・バード・ジュニアは、」: Ibid., 3.

P330「二〇〇九年秋、」: William Deresiewicz, "Solitude and Leadership," American Scholar, March 1, 2010, accessed September 7, 2015, https://theamericanscholar.org/solitude-and-leadership/, and interviews by the author, February 3, 2012, and November 3, 2014.

P330「その本の中で、デレズウィッツは」: Deresiewicz, "Solitude and Leadership."

P330「自分たちは、質問に答えることは」: Ibid.

P331「今日の学生は昔の学生よりも」: Michael J. Lewis, "Children Who Never Play," First Things, September 23, 2014, accessed September 7, 2015, http://www.firstthings.com/web-exclusives/2014/09/children-who-never-play; interview by the author, November 18, 2014.

P332「二〇一〇年から二〇一二年にかけて、」: Angela Zhang, "Stanford Arts Institute to Pilot New Interdisciplinary Honors Program," Stanford Daily, August 8, 2013, accessed September 7, 2015, http://www.stanforddaily.com/2013/08/08/stanford-arts-institute-to-pilot-new-interdisciplinary-honors-program/. Also author interview with Susan McConnell, July 21, 2015.

P332「同委員会の共同議長を」: Margaret Rawson, "Faculty Senate Hears, Debates SUES Report," Stanford Daily, January 27, 2012, accessed September 7, 2015, http://www.stanforddaily.com/2012/01/27/faculty-senate-hears-debates-sues-report/.

P332「ニューロンの神経回路形成に」: Author interview, Susan McConnell, July 21, 2015.

P333「委員会が提出した報告書には、」: Rawson, "Faculty Senate Hears, Debates SUES Report."

P333「学生は「審美／解釈研究」」: Ibid.

P333「つまり、スタンフォード大学の」: Author interview with Stephen Hinton, Denning Family Director of the Stanford Arts Institute and Avalon Foundation Professor in the Humanities and Professor of Music, July 21, 2015.

P333「もう一つは、スタンフォード・アート研究所が」: Zhang, "Stanford Arts Institute to Pilot New Interdisciplinary Honors Program"; author interview with Susan McConnell, July 21, 2015.

P334「「いい成績がつかなくて、」: Author interview with Susan McConnell, July 21, 2015.

P334「最後の授業のテーマは」: Ibid.

P335「ロードアイランド・スクール・オブ・デザインの元学長、」: John Maeda, talk at Creative Mornings, August 4, 2011. See also CreativeMornings/Findings, accessed September 7, 2015, http://findings.creativemornings.com/post/8477645882/i-think-of-artists-as-kitemakers-the-wind-is.

P335「スタンフォードのアート構想は、」: Sophia Hollander, "STEAM Blends Science and the Arts in Public Education," Wall Street Journal, December 2, 2013, accessed September 7, 2015, http://www.wsj.com/news/articles/SB10001424052702304747004579224003721262792. See also: http://stemtosteam.org.

P335「二〇一三年、ジョン・マエダは」: John Maeda, "Artists and Scientists: More Alike than Different," Scientific American, July 11, 2013, accessed July 8, 2015, http://blogs.scientificamerican.com/guest-blog/artists-and-scientists-more-alike-than-different/.

P336「例えば、コンピューターに」: Fei-Fei Li, "How We're Teaching Computers to Understand Pictures," TED2015 Conference, Vancouver, British Columbia, March 17, 2015, accessed September 7, 2015, http://www.ted.com/talks/fei_fei_li_how_we_re_teaching_computers_to_understand_pictures/transcript?language=en, see transcript especially at 8:40 and 9:40

P336「マーシ・アルボハーは、」: Marci Alboher, One Person/Multiple Careers: A New Model for Work/Life Success (New York: Hachette, 2007), xi–xvi.

P337「レオナルド・ダ・ヴィンチは芸術家」: Michael Gelb, How to Think Like Leonardo da Vinci (New York: Delta/Random House, 1998), 25.

P337「経口避妊薬の開発に尽力し、」: Edward Carr, "The Last Days of the Polymath," Intelligent Life, Autumn 2009, accessed September 7, 2015, http://moreintelligentlife.com/content/edward-carr/last-days-polymath.

P343「哲学者クワメ・アンソニー・アッピアが」: Paola Antonelli, Kwame Anthony Appiah, Linda Shearer, and Philippe de

Montebello (moderator), "Keynote Panel: Looking Forward Ten Years: What Is the Museum of 2021?," Association of Art Museum Curators Conference, Metropolitan Museum of Art, New York, May 16, 2011. Panel description accessed September 7, 2015, http://c.ymcdn.com/sites/www.artcurators.org/resource/resmgr/keynote_panel.pdf.

P344「またあるときには、」: Walter Bagehot, "Adam Smith as a Person," in Biographical Studies (London: Henry Holt, 1899), 267–69.

P345「『国富論』は、アダム・スミスの」: Bagehot, "Adam Smith as a Person," 268–69.

P347「環境について考えるときには、」: Bill McKibben, "Global Warming's Terrifying New Math," Rolling Stone, July 19, 2012, accessed September 7, 2015, http://www.rollingstone.com/politics/news/global-warmings-terrifying-new-math-20120719.

P347「科学者たちは、石油会社が」: Bill McKibben, correspondence with the author, October 11, 2015.

P349「二〇一五年二月二一日。」: "Groundbreaking Event Feb. 21 for Sears Crosstown Redevelopment," Commercial Appeal, January 17, 2015, accessed September 7, 2015, http://www.commercialappeal.com/news/local-news/groundbreaking-event-feb-21-for-sears-crosstownredevelopment_47604183.

P349「トッドは、美術史風に」: Todd Richardson, "The Dilemma of Discovery," TEDx Memphis, August 29, 2015, https://www.youtube.com/watch?v=1LyIddnW67w. 本書では詳細を省いたが、クリストファー・マイナーがクロスタウン・アーツの運営に注力しているあいだトッドと共同でクロスタウン開発チームのリーダーを務めたマクリーン・ウィルソンは、特に重要なメンバーの一人だ。

P351「クロスタウン・プロジェクトは、」: Joel Halpern, "Crosstown Project Secures $200M Financing; Announces New Name; Holds Groundbreaking Celebration," Press Release, Low Income Investment Fund, January 21, 2015, accessed January 25, 2016, http://www.liifund.org/news/post/crosstown-project-secures-200m-financing-announces-new-name-holds-groundbreaking-celebration/. サントラスト銀行がまとめた債務取引の正確な金額は8550万ドル。

P351「サントラスト銀行は融資団の」: Ibid.

P351「サントラスト・コミュニティキャピタルは、」: Ibid.

P351「ゴールドマン・サックス・アーバンインベストメント・グループは、」: "Impact Investing: Sears Crosstown, Memphis, TN," GoldmanSachs.com, accessed January 25, 2016, http://www.goldmansachs.com/what-we-do/investing-and-lending/impact-investing/case-studies/sears-crosstown-memphis.html. ゴールドマン・サックスの正確な融資額は3650万ドル。

P351「メンフィス市は一五〇〇万ドルを」: Adam Hammond, "City Pays Up for Sears Crosstown Project Despite Questions," WREG Memphis News Channel 3, December 4, 2013, accessed January 25, 2016, http://wreg.com/2013/12/04/city-pays-up-for-sears-crosstown-project-despite-questions/.

P351「メンフィス市長のA・C・ウォートンは」: Halpern, "Crosstown Project Secures $200M."

P351「突拍子もない話」: Todd Richardson, "Welcome and Opening Remarks," Crosstown Groundbreaking Ceremony, Memphis, Tennessee, February 21, 2015, author notes.

P351「パワーショベルで地面を」: "Your Itinerary: Crosstown Groundbreaking Program," February 21, 2015. 登壇者は以下。Mayor Mark Luttrell, Shelby County; Mayor A. C. Wharton, city of Memphis; Jim Howard, Dudley Ventures; Annie Donovan, director, Community Development Financial Institutions; Johnny Moore, CEO, Suntrust Bank Memphis; David Gorleku, Goldman Sachs Urban Investment Group; McLean Wilson, co-leader, Crosstown Development Team; Todd Richardson, co-leader, Crosstown Development Team.

P351「風にはためくテントの下では」: Katie Fretland, "Crosstown Concourse Groundbreaking Marked with Stories, Music, and Rain," Commercial Appeal, February 21, 2015, http://www.commercialappeal.com/news/crosstown-concourse-groundbreaking-marked-with-stories-music-and-rain-ep-947395517-324457351.html.

P352「彼らがしたことは、」: Todd Richardson, Remarks, Crosstown Groundbreaking Ceremony, Memphis, Tennessee, February 21, 2015. See also "Breaking Ground," Crosstown Concourse blog, March 3, 2015, http://crosstownconcourse.com/breaking-ground.

著者

エイミー・ウィテカー

イェール大学でMBA（経営学修士）を、ロンドン大学スレードアートスクールで絵画のMFA（美術学修士）を取得。グッゲンハイム美術館、MoMA、テート美術館など主要なアート施設に勤務してキャリアを積み、ニューヨークの現代美術館であるニュー・ミュージアムのアーティスト養成所や数々の美術大学で経営学を教えた。TEDフェロープログラムのメンターを務めたこともある。ロウワーマンハッタン文化協議会よりサラ・ベルドーネ作家賞を受賞。現在、ニューヨーク大学美術学部で助教授を務める。

訳者

不二淑子

ふじ・よしこ

早稲田大学第一文学部卒。主な訳書にロバート・オレン・バトラー「宵の蒼」（ローレンス・ブロック編『短編画廊 絵から生まれた17の物語』ハーパーコリンズ・ジャパン に収録）、ロックリー・トーマス『信長と弥助 本能寺を生き延びた黒人侍』（太田出版）、クリス・マクジョージ『名探偵の密室』（早川書房）などがある。

アート
シンキング

未知《みち》の領域《りょういき》が生《う》まれるビジネス思考術《しこうじゅつ》

2020年2月17日発行　第1刷

著者　エイミー・ウィテカー

訳者　不二淑子

編者　電通 京都ビジネスアクセラレーションセンター

発行人　鈴木幸辰

発行所　株式会社ハーパーコリンズ・ジャパン
東京都千代田区大手町1-5-1
電話 03-6269-2883（営業）／0570-008091（読者サービス係）

ブックデザイン　アルビレオ

印刷・製本　中央精版印刷株式会社

P309 写真提供・美苑　松里浩義
Printed in Japan
ISBN978-4-596-55147-4